公共体育治理导论

董传升　著

人民体育出版社

图书在版编目（CIP）数据

公共体育治理导论／董传升著. -- 北京：人民体育出版社，2022

ISBN 978-7-5009-6251-9

Ⅰ. ①公… Ⅱ. ①董… Ⅲ. ①群众体育－管理－研究 Ⅳ. ①G811.4

中国版本图书馆 CIP 数据核字（2022）第 247870 号

*

人 民 体 育 出 版 社 出 版 发 行

北 京 建 宏 印 刷 有 限 公 司 印 刷

新 华 书 店 经 销

*

710×1000　16 开本　13.75 印张　234 千字

2022 年 12 月第 1 版　2022 年 12 月第 1 次印刷

*

ISBN 978-7-5009-6251-9

定价：60.00 元

社址：北京市东城区体育馆路 8 号（天坛公园东门）

电话：67151482（发行部）　　　邮编：100061

传真：67151483　　　　　　　　邮购：67118491

网址：www.psphpress.com

（购买本社图书，　如遇有缺损页可与邮购部联系）

前　言
FOREWORD

　　在人类社会发展过程中，体育的公共身份是逐渐显现出来的。种种证据表明，在原始社会中，体育是以某种原始公共性的物品的形成存在的。尽管体育是提高人们的生活技能、丰富公共生活的一个重要构成部分，但是相对于人类自身生存与发展这样更为重要和紧迫的事情来说，体育仍然是微不足道的。

　　人类社会进入文明历史阶段以后，体育的社会性逐渐显露出来。在东方，体育作为人们维护健康、养护生命的重要手段，一直被中国古代先贤重视并被融入人们的生活领域之中，表现出关注公众健康的价值取向。在西方，体育被古代奥林匹克运动会近乎完美地呈现在人们面前，表现出明显的关注竞技的价值取向。

　　进入文艺复兴时期，西方体育开始"凝视"人的培养。为了满足大工业机器时代对健康劳动力的基本需求，体育被纳入学校教育体系之中，成为体系化教育的重要构成部分。从此，在学校这个公共领域中，体育开始发挥重要的作用。尽管在这一时期，各个社会领域中的竞技活动也日益普及，成为人们业余生活的重要内容，但是体育更多的是人们追求某种经济价值的一种手段。虽然不能否认体育在促进社会发展、丰富人们生活等方面的作用，但是相对于其经济性来说，体育呈现出来的经济价值要明显大于其公共价值。

　　"二战"后，人类社会进入了一个前所未有的繁荣时期。工业化、城镇化的快速推进，不仅改变了人们的膳食结构——食物更加丰富、高热量食品比例不断提高等，而且改变了人们的生活方式——闲暇时间越来越多、体力劳动比例越来越低等。在这样的双重改变下，人类社会进入一个"现代文明病"全球性蔓延的阶段。在尝试使用诸多医疗手段来遏制"现代文明病"蔓延却未获得成功之后，人们开始将目光转向体育手段，从那时起，体育进入了一个积极关注公共健康问题的新阶段。

可以说，体育的公共身份一方面是在关注公众健康问题并取得突出成效之后才逐渐被认可的，另一方面是进入休闲时代，人们更多地关注运动与娱乐等公共性问题后形成的。

从某种意义上说，体育获得公共身份是人类社会进步的一种表现。也就是说，只有当人类将观察世界的目光从自然回归到人类自身时，人才能够获得真正的独立，人的价值也才有具有了真正实现的可能。这个转向是在文艺复兴时期开始并持续至今的。在这样的背景下，体育作为一种对人的全面发展、健康发展具有突出效用的手段，其公共身份的获取，无疑就是人类对自我进行观察、审视和建立清晰判断的必然结果。换言之，体育公共性的呈现和确认，是人类的自我认知革命的必然结果。

当然，体育具有公共身份并不意味着必然会形成公共体育发展方式，并且带来公共体育治理。因此，在体育获得公共性身份后的一段时间里，体育仍然仅仅作为健身、锻炼、娱乐和促进健康的手段而存在，一直到人们开始热烈地讨论体育的公共问题（如体育的社会责任、运动促进健康等）时，才逐渐形成了公共体育发展方式的初步模型。

公共体育发展方式形成后，引发了一系列客观问题，如公共体育是什么，其内涵和性质如何，其基本功能有哪些，需要建立怎样的治理模式和机制等。可以说，人们到了认真思考并回答这些问题的时候了。一方面，这有助于人们对公共体育的认知快速达成共识，从而推动公共体育合理、健康地发展；另一方面，这有利于健康社会建设，从而促进人类社会健康发展。

理论上的探索来源于实践的发现，而实践对问题的解决则需要理论上的支持和引导。基于这样的认识，本书尝试对公共体育的缘起、发展、治理战略、治理方式、治理体系与机制、治理绩效评估和健康治理等基本问题进行探索、思考，并尽可能将之形成理论化的表达，以期为促进该新兴领域的健康发展和创新性理论的形成提供些许帮助。

目 录

CONTENTS

第一章
CHAPTER 01
公共体育治理概述

公共体育治理是近些年来随时代发展而产生的议题。在全球传统公共行政、新公共行政、新公共管理和新公共服务几次转向的基础上，体育作为社会发展的重要领域，正在对人类文明的发展产生越来越重要的影响（如世界卫生组织倡导的运动健康促进策略、奥运会对社会发展的深刻影响等），因此如何规范体育发展成为当下需要解决的重要问题之一。其中，公共体育因其承担着均等化、规范化和共享性等服务公众的基本责任，成为一个亟待进行深刻变革和发挥重要作用的社会模块。从现代公共治理视角来看，公共体育治理的根本宗旨是通过对公共体育事务、公共体育事件和公共体育活动的协同共治，实现公平、公正、高效率地服务公众的目标。

第一节　公共体育的概念、内涵与价值基础

一、公共体育的概念与内涵

1958 年，我国在讨论高校公共体育教学改革和研究高校体育教学相关问题①时，首次使用了"公共体育"这一概念。此时的"公共体育"用于描述学校公共体育课设置与改革的基本情况。此后，公共体育作为高校体育教学领域的专属词汇，一直被用来讨论高校体育教学改革、体育课程建设等问题，少数出现在一

①公共体育教研组.山东师范学院公共体育教学改革的概况［J］.山东师范学院学报（体育），1958（1）：37-38.

些关于公共体育场馆建设的文章中。1994 年，凌平在《联邦德国的公共体育管理》一文中，为了介绍当时联邦德国的体育发展状况①，首次使用了"公共体育管理"这一概念，但是受制于当时社会对公共问题的忽视，该文所讨论的公共体育管理问题并未引起当时体育学术界的关注。2001 年，叶家宝、徐本力讨论了公共体育场馆经营管理过程中存在的问题，探讨了相应的对策②。之后，有学者指出，公共体育场馆应该是由各级体育部门负责经营管理的一种"国有资产"，其经济性质是经营，因此企业化经营是公共体育场馆经营管理的必然发展趋势③。

在此基础上，公共体育逐渐进入体育学术研究者的视野。王亚飞（2005）从哲学层面讨论了公共体育的社会伦理问题并阐述了中国社会经济体制转轨和社会结构转型引发的社会变革，要求梳理人在公共体育活动中发生的社会伦理变迁，厘清公共体育的社会伦理对人深层的意蕴④。宋继新（2005）讨论了公共体育精神⑤，闵健等（2005）讨论了社会公共体育产品，从社会公共体育产品界定与供给的视角对政府职能转变进行研究，探讨了社会公共体育产品的内涵和外延，提出通过调整政府供给社会公共体育产品的结构和内容的方式，转变政府体育管理职能⑥。

肖林鹏等（2007）从诠释公共服务的概念出发，探索了公共体育服务的概念及相关理论，讨论了公共体育需要与人们社会生活中的基本体育需求之间的关系，以及与公共体育服务供给之间的关系，并提出了构建公共体育服务体系的设想⑦。

冯国有（2007）从公共政策角度出发研究了我国公共体育政策中的利益选择，发现我国现行的公共体育政策不同程度地存在体育公共利益选择偏向问题，建议以公共利益为核心，合理地确定公共体育政策的利益分配原则——体育公共

---

① 凌平. 联邦德国的公共体育管理 [J]. 天津体育学院学报，1994（1）：16-21.
② 叶家宝，徐本力. 公共体育场馆经营管理过程中存在的问题及对策研究 [J]. 天津体育学院学报，2001（1）：42-43+76.
③ 李明. 我国公共体育场馆的资产性质及其改革 [J]. 天津体育学院学报，2003（2）：56—58.
④ 王亚飞. 公共体育：社会伦理向度的哲学思考 [J]. 北京体育大学学报，2005（4）：449-451.
⑤ 宋继新. 寻觅体育的"类"文明——论公共体育精神 [J]. 体育文化导刊，2005（8）：20-21.
⑥ 闵健，李万来，卿平，等. 社会公共体育产品的界定与转变政府职能的研究 [J]. 体育科学，2005（11）：5-12+16.
⑦ 肖林鹏，李宗浩，杨晓晨. 我国公共体育服务体系概念开发及其结构探讨 [J]. 天津体育学院学报，2007（6）：472-475.

利益的均衡分配，并完善体育利益表达机制①②。

董传升（2009）讨论了我国体育发展的道路选择问题，提出体育是基于公共性的一种社会活动，理应成为公共体育发展道路的重要依据，应选择适合我国国情的公共体育发展道路③。

随后，我国体育学者对公共体育的关注逐渐集中在两个领域：一是公共体育服务，如戴健、樊炳有、谢正阳、卢文云、郇昌甸、王家宏、郑家鲲、马德浩等的研究；二是公共体育场馆设施，如郭惠平、谭建湘、陆亨伯、陈元欣等产出了一批高水平研究成果。但这一时期，学者对公共体育自身的发展方式、治理体系、治理活动、治理机制、治理绩效等问题的关注明显不足。

卢志成等（2012）讨论了我国公共体育事业发展中存在的公平偏离现象，认为公共体育存在公平偏离的原因是公平意识缺失、政策偏向、法制不完善、财政制度欠合理、体育利益表达机制有待健全、社会参与不力等，并提出了政府实现公共体育事业公平发展的对策④。

董传升（2013）从新公共管理和新公共服务理论的视角出发，对中国体育发展方式由国家体育转向公共体育这一基本问题进行了深入讨论，在回顾国家与公共关系理论的基础上，阐述了中国公共体育转向的基本内涵，构建了公共体育发展方式的模型，明确提出了公共体育的价值基础、发展目标、实现路径和保障措施⑤。

杜江（2015）从公共体育产品供给角度，讨论了我国公共体育产品的公共性偏移问题，建议从公益性、公平性与公开性三个方面展开公共体育研究，论证全新的理论框架，培育公民的公共理性，健全公共体育法律保护制度及公共体育产品公共性保护机制⑥。

董传升（2016）回顾了我国体育发展方式由国家体育转向公共体育的问题，分析了公共体育的基本内涵和国家、政府组织、社会组织及公民在公共体育发展

①冯国有．公共体育政策的利益分析与选择［J］．体育学刊，2007（7）：15-19.

②冯国有．利益博弈与公共体育政策［J］．体育文化导刊，2007（7）：62-64.

③董传升．论我国公共体育发展道路选择的基本问题［J］．沈阳体育学院学报，2009（4）：6-9.

④卢志成，刘华荣，郭惠平．公共体育事业公平发展的政府责任与对策［J］．上海体育学院学报，2012（4）：17-21.

⑤董传升．论中国体育发展方式的公共转向：从国家体育到公共体育［J］．北京体育大学学报，2013（1）：14-19+63.

⑥杜江．公共体育产品的公共性偏移与保护［J］．成都体育学院学报，2015，41（2）：50-53+58.

方式中的相互关系，讨论了我国公共体育发展战略路径选择——从政府理性到公共理性，论证了体育发展方式的公共转向、从政府理性到公共理性、国民性与公民性整合的战略路径和实现过程①。

随着人们对公共体育的认识越来越全面、越来越深刻，公共体育资源配置问题从 2020 年开始受到关注。张文静、沈克印（2020）在政府购买服务视角下，讨论了我国公共体育资源配置市场化改革问题②；蔡朋龙、王家宏（2020）从市场化改革的角度，讨论了政府在公共体育资源配置的角色定位问题，并提出了相应的建议③；朱焱、于文谦（2020）从有形性角度，对公共体育人力资源、物力资源、财力资源与组织资源进行了研究，建构了公共体育资源综合配置水平评价指标体系④。卢春天等（2022）在社会治理视域下研究了城市公共体育空间的基本属性和价值内涵，发现城市公共体育空间具有可达性、意象性、补偿性和互视性四个基本属性，体现出建构我国现代社会秩序的非凡价值⑤。

至此，公共体育作为一个独立的研究问题和领域在我国逐渐发展起来，形成了公共体育属性、公共体育生成与演进、公共体育治理战略、公共体育发展方式、公共体育治理体系、公共体育资源配置、公共体育产品供给、公共体育治理活动、公共体育政策等基本框架。其中，公共体育服务作为公共体育的基本职能、公共体育场馆作为公共体育的场域，成为体育学术界关注的热点。

（一）公共体育的概念

公共体育是指以实现公民基本体育权利为前提，动员政府、社会和市场力量，以公民广泛参与为主要特征的公民主导的体育发展方式⑥。根据这样的定义，公共体育具有以下几个方面的意义。

---

①董传升．我国公共体育发展战略路径选择：从政府理性到公共理性［J］．沈阳体育学院学报，2016，35（2）：1-5.
②张文静，沈克印．政府购买服务视角下我国公共体育资源配置市场化改革研究［J］．体育文化导刊，2020（2）：24-30.
③蔡朋龙，王家宏．论公共体育资源配置市场化改革中政府角色定位［J］．沈阳体育学院学报，2020，39（2）：58-67.
④朱焱，于文谦．新时期我国公共体育资源综合配置水平评价指标体系构建［J］．武汉体育学院学报，2020，54（3）：5-12.
⑤卢春天，高海利，冯沁园．社会治理视域下的城市公共体育空间：历史、属性与价值［J］．学习与实践，2022（1）：109-118.
⑥董传升．论中国体育发展方式的公共转向：从国家体育到公共体育［J］．北京体育大学学报，2013（1）：14-19+63.

1. 公民体育权利日益凸显

公民权利的实现不仅逐渐成为我国体育发展的重要前提，也成为公共体育的重要价值基础。确切地说，公民依法对体育权利的享有和实现成为我国体育发展的重要依据之一。因此，一方面需要推进党和国家体育部署的立法转化，加大公民体育权利的立法保护，优化适应体育强国建设的体育法规体系；另一方面需要提升体育依法行政的积极作为，扩大体育解纷维权的法治服务，充实全面依法治体的综合保障①。

2. 国退与民进的协同

国家战略目标开始转向公民目标。提高人民健康水平、促进人的全面发展、满足人民日益增长的美好生活需要，是公共体育发展的基本目标，即公共利益成为我国政府战略定位和政策执行的目标。换言之，要推动国家战略向公民战略的转变，改变过度强调国家价值的现状，国家理应进行必要的退让，将更多的空间和权利转交给公民，实现从政府理性到公共理性的过渡②。当然，这一战略的转向在我国社会中理应具有特殊模式。与西方国家公民相比，我国公民具有特殊的国民性特征，这一特征使得我国公民在确立自己的权益时，往往会客观地将国家利益考虑在前，传统的"无国即为无家"的价值观念深刻地影响着人们的自我定位。因此，这就存在着一个这样的问题："国退"，退让到什么程度最为合适？"国退"并不是让国家从公共体育领域中退出去，国家的概念也不应在体育发展中消失或弱化，国家应以一种恰当的、先进的方式成为体育发展的价值基础，以生动活泼的方式存在于体育发展过程之中，为我国体育发展保持动力、活力和创造力奠定基础，创造独具中国特色的公共体育发展方式；"民进"，意味着公民体育权利的广泛彰显，公民利益得到充分的肯定和满足，公民成为体育发展的参与者、决策者和执行者，成为我国体育事业建设的核心力量之一，从而使得我国体育发展具有坚实的公共价值基础。

应该说，"国退民进"是一种新的协作模式——国家-公共的协作模式。基于家国等传统观念的影响，家的存在是以国的存在为前提的，而国的稳定又是以

①于善旭. 良法善治：新征程体育强国建设法治提升的审思——以新修《体育法》的颁布实施为标志 [J]. 体育与科学，2022，43（4）：1-10.
②史云贵. 从政府理性到公共理性——构建社会主义和谐社会的理性路径分析 [J]. 社会科学研究，2007（6）：65-70.

家的和谐为前提的。这种特殊的家国关系，客观上要求我国体育发展方式必须充分尊重我国的社会文化特点，建立家国和谐共生、家国充分协作的特殊模式。这与西方的体育发展存在着巨大的差异。

3. 新型公共价值的主导

公共利益是我国体育发展的价值核心。回归体育本原，公共体育应展示其公共性本质[1]，让体育成为展现主体人价值的平台，让体育成为提高人民健康水平、促进人的全面发展、满足人民对美好生活的向往等社会活动的重要载体，切实保障公民的基本权益。

在这样的前提下，体育必然以公民核心价值为其存在的价值基础，并以与公民价值的融合为基本路径来实现其自身的健康成长。一方面，公民的核心价值总是以自身健康为前提条件的，因此公共体育的发展必然以公民体育意愿——运动健康促进为价值目标，体现"体育是提高人民健康水平的重要途径"的价值属性[2]；另一方面，国家不仅要确保中华民族伟大复兴目标的实现，而且要保障公民健康美好生活目标的实现，因此国家总是以不断提高人民的健康水平为治理的逻辑出发点。因此，我国体育发展形成了国家利益与公民利益的统一——为国争光与满足公民需要完全融合起来，最终形成了一种新型的公共利益——国家-公共利益。也就是说，实现国家利益要以实现公共利益为前提，形成国家利益和公共利益的有机融合，从单一的国家价值主导转向国家价值与公共价值复合性主导，即新型的公共价值主导着我国体育的发展方式和路径选择等问题。

4. 公民体育行为方式确立

为了满足人民日益增长的美好生活需要，目前我国体育治理逻辑已经由原来的政府驱动型逐渐转变为多主体共建共治共享的可持续发展型[3]。这一转型，意味着体育发展方式由国家政治目标主导，逐步"让渡"为多元主体共建共治共享。在这样的背景下，公民是公共体育治理主体，同时又是公共体育服务对象，其行为的转变成为必然。换言之，公民全面参与体育治理活动，客观成为我国体育发展的新动力。这就客观推动了公民行为的转变，并最终形成一种类似组织公

---

① 董传升. 公共需求与体育演进 [J]. 沈阳体育学院学报，2010（2）：1-4.
② 习近平. 在教育文化卫生体育领域专家代表座谈会上的讲话 [EB/OL].（2020-09-22）[2022-08-15]. http：//www. gov. cn/gongbao/content/2020/content-5549876. htm.
③ 任海. 中国体育治理逻辑的转型与创新 [J]. 体育科学，2020（7）：3-13.

民行为①的行为方式——公民体育行为。

公民体育行为，是指公民自觉形成的、有利于公共体育治理活动有效开展的行为，具有道德、参与、主动、组织、创新和自我发展等特征。公民体育行为的形成，推动着我国公共体育治理从国家体育行为向公民体育行为的转变。如何深刻理解这一行为方式呢？

首先，公民体育行为是公共体育发展的基础。公民体育行为是参与、创新公共体育发展的主动性行为，其发展越充分，意味着公民、社会组织和政府组织对自身存在意义的认识越清晰，对公民体育行为角色的认知和理解就越深刻，公民体育行为理性也就越高。在充分认知、认同和角色扮演欲望的驱动下，公民会为实现公共体育价值进一步采取积极主动、有效且公正的行动。

其次，公民体育行为是公共体育决策的依据。在公共体育治理活动中，公民兼具治理主体和服务对象双重身份，在公共体育决策方面发挥着重要的作用，其成熟度直接决定着公共体育决策的合理性和有效性。公民的道德、参与、主动、创新和自我发展状态，直接在参与公共体育决策时发挥作用，因此其理性水平的高低，直接影响着公共体育决策的理性水平的高低。

再次，公民体育行为需要与政府组织行为结合才能发挥更大的效能。基于政府组织而形成的组织理性，对公共体育决策同样具有深刻的影响。这一点，在我国强政府的社会现实下尤为明显。由于政府具有突出的优势和不可替代性，因此公民体育行为只有与政府组织行为有机结合起来，才有可能承担起公共体育合理、有效决策的任务。只有公民体育行为的价值归依和政府组织行为的价值导向相结合，才会使公共体育决策既考虑公民的基本需求，又兼顾国家和政府所面临的合理配置资源、提供公共体育服务的基础性难题。

处于优势主导地位的政府组织理应主动让渡权利，一方面使自身逐渐成为公共服务者和公共理性的构成者；另一方面理应加强对社会组织和公民的扶持、引导，使二者迅速成长为公共体育治理的重要力量，并以此作为政府公共组织理性合理存在的参照系。

最后，体育社会组织能够作为一种组织理性的重要补充力量，与政府一起形成更加有效的公共组织理性，主动承担社会责任②，最终以这种理性为基础完成

---

①张小林，戚振江.组织公民行为理论及其应用研究［J］.心理学动态，2001（4）：352-360.
②陈丛刊，纪彦伶.体育社会组织社会责任内涵与实践策略［J］.体育文化导刊，2020（3）：37-41.

公共政策的制定过程，为合理决策提供依据。

（二）公共体育的内涵

1. 公共体育以实现公民体育权利为宗旨

公民拥有体育权利，这一条文已经明确写入《中华人民共和国体育法》。公民的体育权利往往表现为体育活动的参与权、公共体育场地设施的享用权、体育发展基本问题的决策权等。这就客观要求政府必须提供必要的条件和基础保障，形成内容丰富的公共体育空间，从而使公民能够参与体育活动、享有各种权利，促进公民体育权利的实有化[①]。

要实现公民体育权利，就必须有与之对应的体育发展方式，必须从根本上建立一个结构合理、功能齐全、服务公众、高效顺畅的公共体育发展方式，这是从立法的角度来体现的。有了坚实的法律基础，公共体育才会有合理的发展方式。换言之，既然公共体育承载着实现公民体育权利的目标，那么公共体育必然要担负起为实现这一目标而进行组织设计、提供组织运行机制和政策保障等基本职能。

2. 公共体育以促进公共健康为基本任务

由于健康关乎公众生存与发展的基础，因此促进公众健康不仅是国家和政府的基本要务，而且是公众的核心利益诉求之一。公共体育以服务公众为主，公众的核心利益必然成为公共体育诉求的目标。换言之，促进公众健康成为一个基本性的公共议题之后，提升公共健康水平就成为公共体育的社会责任。一般说来，公众在基本解决了物质生活、社会交往、实现自我价值等问题之后，关注的焦点会从外在的物化目标转移到对美好生活的向往上来。健康恰恰是美好生活最重要的基石，因此公众关注的焦点必然转向其自身的健康（生理、心理机能和社会适应性所具有的良好状态）发展上，从而形成体育健康行为。换言之，公众对自身健康的关注和追求，客观上产生了以促进公共健康运动为目标的公共利益的基本诉求，从而构成了公共运动健康领域。因此，促进公共健康的提升，解决社会健康问题，是公共体育的基本任务。

---

①常乃军，陈远军. 公民体育权利本原探析［J］. 体育学刊，2008，15（12）：10-13.

3. 公共体育要求建设高效的服务路径

公共体育基本任务实现过程的核心是体育向公众提供基本的公共健康服务，公共体育通过构建公共体育服务路径来确保其目标的实现。这就意味着，公共体育必须寻求高效的、操作性强的服务路径，并不断地强化路径建设，否则公共目标的实现就只是"纸上谈兵"。

这种公共体育服务路径建设与当前服务路径建设存在着根本性的不同，其主要表现在：在公共体育发展方式下，公共体育服务路径是体育目标实现的基本保障，是发挥体育的基本职能的基础。在传统的体育发展方式下，体育要以服务于国家政治目标为前提而展开行动，因此体育服务只能在这一框架下建构其服务社会的路径，推进体育公共服务的展开。换言之，在公共体育发展方式下，国家政治目标是以实现公众的公共目标为前提的，国家利益与公共利益在这一问题上实现了统一，因此，公共体育发展方式的出现，必然推动体育领域产生重大的变革和转向，形成以公共价值为核心的新发展方式——公众利益与国家利益的高度协同，从而确保体育公共价值的完全实现。

二、公共体育的价值基础

公共体育是为实现公众核心利益与国家利益的协同而存在的，因此必须建立起一个以公共价值为基础的价值体系，而不能使公共体育盲目追求价值中立①。

（一）公民需求与公共性

公共性是公共体育的价值基础。公共体育的发展与治理，需要以高素质的公民行动为基础。一般说来，公共体育要求公民具有诚实、坚持原则、互惠互利的精神。这些精神不仅可以形成个人的信念，还可以形成公共体育发展的核心——公共性。公民有了信念，就可以形成一个较为成熟的、理性的公共空间，公民对这一空间的维护和扩展，是公共体育发展的必要前提。有了信念的公民可以形成较为一致的公共需求和统一的诉求，进而与政府体育部门沟通和交流，形成民主对话，不断促进公共体育服务体系结构的合理化、内容的丰富化和运行机制的顺

①梁莹．公共管理研究中的"价值"与"价值中立"——公共管理价值回归的历史叙事与继往开来［J］．中国行政管理，2012（5）：105-109．

畅化。

公众的公共性需求，应该如同哈贝马斯和罗尔斯所论述的那样，是公众在"非强迫"前提下形成的"重叠共识"的具体体现。哈贝马斯认为，在社会交往过程中，主体间的相互交往可以形成"非强迫性的共识"，而这种共识所具有的普遍性，是通过交流与沟通，以及人们之间的协商、商谈、相互理解和相互宽容达到的。① 罗尔斯也对公共理性问题进行了探讨，他认为公民通过充分的讨论所达成的"重叠共识"是依赖于公民理性的②。民主价值正是建立在成熟的公民社会的基础上，在实现各项民主目标过程中逐步形成的具有鲜明特征的价值。登哈特也正是基于这样的观点，在其公共服务理论中不断强调要重视公民的观点。

（二）公共利益与体育健康

公共利益是公众在公共空间追求公平正义等社会价值目标时形成的一种价值。相对于公共体育来说，公共利益一方面是公民权利、公民健康促进、公共空间稳定的综合性体现，另一方面也是国家治理、民族昌盛的整体性体现。就二者而言，国家与公共的关系是融合的而非对立的。作为公民权利核心内容的公民健康，不仅是公民个体通过运动促进的目标，而且是国家行动的目标，因此作为在公共体育价值体系中居于核心地位的运动健康促进（体育健康）治理活动，既应体现出公民的意志，也应体现出国家的意志。换言之，体育为人类社会发展做出重要贡献，其公共价值属性就来源于其本身具有的公共性③——基于国家-公共的利益所形成的公共性，即从产生之初就以实现公共利益价值为其存在前提。因此，公共利益的实现必然成为公共体育的核心价值目标。

（三）组织发展

组织发展是组织价值得以实现或升值的基本前提。一方面，组织发展表现为组织的设计和运行可以很好地为公共体育服务提供强有力的支持，以确保公共体育价值的不断提升；另一方面，组织发展表现在组织与其他价值体系要素之间能够维持良好平衡的状态，即组织通过自身发展，不仅能够更好地适应环境变化，而且具备充分整合资源、使自身不断强大的能力。也就是说，组织价值总是通过

---

①哈贝马斯. 公共领域的结构转型［M］. 曹卫东，王晓珏，刘北城，等，译. 上海：学林出版社，1999.
②约翰·罗尔斯. 正义论［M］. 何怀宏，何包钢，廖申白，译. 北京：中国社会科学出版社，2001：78.
③董传升. 公共需求与体育演进［J］. 沈阳体育学院学报，2010（2）：1-4.

组织设计与运行来实现的。组织设计包括多种组织价值，组织价值关系到组织与外部环境的相互作用。

针对体育领域而言，体育组织设计首先要考虑的问题是，如何确保公民真正享有体育的基本权利，保证公共体育价值得以真正的实现。换言之，体育组织不仅要处理好组织内部的协同发展问题，更要处理好组织与环境之间的协同发展关系问题，只有这两个方面的问题得到妥善解决，并确保组织内外部的和谐性，组织的价值才可能真正实现。

第二节 公共体育治理的概念、特征、目标及内容

一、公共体育治理的概念与特征

(一) 公共体育治理的概念

从词源上来看，治理（Governance）和统治（Govern）是同义词。20 世纪 90 年代以后，西方政治学家和经济学家赋予了 Governance 新的含义，使其从原来的经典含义，逐渐转变为一系列活动领域里的管理机制，成为一种有共同目标支持的活动，这些活动的主体有政府，也有非政府组织或个人[1]。我国学者俞可平认为，治理是官方的或民间的公共管理组织，在一定范围内运用公共权威维持秩序，满足公众需要的活动[2]。由此可见，治理是一种政府与非政府组织、公民的协同活动。

公共体育治理是以政府为核心的公共体育部门协同社会组织和公民，广泛运用政治的、经济的、管理的、法律的方法，维持公共体育发展秩序，增强公共体育服务，满足公众体育需求、促进公共体育价值升值、实现更加广泛的公共体育利益的活动。

从学科的角度来说，公共体育治理是研究以政府体育行政组织为核心的各种公共体育组织、公民协同管理公共体育事务的活动及其技术、方法的学问。这主要体现在以下几个方面。

第一，公共体育治理是体育公共行政中重视公共体育组织或非营利体育组织

---

①詹姆斯·N. 罗西瑙. 没有政府的治理——世界政治中的秩序与变革 [M]. 张胜军，刘小林，等，译. 南昌：江西人民出版社，2001：5.

②俞可平. 全球治理引论 [J]. 马克思主义与现实，2002（1）：20-32.

实施管理的技术与方法，重视公共体育项目与绩效管理，重视公共体育政策执行的理论派别与分支学科。

第二，公共体育治理是我国积极探索社会治理体系与治理能力现代化的必然结果，也是体育行政部门完善公共体育事务治理体系和提升治理能力现代化水平的直接结果。

第三，公共体育治理主体大体上可以分为政府组织、社会组织、市场组织和公民四个部分。其中，社会组织是指以实现公共体育利益为目标而存在的一些体育组织，一般可称为非营利体育组织或者第三部门。

第四，实现公共利益是公共体育治理的核心目标。由于公共价值是公共体育发展的依据，因此实现公共价值的不断提升成为公共体育治理的逻辑出发点。公共价值提升的实质就是公共利益的不断实现和增长。公共体育的核心任务是提高人民健康水平、促进人的全面发展和满足人民日益增长的美好生活需要，这正是公共价值的重要构成。因此，高质量完成上述任务不仅会使公共价值不断提升，也会使公共利益得到真正的实现。

（二）公共体育治理的特征

公共体育治理具有以下基本特征。

1. 治理主体多元性

公共体育治理的主体是多元的，不仅包括政府组织、社会体育组织、公民，同时在一定意义上也包括市场组织——主动承担社会责任的经济组织。因此，公共体育治理是多元主体协同运作的过程。其中，政府在治理过程中具有不可替代的主导责任。

2. 治理依据多样性

公共体育治理不仅要依据国家立法开展，还要依社会共同体形成的规则、规范、伦理和不同主体之间的协议等开展，甚至不可忽视公民之间非正式的规则。

3. 治理方式民主性

公共体育治理强调多主体的共同参与与协同，因此在客观评价治理活动的综合性成本及收益的基础上，政府应充分尊重经济组织、社会组织、公民权利，采用民主协商的方式推进各项具体的治理行动，即建立"先市场，后社会，再政府"的治理流程，实现治理方式的多元化、民主化和市场化。同时，强制也是一种有效的治理手段，经常在面临治理难题的情况下使用。

4. 治理活动参与性

公共体育治理活动既包含对治理客体调节与控制的过程，也包含治理主体参与治理活动的过程。在治理活动中，实施治理活动的主体公民往往也是治理和服务的对象，因此具有治理与服务的双重属性。

5. 治理角色互动性

公共体育治理活动是一种典型的公私协同治理过程，作为公共部门的政府与社会组织，以及作为私人部门的市场三者之间的角色界限比较模糊，政府、社会和市场往往通过建立协同的依赖关系，完成一项基本的治理任务。

二、公共体育治理的目标

实现公共体育利益是公共体育治理的目标。所谓的公共体育利益是可供社会成员共享的体育资源与条件。

（一）公共体育物品

公共体育利益的实现首先表现为向公民提供丰富的公共体育物品，以满足公民健身、娱乐、交往、教育等方面的需求。公共体育物品的含义非常广泛，既可以指有形的物品，如公共体育场馆、公共体育设施等，也可以指无形的产品，如体育赛事等。

（二）公共体育服务

公共体育服务是指由体育政府部门、国有企事业、体育公共组织等机构依法履行服务职责，向公众或社会组织提供体育服务的行为。

实现公共体育利益的重要途径之一就是向公民提供充分的公共体育服务。有学者认为，公共体育服务包括体育活动、体育组织、体育场地设施、体育信息、体育指导、体育资金、体育政策法规、体育监督反馈和体育绩效评价九项内容[1]。

---

① 肖林鹏，李宗浩，杨晓晨. 我国公共体育服务体系概念开发及其结构探讨 [J]. 天津体育学院学报，2006（6）：472-475.

三、公共体育治理的内容

公共体育治理活动的展开，总需要围绕着治理内容进行。一般而言，公共体育治理以公共体育事务为内容，通过对公共体育事务的治理，高效推动公共体育事务朝公平、公正、有序的方向发展，实现公共体育价值的不断提升，从而更好地为社会发展服务。

公共体育事务由公共体育资源、公共体育项目和公共体育问题构成。

（一）公共体育资源

公共体育资源具体包括以下几个方面。

①公共体育人力资源，是劳动力、人才方面的社会资源，属于人的因素，既是治理的主体来源，也是被治理的对象，具有双重性特征。

②公共体育财力资源，是支持公共体育治理活动的资金的总称，既包括公共财政资金，也包括社会公共组织资金和一定的市场组织服务公共治理的资金。

③公共体育场地设施，是支持体育活动开展的重要平台，也是保障公民权利实现的重要途径，如公共体育场馆、健身路径等。

④公共体育信息资源，即人们共同拥有和可能享用的各种体育精神产品，如体育文化产品、体育科技成果等。

⑤公共体育技术资源，即为了完成公共体育治理任务而采取的科学技术手段，并通过不断的技术创新推动公共体育服务向全覆盖、高质量、泛在性方向发展，以满足不断增长的公民需求。

⑥自然资源，即一定体育活动赖以存在和发展的各种自然性物质条件，如水资源、土地资源、森林资源等。

（二）公共体育项目

公共体育治理的主要任务集中于将有关的体育政策变成现实，通过体育政策的实施，推进各项治理活动的有序开展。一方面，这些政策通常是由公共体育治理机构根据体育社会问题制定出来的一系列行为准则；另一方面，这些准则与活动本身就构成了公共体育项目。也就是说，体育政策不是体育行为，仅仅是体育行为的指导原则或体育行为的标准，而把体育政策具体化的活动就是各种各样的公共体育项目。例如，全民健身计划就是由一系列的政策构成的，并且作为一项国家战略在我国社会各个领域进行了推进。因此，公共体育项目是依据政策采取的一系列行为及其过程。换言之，公共体育项目是公共体育治理中最直接的对象。

（三）公共体育问题

在任何社会和任何时代，都要面临各种需要重视和解决的问题，如公共体育场馆、公共体育设施稀缺，就是体育发展过程中存在的社会问题。公共体育治理机构必须在其职责范围内，将与公共体育目的相符的体育社会问题纳入管理范围内并进行有效管理。换言之，此类体育的社会问题就是公共体育治理的对象。

第三节　公共体育治理的研究问题与研究方法

一、公共体育治理的研究问题

（一）研究问题的特殊性

与其他科学研究相比，公共体育治理研究具有特殊性。

首先，公共体育治理研究与其他科学研究具有相似性，都以科学的态度、规范、范式、理论和方法来解决各种问题，即公共体育治理研究本身是一个科学研究的过程，须遵守科学研究的基本规范。

其次，公共体育治理研究具有特殊性，它不仅是一个科学研究的过程，更是一个价值判断的过程。这主要体现在以下两个方面。

①公共体育治理涉及公民体育权、人的主体性自由等哲学、政治学问题，因此首先要对公共体育治理问题进行价值判断，以实现研究拟定的价值目标。价值判断优先，是公共体育治理研究的基本前提，这一点与普通的科学研究存在着明显的差异。也就是说，"是与否"的科学判断，不仅来自公共事务发展的本身，而且来自公共事务所蕴含的"合理与不合理"等前置性价值判断。

②公共体育治理研究表现出多维性特征，一是研究问题的多维性，即公共体育治理的研究问题涉及哲学、科学、技术、工程等方面的一系列问题；二是为了解决公共体育治理问题的多维性，必须建立多元的研究方法以表现出研究方法的

多元性。

(二) 研究问题的形成

问题是主观与客观及主观内部均不一致的一种现象。

从主观层面来讲，问题来源于疑问，而疑问是认知主体面对客观现象、主观现象或主观内部不一致现象时产生的困惑或无知的状态。例如，利用管理学的方法解决公共管理问题时，解决了效率问题，却容易导致价值归属问题的发生，即服务客户与服务公民之间存在天然的差异。

从客观层面来讲，问题是与主观认知不一致的环节。公共体育治理是针对公共体育发展问题进行的管理活动，公共事务的复杂性导致了一些问题的出现。例如，全民健身是一个公共管理问题还是一个市场问题？如果是公共管理问题就属于公民权的基本内容，则必须通过公共事务管理、法规和条例来确保完成；如果是市场问题，则需要通过市场的方式来解决。经常爆发的"广场舞冲突"的治理难度就可见一斑。

从主客关系层面来讲，认知主体面对已知或未知的社会现象时常常会产生各种疑惑。例如，公共体育发展方式是一种选择，但是其中常常夹杂着社会问题、市场问题、公民问题等，那么治理主体就不能简单地认定为政府，而是要充分考虑利益相关者的利益，如此就会产生如何协调的问题。

(三) 研究问题的结构

1. 事实基础

任何科学问题都来源于自然的或社会的事实，因此提出科学问题首先要对事实基础进行阐述，以确定问题产生的背景。事实基础不仅包含公共体育活动产生的政治、经济、社会等相关背景材料，还包含隐藏在其中的公共价值判断——前置性价值判断，以及这一判断对科学研究的基本规范。

2. 理论背景

用科学的方式解决一个问题，往往是建立在一定的理论基础之上的，或是发现了一种理论，即解决问题需要相关理论和方法论知识的支持。理论背景一般是以理论范式的方式出现在公共体育治理研究领域的，构成了公共体育研究的基本概念、框架、路径和手段。

3. 问题指向

问题指向是指研究公共体育治理问题时所指向的研究对象，即当选定一个问题时，其研究对象也就确定了。例如，选定广场舞冲突治理问题，其研究对象必然指向冲突群体（居民）、治理人员（社区或相关管理者），而冲突群体必然指向具体的冲突双方——年轻一代的居民和年老一代的居民。也就是说，研究问题包含着研究对象。

4. 求解目标

问题求解是判断疑问提出的客观性、疑问所表达问题的准确性和疑问本身的真假。一般说来，求解目标是一种"是与否"的判断，但是这个判断受到前置性价值判断的规范，即在价值判断优先的基础上，完成"是与否"的事实判断。

5. 求解范围

求解范围是指解决问题的领域或范围。任何科学研究的结论都有一定的适用范围，因为科学研究不能脱离研究背景而孤立存在，特别是社会科学研究。

二、公共体育治理的研究方法

（一）访谈法

调查法是指为了达到设想的目的，制订某一计划，全面或比较全面地收集研究对象的某方面情况的材料，并进行分析、综合，得到某结论的研究方法。一般包括访谈法、问卷法、个案法等。

访谈法是调查法的一种，指研究人员通过与被调查者直接交谈，来探索被调查者的心理状态的研究方法。访谈调查时，研究者与被调查对象面对面交流，针对性强，灵活且真实可靠，便于深入了解人或事件的多种因素及内部原因，但访谈法比较花费人力和时间，调查范围比较窄。

1. 访谈的形式

访谈可以是个别访谈，与被调查者逐个谈话，也可以是集体访谈，即以座谈会的形式展开访谈。访谈还可分为非正式访谈或正式访谈，非正式访谈不必详细设计访谈问题，而是自由交谈，根据实际情况展开的；正式访谈有预先的较完善的计划，通常会按部就班地进行。

2. 访谈的过程

访谈过程由以下四个步骤组成。

①访谈开始，应向被调查者说明访谈的目的和基本要求。

②逐步提问，倾听回答。对于谈话要收集的内容，可以用脑记，也可以用笔记，还可以录音记录，以备之后整理分析。

③访谈结束后，要专门对材料进行整理，形成陈述性材料，并进行一定的统计性整理。

④得出结论。例如，被调查问题的现状、性质、产生问题的原因等，并随之提出意见、建议。

（二）问卷调查法

问卷法是国内外社会调查中使用较为广泛的一种方法，进行大范围调查常采用问卷的方式进行。问卷是指为统计和调查所用的，以设问的方式表述问题的表格。问卷法就是研究者用这种控制式的测量对所研究的问题进行度量，从而收集可靠资料的一种方法。问卷调查通过收集资料，然后进行定量和定性的研究分析，归纳出调查结论。采用问卷调查方法时，最重要的是根据调查的主题，设立各种明确的问题，做全面摸底了解。

1. 问卷的类型

问卷分为结构型问卷和非结构型问卷。

结构型问卷，也称封闭式问卷，是事先把问题的答案加以限制，只允许在问卷所限制的范围内挑选答案。常选用是否式、选择式、评判式、划记式等方式让被调查者选填。

非结构型问卷，也称开放式问卷，问卷由自由作答的问题组成，是非固定应答题，常常用于对较深层次问题的探究或研究初期，以帮助研究人员厘清研究问题的基本情况，为设计封闭式问卷提供支持。

2. 问卷的结构

问卷一般由卷首语、问题与回答、编码和其他资料四个部分组成。

3. 问卷的设计

①问题的种类，主要包括：背景性问题、客观性问题、主观性问题、检验性

问题等。

②设计问题的原则，主要包括：客观性原则、必要性原则、可能性原则、自愿性原则。

③表述问题的原则，主要包括：具体性原则、单一性原则、通俗性原则、准确性原则、简明性原则、客观性原则、非否定性原则。

④回答类型，主要有三种类型：开放型回答、封闭型回答和混合型回答。

开放型回答，是指对问题的回答不提供任何具体答案，由被调查者自由填写。优点是灵活性大，适应性强，有利于发挥被调查者的主动性和创造性；缺点是标准化程度低，会导致整理和分析困难，以及问卷回复率和有效率较低。

封闭型回答，是指将问题的几种主要答案甚至一切可能的答案全部列出，然后由被调查者从中选取一种或几种答案作为自己的回答，而不能作这些答案之外的回答。优点是答案标准化程度高，回复率和有效率较高，便于统计；缺点是设计比较困难，信息不完整，难以发挥被调查者的主观能动性、真实性，以及可靠性低。

混合型回答，是指封闭型回答与开放型回答的结合，它实质上是半封闭、半开放的回答类型。

⑤设计答案的原则，主要包括：相关性原则、同层性原则、完整性原则、互斥性原则、可能性原则。

4. 问卷的信效度检验

（1）效度

效度（Validity）即有效性，是指测量工具或手段能够准确测出所需测量的事物的程度。效度是指所测量到的结果反映所要考察内容的程度，测量结果与要考察的内容越吻合，效度越高；反之，效度越低。效度分为三种类型：内容效度、准则效度和结构效度。

（2）信度

信度是指测验结果的一致性、稳定性及可靠性，一般多以内部一致性来表示该测验信度的高低。信度系数越高，表示该测验的结果越一致、稳定与可靠。系统误差对信度的影响较低，因为系统误差总是以相同的方式影响测量值，因此不会造成不一致。随机误差则可能导致不一致性，从而降低信度。

在对问卷的信度进行估计之前，需要通过适当的量表（如 Likert 量表）将问卷中的各类主观的或客观的备选答案转化为数字形式，然后在此基础上进行问卷评分（包括单项评分、相关题目分组评分和总评分等）。

信度分析的常用具体方法有重测信度、复本信度、分半信度、α 信度系数法四种（后两种可归为内部一致性信度）。

（三）社会实验法

社会实验法是社会科学研究的一种方法。相比真正的实验研究而言，社会实验法采用一定的操控程序，利用自然场景，灵活地控制实验对象，控制无关变量，观察和分析变量对因变量的影响。

社会实验法包括对照组无前测设计和非对等控制组设计。与真正的实验设计不同之处在于，社会实验法没有随机分配实验对象到实验组和控制组，严谨性略低，因而所产生的因果结论的效度比真正的实验研究的效度低，但其优点在于所要求的条件灵活，因此广泛应用于管理决策、评估、绩效考察、组织生产力、公共组织行为等领域。

1. 社会实验设计的基本流程

①形成研究问题和研究假设。

②变量的概念化、操作化和测量。变量分为自变量、因变量、干扰变量、调节变量、中介变量等。自变量是实验中施加的变量，因变量是在自变量作用下发生变化的变量，干扰变量是未被控制但可能对实验有影响的变量，调节变量是影响自变量与因变量变化关系的变量，中介变量是对自变量与因变量发生作用的中介。

③测定被试、分组。实验对象一般被分为实验组和控制组（对照组）。在分组之前，需要对研究对象的差异性进行检验，以确保实验组和控制组无差异，从而避免因研究对象的差异影响到实验结果的获取及分析的客观性和准确性。

④实验设计与实验。实验设计一般包括前实验设计和实验设计两部分。前实验设计主要用于行动研究、探索性实验和发展研究工具。实验设计主要是制订完备的实验方案，明确实验过程和相关变量的控制方法。

⑤分析数据和验证假设。

⑥推论。

2. 几种常用的实验设计

①随机化控制组后测实验设计。随机分配受试者到实验组和控制组中，让两组都接受后测，并比较两组后测的差异。

②随机化控制组前测后测实验设计。随机分配受试者到实验组和控制组中，测量实验前和实验后的情况，然后分析实验是否有影响。

③所罗门四组设计。为了观察前测对实验对象的影响，将实验对象分为四组：两组有前测（实验组和控制组各一组）、两组没有前测（实验组和控制组各一组）。然后两两比较，分析自变量对因变量的影响和实验前测对实验的干扰作用。

④多因子实验设计。

（四）案例研究法

1. 案例研究的类型

①单案例研究和多案例研究。

②整体性案例研究和嵌入性案例研究。

③探索性案例研究、描述性案例研究、解释性案例研究和评估性案例研究。

2. 案例研究的基本步骤

①提出案例研究问题。

②案例研究设计。案例研究设计需要重点考虑如下关键问题，并根据关键问题的阐释要求，形成研究范式。

甲、案例研究的目的。

乙、案例研究资料的性质。

丙、研究背景和文献。

丁、研究的理论基础。

戊、案例的选择。

③收集证据。

④分析资料。

⑤撰写报告。

（五）内容分析法

内容分析法是非介入性研究方法，当研究者无法、难以或没有必要与研究对象接触时，转向利用已有的资料展开研究的方法。

1. 内容分析法的类型

①按照研究的取向，内容分析法可以分为质性的内容分析法和定量的内容研究法。

②根据分析内容的特征，内容分析法可以分为概念分析、编撰性叙述、描述性叙述、诠释性分析、比较分析和普遍化分析。

2. 内容分析的步骤

①建立理论框架并界定研究问题。研究问题一般分为描述性问题、建构性问题和检验性问题。

②界定总体并进行抽样。

③界定分析单位。分析单位包括词、句子、段落、素材主题、词组、口头素材、一个镜头、舞台布置、举止等。

④构建分析类目。根据研究问题和假设，在特定理论框架下建立类目，提出合理的分析范式。

⑤编码和量化系统。编码是对文本内容中存在的分析单元进行分类，然后以计数的方式纳入类目的过程。编码分为外显内容和潜在内容两种。外显内容是明显的、表面的内容，如文字、图画等；潜在内容是文本背后的意义。

编码的形式可以是定类变量、定序变量、定距变量和定比变量。在进行量化的过程中，内容分析重点关注频率、方向、密度和空间的数量特征。

编码首先建立编码表或编码手册，包括文本内容、编码类目、分析单元、编码代号等；其次对照样本将编码表赋值，从而形成最后的量化系统。

⑥信度和效度检验。信度检验常使用编码者间信度，即不同编码者对同一文本进行编码时，一致程度高，则信度高；反之则低。

效度分析侧重分析表面效度（内容效度）、效标效度和建构效度。

⑦资料分析。主要包括解释、描述、趋势分析、假设检验、规范比较等。

（六）历史分析法

历史分析法是具体分析方法的一种，即运用发展、变化的观点分析客观事物和社会现象的方法。客观事物是发展、变化的，分析事物时要把其发展的不同阶段加以联系和比较，才能弄清其实质，揭示其发展趋势。矛盾或问题的出现总有其历史根源，在分析和解决某些问题的时候，只有追根溯源，弄清它的来龙去脉，才能提出符合实际的解决办法。

历史分析法的具体内容和公式如下。

1. 历史背景、原因和目的

①历史背景：国内+国际、经济+政治+文化。

②历史条件：与背景分析基本相同，更侧重于有利因素。

③原因的广度：原因＝主观原因（内因）+客观原因（外因）。

④原因的深度：原因→直接→主要→根本。

⑤矛盾分析：生产力与生产关系的矛盾、经济基础与上层建筑的矛盾、阶级矛盾、阶级内部矛盾、民族矛盾、宗教矛盾、不同利益集团的矛盾。

⑥目的、动机：目的→直接→主要→根本。

2. 历史内容

①经济内容：生产力+生产关系+经济结构。

②政治内容：制度+体制+政策+阶级+民族+外交+军事。

③文化内容：自然科学+社会科学+文化交流。

④事件过程：准备→开始→发展或曲折→成功或失败。

3. 历史影响、意义和教训

①性质分析：任务+领导阶级+主力+手段+结果。

②影响或意义：国内+国际（经济+政治+文化）的深远影响。

③判断成败及原因。

④经验教训和启示：（经验+教训）→启示。

⑤历史评价：（积极因素+消极因素）史实+结论。

第二章
CHAPTER 02
公共体育治理的形成

要想研究公共体育治理，首先需要明确公共体育治理的来源——体育公共性问题，阐明公共体育治理的缘起与演变。通过对体育演进历程的考察，从众多的历史事实中寻找有关体育与公共性之间关系形成的过程和证据，以此来确定体育的公共性及其内涵，回答体育的公共性是如何生成的、具有什么样的特征、其作用如何等问题。在此基础上，剖析公共体育治理的兴起及其承担的社会责任。

第一节　体育与社会发展的契合

一、古希腊时期体育与社会发展的契合

体育是一种复杂的社会文明现象。远古神话与原始体育的兴起之间有深刻的内在逻辑关联。古希腊时期，人们崇尚健与美，这一特质催生了原始体育，著名的朱维纳利斯思想"健全的精神寓于健全的身体"能够概括古希腊人对于健与美的追求。罗素在《西方的智慧》中评价奥林匹亚赛会是一种重视身体的象征，是一种重视身体与心灵的和谐的表现①。关于古希腊田径运动会的最早的记载来源于《伊利亚特》第二十二章，其中描绘了阿喀琉斯为战死的朋友帕特洛克洛斯组织的由八个项目组成的葬礼竞技（Funeral Games），在葬礼竞技中，人们以运动的方式模仿及替代战争，参与竞技的运动员也由战士组成。在古希腊文化

①伯特兰·罗素．西方的智慧：从社会政治背景对西方哲学所做的历史考察 [M]．温锡增，译．北京：商务印书馆，1999：66.

中，体育竞技被视为一种纪念诸神及英雄的方式，借助宙斯、波塞冬等赋予了体育竞赛神圣的性质。在确保体育竞赛公平性的同时，也培养了公民的积极性、体力及耐力①。

柏拉图在《理想国》中提出，好的音乐和竞赛可以调节人的身心，升华公民的灵性，是教育和培养公民的大纲②。古希腊社会由多个城邦组成，各城邦的成年男性既是社会政治的参与者，又是战争的主力。城邦间的战争以冷兵器为主，需要人与人进行近距离对抗。从古希腊赛会的项目（拳击、摔跤、赛马等）中可以看出，奥林匹亚赛会是为备战服务的，除能有效检验公民的战斗力、培养战士的品格外，还可以帮助统治者从城邦公民中选拔出骁勇善战的战士。

古希腊体育活动的诞生揭示着从原始社会向奴隶制社会的转变，人类社会从公有制进入私有制，有剥削能力的阶级逐渐拥有了从事体育活动的物质条件及时间条件。波利亚科夫就在一篇研究体育神话与体育历史的文章中提出在古典时期，体育竞技是上层公民的活动，普通公民没有机会参与到体育竞技中来③。戈尔登在《古希腊的体育与社会》一书中，用差异化的方法探讨了不同社会阶层、年龄、性别及个体之间参与体育竞技的差异，他认为体育运动像宗教与战争一样，是在特定的领域对社会等级和分层的强化，因此，古希腊的体育运动是社会等级制度的生动再现。书中，戈尔登以赛马运动为例，由于赛马运动需要参赛运动员拥有并亲自训练自己的赛马，这一项竞赛自然而然地成为专属于贵族的运动④。

二、中世纪欧洲体育与社会发展的契合

（一）身体的贬斥与体育的没落

中世纪的欧洲，在长达千年的过程中笼罩在神学统治的阴影之下，文明前进的步伐被阻碍，体育文化的再生产力也被长久压制。14 世纪时，意大利学者"文艺复兴之父"弗兰奇斯科·彼特拉克将从西罗马帝国灭亡到文艺复兴之间的时间称为"黑暗时代"。西罗马帝国的灭亡伴随着民族大迁徙，国家的形成将欧

①KYLE D G. Greek athletic competitions［M］. New York：Jahn Wiley & Sons, Inc, 2013.
②柏拉图. 柏拉图对话集［M］. 王太庆，译. 北京：商务印书馆，2019.
③POLIAKOFF M B. Overlooked realities：sport myth and sport history［J］. Stadion, 1990 (16)：91-102.
④GOLDEN M, MARK G. Sport and society in ancient Greece［M］. London：Cambridge University Press, 1998.

洲引入了封建时代。不同于中国古代的封建制度，西欧的封建社会权力是以封圮为转移的，封臣只需要效忠于自己的封建主，土地的纷争也一度使欧洲陷入混乱的境地①。为了巩固封建阶级的统治，基督教逐渐渗入了西欧社会的每个角落，成为人们的精神支柱并逐渐垄断了整个西欧社会的文化资源，同时教会具有雄厚的经济及政治权力。西方学者称中世纪文明为"基督教文明"②。《圣经》中提到的"身体因罪而死，心灵因义而活"奠定了基督教"高扬神性，将个体抽离为纯粹精神的存在"的基调，这无疑是对以身体活动为手段，以实现个体全面发展为目的的体育活动的抑制。这一时期，以杰罗姆及奥古斯汀为代表的教父哲学家主张"禁欲"思想③，蔑视身体、磨练精神的"苦修者"盛行，这些影响着人们对待体育的态度。欧洲中世纪的教会学校出于对高尚灵魂的追求及对"身体是灵魂监狱"的灵肉对立观的推崇，杜绝了一切与体育相关的身体活动，古希腊的奥林匹克运动会及古罗马的角斗竞技也因此走向消亡④。从另一个角度来看，中世纪欧洲对身体的压制及对精神的推崇为现代竞技体育建立迎难而上、超越身体极限的精神世界奠定了坚实的基础。

（二）世俗身体的复归与体育工具价值的苏醒

伴随着附和封建制度的骑士制度的产生，为培养领主需要的骑士，体育又回归到人们的生活当中，表现出其工具价值。十字军东征时，对"圣战"的需要使得骑士制度开始宗教化，正如莱昂·高梯在《骑士制度》中所说"一个没有接受过基督教洗礼的人不能成为骑士"⑤。这一阶段的骑士制度成为教会权力扩张的武器，对于骑士阶层来说，在赛场上获得胜利与在战争中获得胜利同样具有荣誉感，骑士甚至不惜在比赛中奉献出自己的生命⑥。可以说，骑士制度下的体

---

①ELIZABETH A R BROWN. The tyranny of a construct: Feudalism and historians of medieval Europe [J]. The A-merican historical review, 1974, 79 (4): 1063–1088.

②VAN ENGEN, JOHN. The christian middle ages as an historiographical problem [J]. The American historical review, 1986 (91): 519–552.

③CLARK, ELIZABETH A. Theory and practice in late ancient asceticism: Jerome, chrysostom, and augustine [J]. Journal of feminist studies in religion, 1989 (5): 25–46.

④KELLY P. Catholic perspectives on sports: from medieval to modern times [M]. New York: Paulist press, 2012: 24–25.

⑤LEON GAUTIER. Chiyalry [M]. New York: Barnes & Noble, 1968: 10.

⑥HARDY, STEPHEN H. The medieval tournament: A functional sport of the upper class [J]. Journal of sport history, 1974, 1 (2): 91–105.

育活动以在骑士之间举办的"赛会"为主,"赛会"以模仿战争为形式,训练骑士们的作战能力,培养骑士的尚武精神,为领主培养合格的守卫者。在欧洲中世纪后期,社会中形成了以亚里士多德思想为代表的经院哲学(发源于 9~10 世纪,13 世纪时达到全盛)。托马斯·阿奎纳发扬了亚里士多德主张的躯体的现实性及灵肉结合的基本思想,提出了"肉体之于灵魂的自主权①"。可以说,经院哲学对身体的重视使得中世纪基督教开始重新审视身体的价值及体育运动对身体的重要意义,这不仅为培养统治阶级所需要的骑士群体提供了理论、教育等方面的支持,而且也在客观上推动了社会生活中体育活动的开展。

三、工业革命时期体育与社会发展的契合

学者认为,现代体育是英国工业革命的产物②。18 世纪中期,英国的工业革命及随之而来的新社会分工方式为人们参与体育运动的方式带来了新的改变。机械生产将人们从农田中解放出来,人们拥有了更为丰富的可支配时间进行业余活动。资本家担忧工人的传统休闲活动(如赌博、过度酗酒、田间足球赛等)有降低生产力的可能性,开始将自己的道德理念强加于工人阶级,并倡导更为普遍的所谓的中产阶级运动。同时,国家也出台法律,禁止暴力运动及周日娱乐活动等。尼尔·特兰特这样概括上述现象——经济工商化会促使有组织的体育活动的产生,因此英国成为第一个工业化国家,同时是首个开始体育制度化及商业化的国家,这一现象并非偶然③。自此,现代体育雏形产生,体育活动也逐渐商业化及组织化。

体育项目的数量于 19 世纪迎来了爆发式增长④。这一增长得益于以电气化为主要特征的第二次工业革命的驱动——体力劳动大幅度减少,人们的休闲时间不断增多,物质财物大幅度增长,这为从根本上彻底解放劳动力提供了坚实的保障。科技革命使人体成为"工作机器",脑力工作逐渐成为一种高税收的工作模

---

①CORY, THERESE SCARPELLI. Review of thomas aquinas on bodily identity, by antonia fitzpatrick [J]. The thomist: A speculative quarterly review, 2020(84):653-657.

②Cronin M. Sport: A very short introduction [M]. Oxford: Oxford university press, 2014.

③TRANTER N. Sport, economy and society in Britain 1750-1914 [M]. London: Cambridge university press, 1998.

④EYLER M H. Origins of contemporary sports [J]. Research Quarterly. American Association for Health, Physical Education and Recreation, 1961(4):480-489.

式。一本名为《欧洲私人疗养院指南》的书将脑力劳动的重要性描述为 "在机器时代，体力工作的价值在日益减少，只有智力才能掌握社会生活的需求" [1]。体力劳动的进一步减少为人们改变生活方式带来了可能性，以身体运动代替体力劳动不仅成为社会发展的客观需要，而且满足了人们参与体育活动的基本需求。在这样的背景和现代奥林匹克之父顾拜旦的极力倡导之下，首届现代奥林匹克运动会于 1896 年在雅典举行，这也标志着体育成为国际事务的重要内容。

以智能化、数字化、信息化变革为代表的 "第三次工业革命" 的到来将人类社会推向了更高层次的发展阶段，也将体育朝着更加数字化、智能化的方向推进[2]，这不仅使体育发展的各个领域迎来了翻天覆地的变化，如提升运动成绩、体育消费、体育治理、新型体育参与方式的产生等，而且使得人们能够以更加科学舒适的方式参与 "智能运动"，或者在智慧体育的场域中享受智慧化健身的乐趣[3]。

四、现代文明病蔓延对体育发展的驱动

由于工业化、城镇化、人口老龄化的影响，加之疾病谱、生态环境、生活方式的不断变化，世界各国正面临多重疾病威胁并存、多种健康影响因素交织的复杂局面。全球范围内慢性病人口总量的快速增长、未富先老的社会结构变化，使公共卫生体系正在承担着巨大压力和严峻考验——现代文明病的不断蔓延对人类社会发展产生了深刻的负面影响。

20 世纪 50 年代，家庭电气化的普及和经济的发展带来了现代文明病的蔓延[4]。现代文明病又称生活方式病、富贵病或慢性病等，其并非由细菌或病毒所引起，而是一种由于生活上的压力与紧张，营养的失调，再加之缺乏运动，长期积累而成的疾病[5]。现代文明病与生活方式高度相关，常由久坐、高油高热的饮食、缺乏运动和快节奏的生活等因素引起。其实，现代文明病在工业革命后就开

---

①SALER M. The Fin-de-Siècle World [M]. London: Taylor & Francis, 2015: 37.

②SCHMIDT S L. How technologies impact sports in the digital age [M]. Cham: Springer, 2020: 3-14.

③文秀丽，曹庆雷. 我国全民健身智慧化发展价值、现实样态及路径 [J]. 体育文化导刊，2022 (5): 48-54.

④MILHAM S. Historical evidence that electrification caused the 20th century epidemic of "diseases of civilization" [J]. Medical hypotheses, 2010 (2): 337-345.

⑤张国华，葛辉. 现代文明病的新发展及成因分析 [J]. 长江大学学报（自然科学版），2008 (3): 110-112.

始显现，但是还未发展到深刻影响人类社会的程度。"二战"后，随着科学技术的快速发展，世界经济的长期稳定与持续增长，福利型社会促使发达国家人民的生活质量不断提升，同时也产生了健康隐患，缺乏运动导致的国民健康公共危机成为世界各国充分关注的且必须彻底解决的社会难题。在尝试了一系列医学手段也无法抑制慢性病的基础上，体育成为阻断慢性病蔓延的有效工具。换言之，人们选择体育这一主动性更强的社会工具来应对和治理慢性病蔓延危机，也是一种无奈但是富有成效的举措。20世纪80年代以后，世界发达国家陆续推出公民体育健康计划，例如《美国健康公民计划》、日本的《体育运动振兴法》等。我国1995年颁布了《全民健身计划》；2016年，为了更加积极应对健康治理的巨大压力，我国发布了《"健康中国2030"规划纲要》，并陆续出台了一系列推进计划和行动方案。这些国家战略或计划的出台和实施表明，世界各国政府的健康政策发生了巨大的变化——改变了传统意义上仅仅依赖单一医疗手段的做法，转变为通过设立和执行体育健康制度的方式，引导人们将体育深度融入生活方式之中，形成体育生活方式。这对解决由于生活方式引起的现代文明病具有重要的意义。

实际上，人们对健康的理解经历了一个曲折的过程——从单一的身体健康走向生理、心理和社会适应的多维度健康，从医疗卫生体系的被动治疗走向生活方式的主动干预。

1948年，《世界卫生组织宪章》中首次提出了三维健康的概念——健康不仅仅是没有疾病和虚弱，而是一种身体、心理和社会完好状态。

1978年，《阿拉木图宣言》提出了健康新概念——健康不仅仅是身体无病状态，更是生理、心理和社会适应良好状态，并在此概念的基础上，提出健康是人类的基本权利，政府有责任提供适宜的技术与方法来增进居民健康，获得更高质量的健康状况是全世界共同追求的目标[1]。

1986年，第一届国际健康促进大会通过了《渥太华宣言》，首次完整阐述了"健康促进"的定义、行动原则及未来的发展方向[2]。

1988年，第二届国际健康促进大会进一步明确了公共卫生政策所关注的四个关键及优先领域：维护妇女健康、强化食品营养、减少烟草和酒精消费及创造支持性的健康环境。

---

[1]World Health Organization. Primary health care: Report of the international conference on primary health care [R]. Alma-Ata, USSR: 1978.

[2]World Health Organization. Ottawa charter for health promotion [R]. Copenhagen, 1986.

1992 年，《维多利亚宣言》则进一步提出了健康的四大基石——合理膳食、戒烟限酒、心理平衡和适量运动，将健康促进的视野进一步集中在人的行为上，推动了体育价值从"增进体质"向"促进健康"的转变①。

1997 年，第四届国际健康促进大会提出了通过健康促进帮助人们改善和增进自身健康的战略计划②。

2010 年，世界卫生组织再次向全球发出倡议，号召人们通过五种途径来提升健康水平：锻炼、生活方式、健康促进、慢性病预防和控制及国家卫生规划。

由此可见，随着社会的发展，人们对健康的认识日益深刻。也就是说，在生存、生活环境和物质条件全面改善之后，人们的疾病问题却没有得到根本性的控制和解决。特别是随着现代医学和卫生体系建设越来越完善，人们治疗疾病的能力大幅度提高，慢性病问题却在整个人类社会中蔓延开来，成为阻碍人类社会健康发展的一个基本性问题。这启发了人们对健康的认识，逐渐将健康从"治疗"状态中解放出来，即从生物医学模式转向社会生物医学模式，开始注重对健康整体性、系统性、状态性等方面的重新认识和研究。

从生物医学的角度来看，存在三种较为主流的健康观：一是健康就是身体的良好状态，这种观点虽然被大众普遍接受，但是仅仅重视了生命体生物自然属性的特征，忽略了人社会属性的本质特征；二是健康就是正常的功能活动，强调了生物体功能的重要性，而忽视了人的心理、精神的重要作用及其影响；三是健康是人体检数据的统计学正常值范围，这是目前临床与保健医学领域应用最广泛的定义，也是最方便进行医学测量、评价的概念，但是缺乏心理健康与社会适应属性方面的深刻认识及评价。

以上三种观点几乎都是从身体维度认识健康的，忽略了人的生物人和社会人双重属性的基本前提。因此，这种对健康的认识是不全面、不深刻的，也是不完整的。

人们逐渐认识到作为具有社会属性的人，其健康问题无法避免社会属性的特殊影响，如心理活动、人际交往活动、行为活动规范等。这些特殊性活动的客观存在，成为深刻影响人们健康的关键因素，因此人们逐渐将心理问题、社会交往问题、道德规范问题等纳入健康概念中，形成了整体性、系统性的健康观。

---

①陈琦，鲁长芬. 新时期体育价值观转变与体育本质、功能和目的 [J]. 体育学刊，2006（2）：1-4.
②World Health Organization. Jakarta declaration on leading Health promotion into the 21st century [R]. Geneva, 1997.

第二节　体育公共性的生成

一、古代公共性需求与公共体育的昌明

（一）古代公共社会的建立

人们对自我主体身份的思考，使古希腊形成了人类第一个真正意义上的公共社会。尽管在后来的研究者（如哈贝马斯）看来，由于古希腊的公共社会不具备后期资本主义时期的基本特征，因此古希腊的公共社会也只能是初步的或仍然不能将之归结为真正的公共社会，但是这不能否认古希腊的社会建构在人类社会发展的历史过程中所作出的巨大的贡献。从一个更加宏观的角度来思考，将公共社会的衡量标志确定为公共领域的形成和公民参与权利得到普遍而充分的保障，那么古希腊公共社会的特征仍然是鲜明的。

古希腊文明是城邦文明，是一个具有独立的政治生活、自足的经济生活和丰富的文化生活的共同体。对古希腊人来说，城邦意味着一种共同的生活，它不仅是一个生活共同体，而且是实现人类自我完美的道德共同体。因此，致力于社会团体与公民生活之间的和谐统一便成了古希腊城邦每个公民的基本信念。在古希腊，公民具有强烈的对共同体的认同感和依据法律生活的意识。在这些公民权利中，投票权、拥有财产的权利、与另一个公民合法结婚的权利、参加各种大型祭祀活动的权利构成了公民活动的基础。全体公民对公共事务展开公开辩论，达成进一步的共识。这是一个平等的、以公共权利为基本框架建立起来的社会。正是因为公共活动的普遍存在，共同体模式也成为深刻影响人类社会发展的主要模式之一。

当然，古希腊公共社会存在较大的局限性。一个最为重要的特征就是，古希腊的公共领域、公共活动和公共参与是建立在奴隶制之上的。有史料记载，古希腊时期，每名自由民平均由 10~20 名奴隶供养。这就意味着存在两个突出的社会问题：一是平等的公共生活是建立在不平等的社会体制之上的，那么社会的真正平等就无法得到保障；二是奴隶没有参与公共活动的权利，他们被排除在公共活动领域之外，因此古希腊的公共活动缺乏更加广泛的社会性。奴隶的声音连同他们的权利，一起被公共社会抛弃。对于这一点，西方的学者很少提及，或者说

不愿意提及。因此，后来形成的对公共社会研究的诸多成果无一例外地继承了这种局限性。哈贝马斯所著的《公共社会及其转型》① 一书在探讨资本主义公共社会的形成、发展、转型等问题时，同样忽视了普通大众，对社会所谓的精英予以特殊重视，将这种历史局限性表露无遗。

（二）公共性活动需求与公共体育的昌明

在公共社会形成的过程中，古希腊人对自然、社会、人自我主体身份的辩论成为公共社会发展的源泉。尽管在古希腊后期，随着战争的蔓延和雅典的衰落，公共社会逐步走向瓦解，但是这不能成为否认古希腊公共社会文明的证据。相反，正是在古希腊公共社会形态中，体育出现了人类社会发展历史上的第一次繁荣，尤以古代奥林匹克运动会的举办为代表。

从相关记载来看，古希腊的体育主要以以下三种公共形态存在着。

1. 公众体育形态

在古希腊社会中，人们在"身心并完"理念的影响下，几乎人人都要参加各种各样的体育活动，而且都是以"终生体育"为基本模式的。人们崇尚体育运动，所以几乎每个自由的希腊公民都要到练习场去接受专门的身体训练，尤其是贵族。这是因为专门的身体训练不仅能够使身体健壮，表现出健康和强壮的身体特征，更为重要的是，在当时的社会理念体系下，只有在练习场接受专门身体训练的人才是真正有教养的人，否则就要将他们归入做手艺和出身低微的人之列。我们熟知的古希腊先哲，如苏格拉底、柏拉图等几乎都具有突出的体育特长。可以说，几乎所有的古希腊平民都有终身从事体育活动的良好习惯，表现为全民性质的健身活动。

古代奥林匹克运动会作为公共性活动的典型代表，在古希腊文明中有着极其重要的历史地位，是古希腊人为了向诸神献礼而举办的一种带有祭祀性质的大型公共社会活动之一。

在一千多年的时间里，四年一度的古代奥林匹克运动会不仅是一种体育竞技的盛会，更是一个全体古希腊人的全国性节日。"神圣休战"宣布之后，成千上万的人涌向奥林匹亚。此时的奥林匹亚成为一个巨大的公共活动空间——各城邦

---

① 哈贝马斯. 公共领域的结构转型 [M]. 曹卫东，王晓珏，刘北城，等，译. 上海：学林出版社，1999：55.

的代表参加祭祀活动和游行，政治使节缔结条约，艺术家展出作品，学者和教师研讨学术，雄辩家发表演说，商人展售商品，等等。当然，在这些公共活动中，奥林匹克竞赛才是核心活动内容。各城邦派出的优秀选手在竞技场上奋勇拼搏，他们赤身裸体进入赛场，向观众展示他们超人的体能、健美的身体和良好的教养。由此可见，古代奥林匹克运动会的实质是城邦之间一种特殊的公共活动。无论现在的人们对古代奥林匹克运动会的起源问题存在怎样的争论，古代奥林匹克运动会完全超越了简单的体育竞技比赛，而成为希腊宗教、政治、经济和文化等公共活动的重要组成部分，起到了推动政治交流、促进贸易发展、繁荣希腊文化、融合民族感情的作用是不争的事实。

在古希腊，体育活动是公共领域公众活动的主要内容之一，是社会活动的主要构成部分，是人们的一种生活方式。体育娱乐全体民众的特征表现得非常鲜明。

2. 公共教育形态

通过对古希腊历史的记载，以及对一些对古希腊文明产生深远影响的哲学家观点的考察，可以发现古希腊社会对教育的重视，以及对体育的重视。体育是作为古希腊教育的基础而存在的。在这里，"体育"就是教育，是教学的一个重要组成部分。例如，柏拉图提出的"体育锻炼体魄，音乐陶冶情操"的教育理念是当时教育活动的基本模式；亚里士多德认为古希腊学校的基础课程必须包括体操这一科目，他提出青少年应多方面和谐发展和分段教育的思想，主张在少年儿童阶段应特别重视体育，这样才能培养出优秀的人才。

在古希腊，作为教育重要构成部分的体育，主要存在于各种各样的学校领域当中。兴办学校是当时古希腊社会的一个典型特征。尽管古希腊各个城邦对教育内容的规定并不一致，但是体育作为教育的核心地位却是客观存在着的，尤其以尚武的斯巴达为代表。当然，古希腊社会发展到公元前 5 世纪时，由于奴隶制的要求，体育的位置逐渐被文化教育所取代，但体育仍然是教育的重要组成部分。

3. 军事形态

军事领域是典型的公共领域，而体育作为实现军事目标重要手段之一，得到了古希腊各个城邦的特殊重视。古希腊时期，各个城邦都非常重视利用体操来训练军队，增强军队的战斗力，其中最具有代表性的是斯巴达。体操的广泛采用成为当时军事训练的基本特征之一。这可以从历史资料关于古希腊体操在当时军事领域所占据的重要地位的记载中获得相关的证据。

可以说，公共社会的建立产生了强烈的公共性活动需求。当这种公共性活动要求以人的主体性活动表现出来的时候，体育作为人的生动的、直观的公共性活动，当之无愧地成为社会文化活动的主要方式之一。

古希腊的公共体育发展具备以下几个特征：①体育是公民个体身份的一种表现，与高尚、良好修养等身份融合为一体；②体育是公民个体之间、公民群体之间沟通与交流的平台，是人主体性活动的标志之一；③体育是全体公民向诸神献礼最合法的、受重视的选择。体育之所以能够在古希腊社会盛行，一个重要的前提条件是古希腊建立了公共性社会发展模式，而这一模式成为体育兴盛的基础；同时，古希腊社会公共性需求的普遍存在，特别是对自身活动公共性需求的普遍存在，成为体育兴盛的根本原因。有学者对古希腊和随后的古罗马体育进行了研究，认为体育是作为公共娱乐性活动提供给民众的，而对社会发展具有影响力的政治家，也将如何向民众提供倍受欢迎的体育活动作为一项重要的工作，这是因为他们深知通过公共性体育活动的提供，可以被更多选民认识，从而获得更多民众的支持①。这一研究结果客观地解释了体育能够在古代公共性社会中盛行的重要原因之一，公共性需求及对公共性需求的满足，成为体育繁荣发展的内在依据。这与体育总是以人的价值活动为其存在的核心这一价值取向密不可分。正如体育起源于原始人的公共性需求那样，体育总是鲜明地展现着人的主体性的特征，成为人的主体身份的一种标识。

换言之，公共性是体育存在和发展的灵魂，是体育的根本，当社会的公共性需求强烈显现的时候，体育必然会成为社会的主流文化活动之一。

（三）神性统治与公共体育的消亡

随着古希腊城邦的日趋衰落，平民的生活水平逐渐下降，导致了平民从事体育活动的热情日益降低，因而体育在社会中的地位越来越低。在古罗马确立基督教为国家信仰的时候，人在古希腊时期刚刚获得的自由而独立的身份消失了，人成为神的附庸，成为上帝最完美的创造和上帝的摹本②，与此相伴的是公共社会的消亡。公共体育作为公民的基本活动，也因为与"强壮的身体是灵魂的监狱"

①DAVID MARTZ. Greek and Roman Sport [M]. Jefferson: McFarland Company inc., 1991: 7-9.
②高秉江. 胡塞尔与西方主体主义哲学 [M]. 武汉: 武汉大学出版社, 2005: 20

这一基督教核心教旨相悖而逐渐被取缔。缺少了公共性的需求，或者说社会产生了相反的公共性需求——追求神性、抹杀人性的结果是，体育走进了最黑暗的历史阶段。

二、公共性需求与现代体育的复兴

(一) 文艺复兴与现代公共社会的初步形成

文艺复兴是以复兴古希腊思想文化精神为旗帜的，大约持续了两个世纪。文艺复兴是以非基教文化为核心的[①]，所关注的是人的活着的现实世界，而不是人死后的世界，因此，"人性"觉醒了。同时，这种人性又是当时世俗社会阶层的基本诉求，其基础是作为新利益集团的市民阶层走入文明中心圈，这就使得市民社会和新兴知识分子阶层迅速发展和扩大，并最终主导了人类社会的发展。这些市民阶层和知识分子阶层主要以新兴的资产阶级为核心，形成了推动社会变革的巨大力量。这个社会群体具有强烈的利益诉求，拥有特征鲜明的活动方式——在公共空间（咖啡馆等）中形成具有强烈批判性的沙龙，对社会发展进行批判式讨论，并督促社会当局依据他们的建议进行改革。在文艺复兴初期，资产阶级对自身利益进行诉求的时候，总是不可避免地以弘扬人道主义为旗帜的，以人性来对抗神性，达到构建资产阶级思想体系的目的。随后，18世纪在法国兴起的启蒙运动进一步推动了近代资产阶级思想体系的确立。孟德斯鸠、伏尔泰、卢梭、狄德罗等一批启蒙思想家用"人权"反对"王权"，用"人道"对抗"神道"，用"民主"对抗"专制"，用"人类理想"来否定中世纪的宗教迷信和教会权威，力图建立一个"理性王国"。自由、民主、平等被看作天赋人权，成为资本主义制度与精神的基本象征。逐渐地，一种新的社会发展模式，以资产阶级价值取向为核心的公共社会发展模式，被构建出来。

(二) 现代公共体育的复兴

资产阶级公共社会在形成的过程中，不可避免地对体育发展产生了强烈的公共性需求，尤其是对当时社会发展中一个紧迫的历史任务来说，更是如此，这个

---

①斯塔夫里阿诺斯．全球通史［M］．吴象婴，梁东民，董书慧，等，译．北京：北京大学出版社，2006（10）：369-382．

历史任务是尽快摒弃基督教义对人身体的偏见和对人健康的不良影响，迅速建立促进全体公民体质健康的工程体系，以实现提升社会整体健康水平的目标。在强烈的公共需求下，体育再次走向复兴的道路，以实现公共服务为根本任务。

17～18 世纪中叶的欧洲，在已经完成的文艺复兴运动和宗教改革运动的影响下，教育的全民性质开始显现，一些大教育家、思想家在对教育进行研究的基础上，陆续地提出了发展教育的基本观点。例如，提倡普及教育，倡导学校"造人工厂"的角色，重视教育对人的教化作用，并且提出自然教育基本思想；十分重视对儿童的培养，并首先将学校教育划分为德育、智育和体育三个组成部分，推崇"健全的精神寓于健全的身体"这一古代格言，认为体育是教育的基础。

社会对体育的重视是具有客观基础的。在一千余年的中世纪的黑暗统治下，欧洲社会奉行"肉体是灵魂的监狱""身体卑污"等腐朽的基督教义，结果是民众荒废了对身体的锻炼。这就使得整个欧洲民众的身体状况一直处于下降的状态，社会整体的健康水平越来越低。面对这样的局势，一些具有远见卓识的教育家首先意识到了加强对民众身体素质的教育是一项紧迫而首要的历史任务。同时，文艺复兴主要是以复兴古希腊文化为基本方式展开的，因此全面学习古希腊文化、顺承古希腊体育发展模式就成为一种必然的、合乎逻辑的结果。有学者认为，在文艺复兴时期至 18 世纪中叶以前，欧洲各国所通行的体育概念和古希腊大体上是一致的①。

体育在英国的发展，表现出了更加鲜明的公共性活动特征。从相关历史资料记载中我们可以发现，英国体育总是和新兴的资产阶级密切相关。这些新兴的资产阶级通过组建俱乐部的方式，享受着群体之间公共性活动的乐趣。从哈贝马斯对公共社会的研究来看，英国的资产阶级群体所构成的公共社会特征是鲜明的，具有其总结的公共社会活动的基本特征——批判而自由的群体、共同的志向、相似的公共空间，以及其认定的公共社会存在的隐性前提，社会个体在讨论公共问题时，能够放弃和摒弃个体自私自利的局限性。在哈贝马斯描述的公共活动场景中，社会个体间的文化活动就包含了体育，如网球、赛马等。在这些公共活动中，体育如同咖啡馆一样，是其所描述的主要公共空间之一。

尽管我们讨论的公共性与哈贝马斯讨论的局限于资产阶级内部的公共性存在广义与狭义的差异，但是体育在资产阶级狭义的公共空间和普通社会公民广义的

①王健，侯斌. 体育原理导论［M］. 武汉：华中师范大学出版社，2004：30.

公共空间的相互交融，却成为现代体育发展的重要因素之一。这是因为上层的狭义的公共性活动总是客观地对社会普通公共性活动产生着导向和推动的作用。社会发展的历史也可以证明，一旦社会普通公共空间存在的客观环境更加宽松，如余暇时间越来越多、物质生活越来越丰富、精神需求越来越多等，狭义的公共性活动对广义的公共性活动的推动力就表现得越明显。

英国公共体育的发展，同样离不开公共教育活动这个平台。对英国体育发展做出巨大贡献的人是英国教育家托马斯·阿诺德（Thomas Arnold）。他在英国的拉格比公学校将存在于公共社会空间中的户外运动改造成学校体育课基本内容的教育改革，为现代体育的全面繁荣奠定了坚实的基础。英国学校体育是从板球、划船、网球和冰球等运动项目开始发展的，而后发展到足球、橄榄球、水球、高尔夫球、手球、射箭等运动项目。户外运动进入学校后，受到了普遍的欢迎，并逐渐发展成一种时尚活动方式，而学校的"户外运动热"又反过来有力地促进了社会体育的广泛开展和快速发展。

当时，阿诺德对英国学校体育的这一改革举措，引发了世界教育界和体育界关于体育的基本形态是欧洲体育（体操）还是英国体育（竞技运动）的激烈论证，其争论的核心问题是：哪种体育方式更能满足学校体育的教育任务？这场持久争论的结果是，现代体育不仅完成了在欧洲学校中的推广，更有力地推动了狭义公共体育活动与广义公共体育活动的融合，从而使体育在普通的公共社会空间中扩展开来，并最终完成了在世界范围内的扩展。

现代体育之所以能够成为全球性的、具有很强影响力的公共性社会活动之一，一个重要的原因就是现代体育完成了全球性的扩展：一是现代体育在欧洲的扩展；二是现代体育向美洲，特别是向美国的扩展；三是现代体育在世界范围内的扩展[①]。这个过程是在公共社会发展对体育公共性功能需求不断加强的基础上完成的。全球性公共社会的逐步建立过程中所产生的普遍性的公共性功能需求，直接导致了现代体育的全球性扩展。

三、公共性需求与现代体育的昌盛

（一）公共社会的建立与社会对公共问题的关注

在经历了两次世界性战争之后，人类社会发展进入了一个相对平稳的历史阶

---

①董传升.现代体育全球性扩展的技术动因［J］.体育科学，2005（11）：78-80+89.

段。物质财富的大量产生满足了人们日益增长的需求。这些成果都是以科技的快速发展为基础而获得的，当人们借助科技的力量，取得了一个又一个令人振奋的成就时，便会对人类社会发展充满了信心。这种信心反过来又强化了人们对自我力量的高度认可，特别是对科技力量的认可乃至崇拜。物质条件越来越丰厚，余暇时间越来越充足，人们开始享受悠闲的生活。

在以科技体系为基础的现代社会，信息的传播速度和广度开始无限扩大，以至于信息技术的普及近乎完全地影响了人类社会发展的进程。正如哈贝马斯所担忧的那样，信息技术体系普遍建立强化了媒体的力量，而媒体力量不断强盛的结果是，公众在不知不觉中被媒体传递的信息左右。一个突出的现象就是，人们的批判性逐渐丧失。

然而，从另一个角度来看，正是由于现代技术特别是信息技术的广泛采用，人类社会才开始逐步地摆脱狭隘的公共社会发展模式，转向广义的公共社会发展道路上来。为了更好地解释这个问题，我们可以通过两种不同社会结构的比较来获得必要而客观的证据。

在哈贝马斯讨论的公共社会结构中，批判性是基础性的。具有良好教育和可能抛弃自我狭隘利益束缚的资产阶级群体，通过集体的讨论和批判，形成了可以影响社会发展的观点，并通过相应的社会渠道将这些观点传递给社会管理机构，以实现影响社会发展的目标。普通民众之所以被哈贝马斯忽视，在其看来是有客观原因的。普通民众因其接受教育的不足而存在先天性不足，因此无法对社会进行深刻而理性的认识，也就无法形成批判性的观点；缺乏余暇时间，因此不能完成集体的讨论和批判过程；不是社会发展的主流群体，因此不能反映社会发展的方向；没有与社会管理机构进行沟通的渠道，因而无法将相关的信息向社会上层传递，从而丧失了影响社会决策的可能性等。

可以说，这些问题也客观地构成了公共社会发展模式的基础。然而，哈贝马斯显然在这个问题上存在着主观性的误判。在现代信息技术体系普遍建立的社会结构中，尽管客观地存在着公众的判断被媒体信息强烈干扰的事实，但正是由于现代信息技术具有普遍性，所以社会信息的公开程度和透明程度不断地提升，普通民众的利益诉求可以轻易地通过网络传递给每个社会管理机构及其管理决策者；不断普及的高等教育，则使普通民众的批判性全面提升，从而使得社会的批判性越来越强；信息透明度的增加又强化了人们对相关社会事件的认识和批判，而这些批判已经对社会的发展产生了巨大的影响。这在当今社会对公共性问题的强烈关注事实中表现得尤其明显。

公共问题逐渐成为社会关注的焦点问题。从学术研究的角度来看，关于公共问题的专门性研究大约开始于 20 世纪 50 年代。一个典型的特征就是，出现了一些对公共问题进行专门研究而形成的新型交叉学科，如公共政策学、公共管理学、公共社会学等。这些学科的发展，客观地反映了社会强烈关注公共问题而产生的迫切需求，解决公共问题成为社会的共识。

同时，全球概念的产生和迅速扩展，引发了对人类整体利益的思考和对某些狭隘的功利行为的强烈批判。从全球性的角度出发，切实考虑人类整体利益，探讨和解决人类公共发展空间所存在的各种问题，成为当今学术研究的一个核心领域。其中，以《寂静的春天》《人类只有一个地球》和《增长的极限》为主要标志，表明人类社会走入了以人类整体公共利益为诉求的历史阶段。尽管在哈贝马斯看来，由于现代媒体的强权性存在，客观地剥夺或压抑、暗示、诱导了人们的理性思考和深刻批判，从而使公共社会日渐式微，但是人们对人类整体公共利益的思考、批判，特别是对人类与自然和谐发展问题的思考与批判，却客观地昭示着一个更加觉醒的公共社会的形成。

(二) 现代公共体育的昌盛

伴随着社会的快速发展，体育逐渐走向了全面昌盛的发展道路。我们可以通过三个主要的事例来说明这个问题：①体育是人们基本的生活方式之一，成为人生命活动的基本结构。在公共场所——公园、学校、体育场馆，在私人场所——各种各样的健身俱乐部，随处可见人们从事体育活动的场面。将体育活动作为生活的基本结构之一进行规划，已经成为现代人习以为常的生活内容。这一点在发达国家和地区表现得尤其明显。体育文化逐渐表现出成为社会主流文化形态的发展趋势。②体育活动对人类社会发展产生的作用越来越大，甚至成为影响国际社会或国家发展的重要因素。这在各种大型体育赛事的举办过程中表现得尤其明显。例如，现代奥林匹克运动会的申办与举办成为国际和国家的重要事务；而奥林匹克运动理念的全球性扩展则深刻地影响着人们的生活理念和方式——更快、更高、更强成为人们行为的基本准则之一。这意味着体育价值观已经成为深刻影响社会价值观的主要因素之一。③现代体育已经成为人们的基本权利之一。1978 年 11 月 21 日，联合国教科文组织在巴黎发表了《国际体育宪章》。《国际体育宪章》指出，根据关于人权的世界宣言：人们不论种族、肤色、语言、宗教、政治信仰、社会出身、财产、门第如何，都享有宣言赋予的所有权利与自由。为了使人权有效地行使，其中一个不可缺少的条件就是：任何人都有权保持自由发展身体的、知识的、道德方面的能力，保障所有人都能从事体育活动。因此，参加体育活动是所有人的基本权利。事实上，众多国家也纷纷出台了相应的体育法律、政策和制度，把参与体育活动作为公民的基本权利并提供了法律上的保障。现代体育在现代公共社会发展模式中走入了全面昌盛的发展阶段，成为公共社会的基本结构之一。

作为公共性社会活动的体育，其发展状况总是与社会的公共性需求密切相关。在众多需要解决的公共问题当中，人类自我价值问题成为人们关注的焦点。人的主体身份的自我展现与健康发展成为自现代文明病产生以来的亟待解决的社会公共问题之一。

从相关研究来看，由于欧洲国家首先进行了工业革命，社会发展迅速，物质生活丰富，因此现代文明病在18世纪的欧洲就已经出现了。19世纪时，现代文明病开始在社会领域中逐步扩散。20世纪以来，特别是20世纪五六十年代以来，人类借助科技的力量，不仅创造出了巨大的物质财富，而且创造了一个余暇时间更多的休闲社会。这两种社会发展环境的同时出现，催生了两种高度相关且性质不同的社会公共性问题。物质生活的极大丰富导致了较为严重的现代文明病的发生和蔓延。当现代文明病成为一种普遍的社会问题时，必然要产生一种新的社会公共性需求，即对现代文明病进行必要的、及时的和有效的治疗。这种公共性需求的出现，有力地推动了现代体育的全面兴盛。这是因为体育具有能够有效治疗现代文明病的功能。很显然，这与体育复兴时承担着提升社会公众整体体质水平的社会责任具有相似之处。因此，在论及现代体育兴起的社会原因时，最具有权威性的观点是：为了解决现代文明病这一社会问题，现代体育不可避免地在全社会范围内快速兴起，因为体育是医治现代文明病最有效的方法和手段。这种解释是具有客观性基础的。这一观点几乎得到了绝大多数学者的认同。

然而，仅仅认识到这一点是不够的。当我们用客观的、科学的眼光来审视体育人口规模不断扩大这一社会事实时，我们不可避免地产生一个疑问：不断增长的绝大多数体育人口并没有患上现代文明病，这该如何解释呢？更何况，即使是在现代文明病猖獗的20世纪五六十年代，健康的人口仍然是多数的。可否根据这样的社会现象来做出判断——现代文明病不是体育兴起的根本原因？如果这样的判断成立，那么体育走向全面兴盛的根本原因又是什么呢？是否还存在范围更加广泛的公共性需求呢？这就是我们要讨论的核心所在。

现代社会不仅是一个物质财富十分丰富的社会，而且更为重要的是人们借助巨大的科技力量，在创造更多的物质财富的同时，近乎完全地把自己从繁重的体力劳动中解放出来，为自己的生活增加了大量余暇时间。余暇时间的大量增加意味着客观地存在着一种需求，即人们开始考虑如何合理使用这些余暇时间。

合理使用余暇时间，丰富生活内容和方式，展现自我存在的价值，逐渐地成为社会群体普遍的需求。这种需求与被动地医治现代文明病存在着巨大的差异，主要表现在人们活动的主动性更加突出和娱乐性特征更加鲜明这两个方面。人们的活动从被动到主动的转变，是存在本质上的不同的。一方面，主动性的生命活动表明人们对自我主体身份的高度认同和自我价值实现的客观事实；另一方面，娱乐性的生命活动又成为人主体性的一种展现方式。因此，这些活动是在人们对自我存在充分认识的基础上展开的，体育作为生动的、人主体性存在展现的方式之一，在人们社会发展的历史上再次获得了全面兴盛的可能性和现实性。

当今体育娱乐性公共需求的形成和产生，与原始的娱乐性公共需求的形成和产生具有某些相似之处，但又存在着质的差别。原始娱乐性公共需求更多的是人主体意识逐渐苏醒的表现，是人之所以不同于动物的主动性的、有意识的社会活动方式之一；而现代娱乐性公共需求则是在人对自身主体身份高度认同的基础上，特别是在人们深刻地反思了自身存在的价值和人与环境、自然和谐存在的价值等重大问题基础上产生的，因此更多地体现了理性的、主体性存在的人本身。更高层次的公共性需求必然产生更高层次人的价值展现方式。换言之，体育是更高层次人的价值展现的基本方式之一。

第三节　健康需求与公共体育治理的兴起

一、健康危机与治理转变

20世纪50年代，以电气化为主要标志的第二次工业革命对人类社会发展进行了再次重构。久坐、高热量高盐的饮食、运动不足、不规律的生活方式等带来的现代文明病的蔓延[1]，在尝试用医学手段进行治疗却失败后，体育成为防治慢

---

[1]MILHAM S. Historical evidence that electrification caused the 20th century epidemic of "diseases of civilization" [J]. Medical hypotheses, 2010 (2): 337-345.

性病的主要工具。

在对健康权与健康促进有着充分关注的基础上，公共健康治理引起了国际社会的普遍重视。第二届国际健康促进大会指出，公共卫生政策的特点之一是明确所有政府部门及其政策都应该关注公共卫生、健康及其相关问题，并对相关的健康风险及社会决定因素承担责任[1]。世界卫生组织、美国国际开发署均指出，健康治理是每个健康系统目标实现的前提。世界卫生组织倡议全球各个国家能够根据各自国情，积极建构起基于行为的大卫生健康保障体系[2]。

在学术界，有学者研究认为，衡量社会成功的指标是公民的健康和福祉的改善及其生活质量与环境资源的可持续利用，而不只是狭义上的 GDP 增长[3]。健康治理对于国家健康战略的顺利施行和国家健康系统的有效运行具有关键作用[4]。Siddidi 等结合世界卫生组织、泛美卫生组织、世界银行、联合国开发计划署将健康治理划分为国家层面、政策形成与实施层面三个层级，然后按照这三个层级分别对国家健康战略的各项内容进行评价[5]。Mikkelsen-Lopez 等指出，健康治理概念的理解与其能力的提升在发展中国家显得尤为重要[6]。国内以韩启德为代表的部分学者认为，中国应建立科学的健康治理模式[7]。

为此，国际组织与相关国家都努力探索和实践公共健康治理的职责。世界卫生组织在 2010 年正式提出了"将健康融入所有政策"的决议[8]。在此基础上，许多国家将健康纳入了国家社会经济发展战略目标体系和政府的公共政策议程之中，并将其作为评价政府公共政策及社会治理现代化进程的重要指标[9]。基于健康治理理念和国情及文化的不同，大部分欧洲国家在其实践中逐步形成了不同的

---

①World Health Organization. Adelaide recommendations on healthy public policy [R]. Geneva, 1988.

②世卫组织饮食、身体活动与健康全球战略：国家监测和评价实施情况的框架 [S]. 2009：5.

③STIGLITZ J E, SEN A, FITOUSSI J P. Report by the commission on the measurement of economic performance and social progress [R]. Paris, 2009.

④李昶达，韩跃红. 国外健康治理研究综述 [J]. 昆明理工大学学报（社会科学版），2017（6）：54-60.

⑤SIDDIDI S, MASUD T I, NISHTAR S, et al. Framework for assessing governance of the health system in developing countries：Gateway to good governance [J]. Health policy, 2008（1）：13-25.

⑥MIKKELSEN-LOPEZ I, WYSS K, SAYIGNG D. An approach to addressing governance from a health system framework perspective [J]. BMC international health and human rights, 2011（1）：20-23.

⑦杨小明，韩启德. 中国应建立科学的健康治理模式 [J]. 医院领导决策参考，2009（15）：1-4.

⑧World Health Organization, Government of South Australia. Adelaide statement on health in all policies [R]. Geneva, 2010.

⑨MARCDANZON. The health for all policy framework for the WHO European region, WHO regional office for Europe [R]. Copenhagen, Denmark, 2005.

健康治理特色与模式：基于健康治理中的政府与社会关系，形成了政府与社会协同治理的模式；基于健康治理中的政府组织结构，形成了纵向治理与横向治理相结合的模式①。这些发达国家所推进的卫生保健服务与健康治理活动，都是基于宪法赋予的人权及经济学中公共物品等概念与理论展开的，并将其作为引领健康治理的价值规范，也称"共享价值"②。

尽管现代文明病与国家健康治理的关系已经得到世界各国的持续关注，但是公共健康问题仍然在全球范围内蔓延开来。根据世界卫生组织（2010）的统计，"人类因缺乏运动而导致死亡的人数，占全球总死亡人数的 6%。"③ 布伦特兰博士指出，全球每年约有 200 万人因缺乏体力活动对人体健康产生严重后果，以致失去生命，人们久坐不动的生活方式成为致病的重要因素，并已位列全球 10 个致死和致疾的重要原因之一。

在美国，由于对高胆固醇血症、高血压等心血管危险因素的控制力度加大，心血管疾病的死亡率 50 年来呈下降趋势，但肥胖、糖尿病和其他危险因素在以令人震惊的速度增加，并发症导致的死亡率不断增加，尤其农村居民、中年人及白人的死亡率大幅上升④。

截至 2018 年，中国心血管病患病人数达 2.9 亿⑤，由心脑血管疾病、癌症、慢性呼吸系统疾病和糖尿病等慢性非传染性疾病导致的死亡人数占总死亡人数的 88%，此类疾病负担占疾病总负担的 70% 以上。根据中国疾病负担报告，1990～2017 年期间中国年龄校正的缺血性心脏病死亡率增加了 20.6%⑥。2021 年出版的《全国第六次卫生调查统计报告》显示，我国 14 周岁及以上人群患慢性病的比例已经上升为 34.2%。由此可见，以积极主动的手段遏制全民健康不断恶化，已经客观成为我国公共体育治理的首要任务。

久坐不动意味着人身体缺乏足够的体力活动。据调查，我国绝大多数居民养

①LEAT D, STOKER G. Towards holistic governance: The new reform agenda [M]. New York: palgrave, 2002: 46.

②PORTER M, KRAMER M. Creating shared value [J]. Harvard business review, 2011, 89 (1): 1-17.

③闫肖锋. 医疗、教育、养老如何成为"新三驾马车"[J]. 中国新闻周刊, 2018 (28): 1.

④Mc CLELLAN M, BROWN N, CALIff R M, et al. Call to action: Urgent challenges in cardiovascular disease: a presidential advisory from the American Heart Association [J]. Circulation, 2019 (9): 44-54.

⑤胡盛寿, 高润霖, 刘力生, 等.《中国心血管病报告 2018》概要 [J]. 中国循环杂志, 2019 (3): 209-220.

⑥MAIGENG Z, HAIDONG W, XINYING Z, et al. Mortality, morbidity, and risk factors in China and its provinces, 1990-2017: A systematic analysis for the Global Burden of Disease Study 2017 [J]. Lancet, 2019, 38 (10204): 1145-1158.

成了久坐不动的不良习惯，并长期缺乏体育锻炼，仅有11.2%的居民能够保持健康的生活方式①。《"健康中国2030"规划纲要》显示，我国18岁以上的居民有83.8%从来不参加锻炼②，已经出现了青少年因缺乏运动而导致体质持续下降的现象。因此，身体活动、体育与健康三者之间的研究不仅成为学术界的热点问题，也成为我国政府积极关注和干预的社会治理问题。

二、面向健康治理的公共体育

体育与健康和医学的关联在西方的科学研究实践中早有论及，早在200多年前法国思想家卢梭就曾阐述身体锻炼与长寿和健康的关系，并指出通过各种增强体质的锻炼可以获得最大的精力，使身体变得更加结实③④。

20世纪中叶以来，健康成为全世界关注的核心议题之一。"大众体育"（Sports for All）浪潮在经过半个多世纪的发展后，并没有扭转"身体活动缺失症"在全球的蔓延之势⑤。从20世纪70年代开始，一些社会组织围绕以久坐为代表的运动缺乏对健康的影响开展了大量研究，证明了体力活动对健康促进的积极意义，并尝试开始增加一些运动干预措施⑥。

20世纪末，基于长期研究成果的支持，世界卫生组织主动将以往单一的管理健康模式——生物医学模式，转变成社会生物医学模式，提出了全新的健康概念和健康全覆盖的战略构想：健康全覆盖下的道德、生理、心理、社会适应整体良好状态⑦。国内外越来越多的研究表明，运动能够有效促进健康⑧⑨。世界银行

①程文广，张崇龙，张生开. 我国学校体育资源配置失衡问题研究：基于扎根理论的分析 [J]. 沈阳体育学院学报，2019（4）：24-32.

②人民网. 我国83%成年人不参加锻炼，死亡风险高3倍 [EB/OL]. （2014-08-30）[2022-01-23]. http://newssciencenet.cn/htmlnews/2014/8/301015.shtm.

③卢梭. 爱弥儿：上卷 [M]. 李平沤，译. 北京：商务印书馆，2016：42.

④卢梭. 论人与人之间不平等的起因和基础 [M]. 李平沤，译. 北京：商务印书馆，2016：52.

⑤任海. 身体素养：一个统领当代体育改革与发展的理念 [J]. 体育科学，2018，38（3）：3-11.

⑥HARRIS S S, CASPERSON C J, DEFRIEZE G H, et al. Physical activity counseling for healthy adults as a primary preventive intervention in the clinical setting [J]. JAMA, 1989 (1): 35.

⑦DUBOS R. Mirage of health: Utopias, progress, and biological change (new edition) [M]. New Brunswick: Rutgers University Press, 1988.

⑧JANSSEN I, LEBLANC A G. Systematic review of the health benefits of physical activity and fitness in school-aged children and youth [J]. Int J Behav Nutrit Physic Act, 2010 (40): 1-22.

⑨TIMMONS B W, LEBLANC A G, Carsov V, et al. Systematic review of physical activity and health in the early years (aged 0-4 years) [J]. Appl Physiol Nutr Metab, 2012, 37 (4): 773-792.

提出要对健康风险人群进行积极干预，促进体育生活方式的建立，不仅可以有效降低"风险人群"向"慢性病人群"的转化，而且可以直接获得可观的经济效益，包括医疗费用、出勤率和工作效率①。相关研究表明，每增加 1 美元健身步道的投入就相当于在医疗投入上增加 2.94 美元，而 1 美元的体育活动投入则相当于 10 美元的疾病预防或 100 美元的疾病治疗投入②。2013 年，世界卫生组织倡议全球全面推进全民健康覆盖政策，其目标是确保现在和未来所有人都可以获得预防、促进、治疗、康复等所需的卫生服务，而不会有经济损失或陷入贫困的风险③。可以说，全民健康覆盖的道路是继人口学和流行病学转变后的第三次"全球健康转变"④。这种转变开始专注于健康治理价值链的构建，进而形成了基于重新衡量投入与产生、结果与影响评价的新型健康治理模式。

世界卫生组织调查显示，截至 2014 年年底，全球健康人数仅占人群总数的5%，被确诊患有各种疾病的占人群总数的 20%，处于健康与疾病之间的亚健康状态的约占人群总数的 75%⑤。亚健康人群比例过大，往往意味着较高的慢性病风险。因为这部分人群很可能在"现代文明生活方式"的"帮助"下发展成为患有各种各样难以治愈的慢性病人口。研究表明，体育活动对亚健康的干预具有突出的效果⑥⑦。现代体育学与医学的发展促使身体活动和体育参与同预防医学建立了有机联系，身体活动及科学的体育参与成为保障健康的重要形式和手段⑧。

可以说，自以慢性病为主要特征的现代文明病蔓延以来，国家健康安全就成为西方国家考虑的基本问题之一。多数西方国家建立了自己的国家健康安全战略，如美国健康公民计划、法国大社区健康计划、英国积极公民计划等，并在社会上普遍推行了健康管理服务。实际上，由于许多因素对种族、地域、贫富健康状况差异产生影响，这些因素超出了个人的控制能力范围，需要多方参与才能对

---

① 世界银行报告. 创造健康和谐生活：遏制中国慢性病流行 [R]. 中国卫生政策研究，2010：19.

② 刘国永. 实施全民健身战略，推进健康中国建设 [J]. 体育科学，2016，36（12）：3-10.

③ 世界卫生组织发布《2013 年世界卫生报告》[J]. 中国卫生政策研究，2013，6（8）：42.

④ RODIN J, DE FERRANTI D. Universal health coverage：The third global health transition？[J]. Lancet，2012（380）：861-862.

⑤ 人民网. 七成以上人处于亚健康，你还好吗 [EB/OL].（2015-03-17）[2022-01-23]. http：//health. people. com. cn/n/2015 /0317/c14739-26707012. html.

⑥ 张杏波. 体育运动对亚健康群体干预的途径和方法 [J]. 北京体育大学学报，2010，33（8）：53-55+98.

⑦ 贾天奇，李娟，樊凤杰，等. 体育疗法与亚健康干预 [J]. 体育与科学，2008，29（3）：51-54.

⑧ 王智慧. 规训与惩戒：新冠肺炎疫情背景下的身体规训与认知转向 [J]. 北京体育大学学报，2020（3）：1-13.

社区和社会变革产生影响，因此跨部门治理备受关注，更多卫生部门以外的部门参与了健康综合治理活动①，健康融入所有政策、政府与社会协作等三种健康治理模式。Stahl 和 Wismar 认为，应将健康融入所有政策，强调卫生保健部门之外的部门以结构、机制与行动的计划和管理等来加强各政策与健康之间的联系②。有学者认为，应以合作的方式将健康纳入所有部门及所有政策的决策过程，以提高所有人的健康水平③。Israel 认为，应倡导多方参与的综合治理，扩大社区参与，支持协作实践的"多学科模型"，将个人赋权、连接社会纽带和协同纳入模型，让参与者拥有真正的影响力和控制权④。

中国健康治理成效显著，人均寿命从新中国成立初期的约 35 岁增长到目前约 75 岁的水平。这要归功于日益完备的公共卫生体系、广泛开展的爱国卫生运动和全民体育运动。中华人民共和国成立初期，国家就发出了"发展体育运动，增强人民体质"的号召；随后，普遍推行的工间操制度和围绕乒乓球开展的国球运动等有效改善了国民体质状况。

进入 21 世纪，中国人口健康状况发生了结构性变化，产生了种种令人不安的社会现象。例如，青少年体质下降造成部分地区征兵应征合格率不足四成，各类慢性病发病率接近或超过发达国家，成年人精神障碍患病率达 17.5%，成年人睡眠障碍达 38.2% 等。这不仅给现有医疗卫生体系造成巨大压力，而且该问题可能随着社会老龄化进程越发严重，进一步威胁到国家健康安全。

近些年来，中国慢性病人口比例在不断上升，心梗、中风、糖尿病和慢阻肺成为威胁中国人生命的主要慢性病。调查结果预测，我国患有至少一种慢性病的人群数量将剧增，2010～2030 年，40 岁以上慢性病人群数量预计将增加 2～3 倍⑤。

卫计委的一项调查结果显示，2012 年全国 18 岁及以上成人高血压患病率为 25.2%，糖尿病患病率为 9.7%，慢性阻塞性肺病患病率为 9.9%，与 2002 年相

①LEEUW D, EVELYNE. Engagement of sectors other than health in integrated health governance, policy, and action [J]. Annual review of public health, 2017, 38（1）：329-349.

②STAHL, WISMAR M, OLLILA E, et al. Health in all policies：Prospects and potentials [M]. Helsinki：Finnish ministry of social affairs and health, 2006.

③RUDOLPHLL, CAPLAN J, BEN - MOSHE K, et al. Health in all policies：A guide for state and local governments [M]. Oakland：American public health association, 2013.

④ISRAEL B A. Commentary：Model of community health governance：Applicability to community - based participatory research partnerships [J]. Journal of urban health, 2003, 80（1）：50-53.

⑤世界银行. 创建健康和谐生活遏制中国慢性病流行 [R]. 新罕布什尔州：2012.

比，患病率呈上升趋势①。

为了应对不断增加的慢性病挑战，我国政府开始加大对健康问题的治理力度。2016 年《"健康中国 2030"规划纲要》的颁布，标志着"健康中国战略"上升为国家战略。2019 年，我国相继颁布了《健康中国行动方案》和《健康中国组织行动与实施考核方案》，以推进健康中国战略的落实。

然而，健康资源配置不合理的问题、健康治理战略结构失衡问题却使得治理效果并不乐观。健康治理——健康全民覆盖，重点仍然落在卫生医疗保障体系的全覆盖上，对身体活动缺乏、食盐摄入过量、吸烟过多、膳食结构不合理等导致疾病的行为因素关注不够。长期以来，人们总是试图通过不断完善医疗体系来达到促进健康的目的，对医学干预的过度关注与对非医学（行为干预等）的关注不足的特征非常突出，失衡的治理结构必然导致健康治理失效的发生。

健康危机正在走来，并且越演越烈。一份联合发布的我国医疗改革研究报告指出，中国人口老龄化趋势加快，癌症、糖尿病、心脏病等慢性病已成为最主要的健康威胁，非传染性疾病已取代传染性疾病成为最严重的健康威胁，如果不进一步深化改革，中国的卫生支出预计会从 2014 年的 3.531 万亿元（以 2014 年价格为基准）增加至 2035 年的 15.805 万亿元，分阶段预测的平均年增长率为8.4%；卫生支出占 GDP 的比重将从 2014 年的 5.6% 上升至 2035 年的 9% 以上，其中 60% 以上的增量支出来自住院服务的增长②。

2019 年，由中国科学院心理研究所、社会科学文献出版社共同发布的《中国国民心理健康发展报告（2017—2018）》显示，48% 的受访者认为"现在社会上人们的心理问题严重"，多表现为焦虑症、抑郁症、精神分裂症、强迫症、自闭症、惊恐障碍等。当前，我国常见精神障碍和心理行为问题的人数在逐年增多，抑郁症患病率达 2.1%，焦虑障碍患病率达 4.98%。截至 2017 年年底，全国登记在册的严重精神障碍患者已经达到 581 万人③。

由此可见，我国健康治理正面临着一系列的巨大挑战：①在有效延长平均寿命的同时，如何提升生活的质量，让国民充分享有健康快乐生活的挑战；②如何

①中国政府网.国家卫生计生委：《中国居民营养与慢性病状况报告（2015）》［EB/OL］.（2015-06-30）［2021-09-30］.http：//www.gov.cn/xinwen/2015-06/30/content_ 2887030.htm.

②人民网·全民健康覆盖成就举世瞩目［EB/OL］.（2016-07-23）［2021-09-30］.http：//politics.people.com.cn/n1/2016/0723/c1001-28578773.html.

③傅小兰、张侃、陈雪峰，等.中国国民心理健康发展报告（2017—2018）［D］.北京：社会科学文献出版社，2019.

降低高质量生命养护的成本，切实降低公共卫生体系的负担；③如何让主动健康理念和体育生活方式在公众生活体系中成为核心的主导因素；④五千多年来中医对生命的养护的成功案例至今没有被全面而深刻地挖掘出来，如何结合中医生活化理论构建"运动+养生"的新型健康养护体系，为养护人类命运共同体健康推进贡献力量。

我们必须探索一条适合我国社会健康发展的道路，确立人民健康优先的发展战略，将健康融入所有政策，从"以治病为中心"转变为"以人民健康为中心"，推动全民健身和全民健康深度融合，通过建立体育健康文明生活方式来促进大众健康水平的不断上升，为实现中华民族伟大复兴的中国梦打下坚实的健康基础。

三、健康中国视域下的公共体育治理议题

资料显示，在我国人群死亡的前十个影响因素中，人类生物学因素占31.43%，行为方式因素占 37.73%，环境因素占 20.04%，而医疗因素仅占10.08%[①]，因此可以说，身体活动缺乏、食盐摄入过量、吸烟人群庞大、膳食结构不合理等成为深刻影响我国公众健康的主要因素。早在中国疾病预防控制中心营养与食品安全所发布的《2002 年中国居民营养与健康状况调查》中的数据就显示，我国居民参加锻炼的比例仅为14.1%，其中城市居民为 24.6%，农村居民为 10.0%，身体活动缺乏已成为第四位主要危险因素（占全球死亡归因的 6%）。如果考虑运动对膳食营养、心理等其他方面的综合干预效果，这个数据可能还会更高。

发达国家已经对上述问题采取了积极的应对措施，而发展中国家尚未有足够的措施来应对这一导致疾病的危险因素[②]。从国际经验来看，日本、美国、德国等发达国家均在制定积极的体育健康政策：以公众健康为中心，注重多方位、多层级、多维度考虑，依据医学加强政策制定的科学性，通过立法有力保障体育健康政策的法律地位[③]。

自《"健康中国 2030"规划纲要》颁布以来，众多体育学者开始探讨在这一

---

①李韬，王秀峰．健康中国的内涵和实践路径［J］. 卫生经济研究，2016（1）：4-6.

②李可基，张宝慧．国际组织和各国政府关于运动促进健康政策及措施的分析与比较［J］. 体育科学，2003（1）：91-95.

③曹振波，陈佩杰，庄洁，等．发达国家体育健康政策发展及对健康中国的启示［J］. 体育科学 2017，37（5）：11-23，31.

战略框架下讨论全民健身与健康中国的逻辑与政策关系[1]、实施全民健身战略推进健康中国建设[2]、全民健身与全民健康深度融合的多维路径[3]、全民健身与全民健康深度融合的政策体系[4]、全民健身与健康中国融合的路径及体制机制[5]等。

　　既然传统的生物医学健康促进模式不能有效地解决我国慢性病人口数量不断增长的问题，而50%以上的慢性病可以通过改变生活方式和控制行为风险进行预防[6]，因此必须主动探讨体育融入大健康的战略，通过建立"医学保障健康+体育创造健康"的双轨并行模式来促进健康中国战略真正落到实处[7]。

　　在如何让体育促进健康的问题上，体医结合或体医融合的视角引起了人们的积极关注。有学者认为，从体医分离到体医融合是国家政策的发展过程，也是全民健身深度融入全民健康的必经之路[8]，要加强统筹体育与医疗部门协同合作、注重"医体结合"健康服务的人才队伍建设、宣传推广"体医结合"健康服务新理念、因地制宜探索"医体结合"发展新模式[9]，更加注重从体制机制、融合理念、融合环境、技术融合等方面构建融合路径[10]，搭建全民健康服务平台[11]，构建协同联动、联席会商、利益均衡、政策保障、一体化发展"五维一体"的体医共生机制[12]。

---

① 于永慧．"全民健身"与"健康中国"的理论阐释和政策思考［J］.北京体育大学学报，2019（2）：25-35.
② 刘国永．实施全民健身战略，推进健康中国建设［J］.体育科学，2016（12）：3-10.
③ 沈圳，胡孝乾．全民健身与全民健康深度融合的现实困境与多维路径［J］.体育文化导刊，2019（5）：55-59+65.
④ 刘红建，张航，沈晓莲．全民健身与全民健康深度融合的政策体系：价值、理念与框架［J］.武汉体育学院学报，2019（3）：25-33.
⑤ 卢文云，陈佩杰．全民健身与全民健康深度融合的内涵、路径与体制机制研究［J］.体育科学，2018（5）：25-39+55.
⑥ 创建健康和谐生活：遏制中国慢性病流行［J］.中国卫生政策研究，2012，5（2）：29.
⑦ 董传升，汪毅，郑松波．体育融入大健康：健康中国治理的"双轨并行"战略模式［J］.北京体育大学学报，2019（41）：7-16.
⑧ 胡杨．从体医分离到体医融合——对全民健身与全民健康深度融合的思考［J］.体育科学，2018，38（7）：10-11.
⑨ 张剑威，汤卫东．"体医结合"协同发展的时代意蕴、地方实践与推进思路［J］.首都体育学院学报，2018，30（1）：73-77.
⑩ 冯振伟，韩磊磊．融合·互惠·共生：体育与医疗卫生共生机制及路径探寻［J］.体育科学，2019，39（1）：35-46.
⑪ 刘海平，汪洪波．"体医融合"促进全民健康的分析与思考［J］.首都体育学院学报，2019，31（5）：454-458.
⑫ 常凤，李国平．健康中国战略下体育与医疗共生关系的实然与应然［J］.体育科学，2019，39（6）：13-21.

四、主动健康——公共体育的核心议题

2020 年，新冠疫情暴发并快速席卷全球。新冠疫情的大流行将健康问题直接抛掷在人们面前，使人们不得不直面"人之身体存在的本然"，不得不直面"公共体育存在的本然"①。这场对人类社会具有深刻影响的公共健康危机迫使人们重新审视公共健康及其治理问题，促使人们更加深刻地思考身体、体育、运动与健康的深层次关系。公共健康是社群成员的集体行为，需要全社会的共同参与，以保证人民能够拥有获得健康的条件，要在社会层面建立公开的社会参与机制，鼓励与培育社会组织在提供公共卫生与医疗服务、扩大公众参与监督管理等方面发挥积极作用，使其成为构建健康治理新格局的重要力量②。公共健康治理的最终目标是"人人享有健康"的健康促进。个体健康依托于群体健康，依赖于健康生活环境，个体和社会的改变需要与卫生服务改善和健康促进政策齐头并进③。随着体育科学的发展及身体认知的不断拓展，现代体育所倡导的身体运动和健身方式开始与预防医学和康复医学实现学科间的交叉融合，通过身体锻炼以达到健康促进成为民众的普遍认知④。之后，体育健康权成为人们普遍的公共需求且备受关注，体育健康事业也必然迎来全面发展和深入推进⑤。疾疫引发了关于身体、生命及健康等多维度的思考，引发了深度身体认知及其价值转向，激发了健康意识的觉醒，引发了人们对体育与健康密切关联的深入关注。

体育与健康的关系也正是人类对身体的一种理解方式，人类对人体运动与人类自身自然变化之间的自觉意识，并不是在文艺复兴以后突然发生的，而是经历了一个漫长的从自发、自在、自觉逐渐发展到自为的复杂过程⑥。从历史的角度来看，自古典时代西方文明开始，人们对身体的关切不是基于健康的观念，也不

①蒋小杰，张卓林. 体育健康权的分配正义研究——疫情后体育健康事业发展的哲学反思 [J]. 北京体育大学学报，2020，43（3）：39-45.

②刘丽杭. 国际社会健康治理的理念与实践 [J]. 中国卫生政策研究，2015，8（8）：69-75.

③约翰·沃利，约翰·怀特，约翰·赫布利. 发展中国家改善公共卫生指南 [M]. 解亚红，张炎，纪颖，译. 北京：北京大学出版社，2009：140.

④王智慧. 规训与惩戒：新冠肺炎疫情背景下的身体规训与认知转向 [J]. 北京体育大学学报，2020，43（3）：1-13.

⑤蒋小杰，张卓林. 体育健康权的分配正义研究——疫情后体育健康事业发展的哲学反思 [J]. 北京体育大学学报，2020，43（3）：39-45.

⑥谭华. 体育史 [M]. 北京：高等教育出版社，2005：3.

是致力于健康价值的开掘，而是更多关注身体的工具性价值而非目的性价值。

从 20 世纪开始，现代体育事业不断被市场的力量裹挟，深度地嵌入消费社会的结构之中，身体的商业价值日益成为其主导性价值，荣誉价值甚至置换了最为本然的健康价值。体育被商业价值和政治价值所牵制，越来越偏离其本然的存在，人们会无意识地选择对身体健康的遗忘。体育健康价值以身体活动练习为主要手段，达到增强体质、挖掘身体潜能、舒缓心理压力、促进人的身心健康的最终目的[①]。基于疾疫风险引发共识性危机情景之下的身体认知，实际上是我国进入风险社会以来民众对身体和体育参与的启蒙。身体活动的知识、体育参与与生存教育是疾疫背景引发的体育教育内涵及其功能转向，表现为民众身体认知缺失为激发身体素养启蒙提供了空间[②]。对身体、生命、健康的重新认知必然促进人们对体育健康价值的深度与快速挖掘。

可以说，2020 年突如其来的疫情深度唤醒了民众的健康意识，主动健康、提高对疾病的免疫力成为共识。在这样的背景下，如何趁势而上，深刻剖析民众健康意识和健康需求的变化规律，构建体育大健康治理体系，服务民众健康治理成为具有深远意义的关键性重大问题之一。

针对主动健康治理和体育大健康治理等问题，学者在健康中国战略框架下对运动促进健康问题进行了多维视角的研究，提出了众多创新性的学术观点，但是这些研究多从具体的技术实现层面展开，对体育如何主动与健康中国战略理念、指导思想、主要任务、行动规划与保障措施等方面进行全面的战略对接的问题探讨不足。换言之，健康中国战略与体育相适应的发展需求是什么，战略思想与框架的融合路径是什么，体育在健康中国目标体系中的定位和角色是什么，如何从战略层面构建与健康中国战略相一致的全民健身国家战略[③]，如何通过与健康中国战略相配套的战略设计（如运动健康中国）来构建我国主动性健康养护战略和任务框架，并根据这一融合框架提出体育的具体任务和实现目标的技术路线等，这一系列根本性问题没有得到有效的解决，因此健康中国战略在体育领域的有效治理目标无法实现，体育主动服务健康中国、构建主动健康中国模式的核心

---

①董宏．体育融合视阈下体育助力疫情防控的价值意蕴与实然路径［J］．沈阳体育学院学报，2021，40（2）：12-19.

②王智慧．共识危机与自我启蒙：后疫情时代大众体育参与的价值向度［J］．沈阳体育学院学报，2020，39（5）：1-8.

③胡鞍钢，方旭东．全民健身国家战略：内涵与发展思路［J］．体育科学，2016，36（3）：3-9.

任务更无法完成。

因此，为了确保健康中国战略在体育领域中的有效落实，确保全民健身对健康中国的重要支撑①，必须主动提高体育的政治站位和战略高度，立足主动服务国家健康安全战略，构建与之相适应的分战略和治理体系，促进全民健身融入全民健康，让健康融入所有体育政策当中，推行运动健康中国治理行动方案，建立具有中国特色的公众主动健康治理体制机制，促进全民健康水平的不断改善，为实现中华民族伟大复兴的中国梦奠定良好的健康基础，为健康的人类命运共同体发展提供中国智慧和中国方案。

---

① 康建敏，郑颖. 全民健身是健康中国的重要支撑 [J]. 人民论坛，2018（5）：66-67.

第三章
CHAPTER 03
公共体育治理战略

作为一种复杂的社会现象，公共体育理应制定一种长期性、全局性的战略，在健康中国战略、体育强国等战略的引导和规范下完成战略规划和部署，并根据新时期的主动健康需求，确立使命和任务，进而通过对公共体育事务、事件和活动的协同治理，推动公共体育高质量发展，实现健康中国和体育强国的治理目标。

第一节　公共体育治理战略概述

一、战略与战略管理

（一）战略的含义

战略（Strategy）一词最早是军事方面的概念。战略的特征是发现智谋的纲领。在西方，"strategy"一词源于希腊语"strategos"，意为军事将领、地方行政长官，后来演变成军事术语，指军事将领指挥军队作战的谋略。在中国，"战略"一词历史久远，"战"指战争，"略"指"谋略""施诈"。

战略是一种从全局考虑、谋划，以实现全局目标的规划。战术是实现战略的手段之一，是由计划（Plan）、计策（Ploy）、模式（Pattern）、定位（Position）、观念（Perspective）五种规范的定义进行阐述的[①]。实现战略胜利，往往要牺牲

[①] 亨利·明茨伯格，布鲁斯·阿尔斯特兰德，约瑟夫·兰佩尔.战略历程［M］.魏江，译.北京：机械工业出版社，2020：1-16.

部分利益。战略是一种长远的规划，是远大的目标，因此规划战略时需要一段较长的时间，通过系统研究后进行编制。

（二）战略管理的概念与特征

1. 战略管理的概念

战略被引入私人部门，成为指导私人部门的基本精神、原则。第一个将战略观念引入企业管理理论与实践的人是美国经济学家切斯特·I. 巴纳德，其1938年出版的《经理人员的职能》一书中首次使用了战略的概念。随后，在众多学者的关注下，逐渐形成了设计学派、计划学派、定位学派、企业家学派、认知学派、学习学派、权力学派、文化学派、资源学派等学派。尽管各个学派对战略管理概念和内涵的理解不同，给出的概念也不同，但是对战略管理的全局性、长远性、规划性和环境互动性等基本特征的认识仍然存在着很高的相似度。

战略管理，是指将企业日常运营决策同长期计划决策相结合而形成的一系列管理业务①。这意味着战略管理是一个过程，是企业确定其使命，根据组织外部环境和内部条件设定企业的战略目标，为保证目标的实现和谋划，并依靠企业的内部能力将这种谋划和决策付诸实施，以及在实施过程中进行控制的一个动态管理过程。

从这个概念可知，一方面，战略管理不仅涉及战略的制定和规划，也包含着将制定出的战略付诸实施的管理，因此是对企业发展全过程的管理；另一方面，战略管理不是静态的、一次性的管理，而是一种循环的、往复性的动态管理过程。它需要根据企业的外部环境变化、内部条件变化，以及战略执行结果所产生的具体效果的信息反馈情况进行调整。可以说，这个过程几乎伴随着企业发展的全生命周期，是一个循环往复的管理过程。

2. 战略管理的特征

（1）全局性

企业的战略管理是以企业的全局为对象，根据企业总体发展的需要而制定的。因此，战略管理不是强调企业某一事业部或某一职能部门的重要性，而是通过制定企业的使命、目标和战略来协调企业各部门的表现，从而引导或激励相关

---

①H. 伊戈尔·安索夫. 战略管理［M］. 邵冲，译. 北京：机械工业出版社，2022：1-13.

部门能够按照企业的使命、目标、战略部署情况积极开展工作，为企业的发展贡献力量。可以说，战略管理不仅是对企业的宏观管理，也是对企业各个部门的协调管理，通过不断的协调以引导企业有序、高效发展。

（2）长远性

在战略管理过程中，战略决策是针对企业在未来较长时期内（5 年及以上）如何生存和发展等进行统筹规划，设定战略目标、战略任务、战略行动和战略保障措施。企业不仅需要对社会与市场当前发展状态进行评估，还需要对社会与市场发展趋势进行预测，以形成对未来发展方向的预判，根据预判结果制定长期性、宏观性的应对方案，以指导企业的发展。应当说，企业运行是以当前状态为出发点展开的，是以解决当前发展问题为核心任务的。战略管理是在一定的企业外部环境和内部条件，通过预判社会与市场未来发展状态下推进的，并通过规划长远目标、任务和行动，指导、规范和限制企业生产经营活动的方向和内容。

（3）系统性

企业的战略管理是一个复杂的系统，可以分解为三个层次的子系统：公司战略、业务战略和职能战略。

当前，企业正处在一个互通互联的世界之中，而世界是一个开放的系统。一方面，企业的发展影响着世界的状态和发展，另一方面，企业也必然受到这个开放系统中的诸多要素的深刻影响。由于这些要素并不被企业控制，因此在开放竞争的环境中，企业要使自己占据有利地位并取得竞争优势，就必须使自身与外部诸多因素之间建立良性互动关系，以确保竞争者、顾客、资金供给者、政府等外部因素朝着有利于自身发展的方向配置和优化。因此可以说，企业通过构建一个战略系统来协调这些外部因素，不断提高自身适应环境的能力，从而为企业获得充分的资源保障及突出的竞争优势提供强有力的支持作用。

（4）稳定性

为了获得可持续发展，公司战略一旦确定后，就要保持相对稳定性，经常改变公司的发展方向和总体目标会导致企业的员工无所适从，造成企业指令的混乱，从而导致企业经营效率低下甚至人心涣散，严重损害企业的发展。因此，尽管企业战略决策涉及企业活动的各个方面，包括企业上层管理者、中层管理者、下层管理者和全体员工的参与，但是由于企业最高层管理者对企业发展方向、发展状态和发展趋势等基本问题具有相当大的决策权和影响力，因此战略编制、战略执行和战略评估等管理工作往往是由企业的最高层管理人员实施的，从而保证了企业战略的稳定性。

（5）风险性

企业战略管理的制定为企业发展指明了方向，有利于全体员工齐心协力地朝目标迈进。如果市场研究足够深入，行业发展趋势预测准确，设立的远景目标客观，各战略阶段人、财、物等资源调配得当，战略形态选择科学，制定的战略就能引导企业健康、快速发展。但是，如果仅凭个人主观判断市场，设立目标过于理想或对行业的发展趋势预测有偏差，制定的战略就会对企业产生误导，甚至造成企业破产。所以，企业根据自己的历史和当前状态所做出的判断与决策是否正确，企业在未来战略管理期间所面对的环境变化产生不确定因素的多少和影响程度的大小，以及企业面对环境变化的适应能力的强弱，都是战略管理风险的主要来源。

（6）资源配置性

企业资源主要包括人力资源、财力资源、物力资源、信息资源和技术资源等。资源配置是深刻影响企业健康发展最重要的环节。企业资源配置存在两种基本活动：一是企业资源的内部配置，通过部门之间的协调来完成的；二是企业与外部环境之间的配置，即企业通过与外界环境的有序互动，使相关资源朝着企业方向流动，从而确保企业运行获得充足的资源保障。一方面，无论是企业内部的资源配置，还是企业外部资源配置，战略都在其中发挥重要且长久作用；另一方面，企业的战略活动需要有大量的资源作为保障，因此需要企业通过积极的资源配置活动来确保战略的高效执行。这就需要对企业的资源进行统筹规划与合理配置。

（三）战略研究的发展

1. 第一阶段：理性分析阶段（20世纪60年代初至80年代中期）

受理性主义的深刻影响，这一阶段的企业战略研究确信可以通过建构理性模型的方式，为企业的发展提供清晰且合理的指导，因此侧重描述理想的战略行为，通过与分析、计划、逻辑、理性、计算等活动紧密联系在一起的方式，探索和实践企业战略。在这一阶段，出现的学派主要包括设计学派、计划学派和定位学派。

2. 第二阶段：非理性阶段（20世纪80年代中期至90年代初）

受社会对人的本质理解不断深化的影响，一方面人们对人的社会属性、人与社会的关系、人的行为等问题的认识不断加深，由此不可避免地对由人构成的企业产生了新的认识——一种复杂的行为人和非理性的人、企业和环境关系模式。因此，在这一阶段，战略研究表现出非理性的特征，开始注重战略形成过程中的人的因素、非理性因素、行为因素、文化因素等方面的研究，并产生了一批具有代表性的学派，如企业家学派、认识学派、学习学派、权力学派、文化学派和环境学派等。

3. 整合阶段（20世纪90年代初至今）

整合阶段是在各学派充分发展和争论的基础上形成的。这期间产生了一个学派——综合学派（结构学派）。该学派认为，战略管理是一项复杂的治理活动，其核心目标是通过维护组织的稳定结构，不断提升组织的竞争力。该学派认为，企业竞争战略主要是指企业产品和服务参与市场竞争的方向、目标、方针及其策略，主要包括竞争方向、竞争对象、竞争目标及其实现途径。由于构成企业战略环境的最关键部分是企业所在的产业，产业结构强烈地影响着竞争规则的确立及可供企业选择的竞争战略，因此产业结构分析是确立竞争战略的基石，理解产业结构是战略分析的起点。

二、公共体育治理战略的兴起与演进

（一）公共部门战略管理的兴起

1. 公共部门战略管理兴起的背景

（1）复杂而不确定的环境的挑战

自20世纪80年代以来，公共部门面临着更加复杂的全球治理环境的变化，如全球性争端加剧、文化融合与冲突日益普遍、政府与公民关系日益复杂、传统行政手段的作用日渐式微等。由于这些问题往往涉及多部门、多文化、多体系之间关系的协同，因此传统公共行政手段不仅难以有效地解决这些问题，反而会由于这些问题的存在而引发新的社会问题。应该说，从更加宏观、更加长远的视角重新审视公共事务治理问题，寻找问题解决之道，客观上推动了公共部门战略的发展。

（2）新公共管理主义的推动

20世纪70年代末80年代初，一场声势浩大的行政改革浪潮在世界范围内掀起，迅速席卷了众多国家，成为全球性的公共部门管理变革运动。20世纪90年代以后，人们使用"新公共管理"这一概念来描述这场变革运动。这场以市场为基础的公共行政改革运动①，力图通过构建"后官僚制典范"或"企业型政府"，重塑国家的作用及其与国民间的关系，解决不断凸显的公共财政危机、福利和税收的冲突、科层制度与后工业社会的不适应、社会网络化活动日益普及和经济全球化竞争压力不断加剧等传统公共行政无法解决的治理难题，以实现为公民提供更优质服务，从而不断提高公民满意度的治理目标。

（3）政府改革的需要

面对新的社会环境变化，重塑政府与公民的关系，建立一种新兴的公共服务政府成为社会的迫切需求。为了满足这一需求，世界各国政府朝向服务型政府转型，逐渐启动了政府改革，以不断提高政府的服务能力、治理能力。

这些改革主要包括：一是重新定位政府角色，政府从"划桨者"到"掌舵者"再到"服务者"；二是推进专业化管理，管理型而非专家型的人员越来越多地担任部门领导职务；三是引入企业管理方法，用企业管理理念来重构公共部门的组织文化；四是强化绩效管理，将服务质量、民众满意度、效率和成本收益等纳入政府绩效评估体系；五是引入竞争机制，鼓励在公共部门和私人部门、公共部门机构之间展开竞争，以提高公共物品及服务供给的效率；六是建立"以民众为中心"的行政理念和行动方式，形成以"民众满意"为宗旨治理体系。

在这样的背景下，政府服务和治理功能的不断强化，对传统的政府自身管理来说同样是一种挑战，形成更加长期的发展规划以更好地引导社会发展，成为政府治理的一项基本任务。

（4）私人部门战略管理的示范作用

尽管私人部门战略管理仅仅早于公共部门战略管理十余年，但是私人部门战

---

①欧文·E.休斯. 公共管理导论［M］. 张成福，王学栋，等，译. 北京：中国人民大学出版社，2015.

略管理的广泛应用，以及通过战略管理形成的对企业发展的重要促进作用，仍然为公共部门探索提升公共行政的效率问题提供了清晰可见且深刻的示范作用。注重长期而非眼前利益，不仅是私人部门战略思想的核心内容，而且逐渐成为公共部门战略的核心。

2. 公共部门战略管理的形成

（1）公共部门战略管理的引入（20世纪80年代初期）

20世纪80年代初期，在私人部门战略的启发下，公共部门已经开始使用战略计划这一手段，为政府行为性质和方向提供了专业化的支持。这样一来，公共部门对本部门发展的规划和管理，逐步走向上了与私人部门相似的道路。当然，与私人部门战略管理明显不同的是，公共部门战略计划必须在法律和政策的范围内实施，通过促进沟通和参与，充分协调不同部门之间的利益与价值差异，最终为有序决策和高效率完成公共治理任务提供动力。

（2）公共部门战略管理的出现（20世纪80年代末至90年代）

为了克服战略计划的局限性，促进战略管理的有效落实，公共部门开始推动战略计划向战略管理的转变。一个具有标志性的事件是，20世纪80年代末至90年代初期，乔西-巴斯（Jossey-Bass）出版社出版了"公共行政系列丛书"——《公共管理战略》（波齐曼、斯特拉斯曼，1990）、《公共和第三部门组织的战略管理》（纳特、巴可夫，1992）和《公共组织和非营利组织的战略规划》（布莱森，1988）。这些著作的公开出版，不仅是对公共部门战略管理实践的阶段性的总结，也开启了公共部门战略管理的理论构建阶段。

与私人部门战略相比，公共部门的战略管理更加注重组织与环境之间的相互作用，更加注重制订计划及对执行计划的基本要求。

近年来的研究热点主要聚焦于政府战略三角模型、政府战略类型、政府战略规划、政府战略绩效管理四个方面，并呈现出政府战略管理角色转型、政府战略管理组织与机制转型、政府战略管理中的组织伦理研究、政府战略管理方法创新的发展趋势①。

公共战略是指管理者有意识的政策选择、发展能力、解释环境，以集中组织

---

① 赵景华，亢靖. 政府战略管理：国外理论发展趋势与中国研究展望［J/OL］. 管理评论，2022. ［2022-12-30］. http：//rail. ckcest. cn/Tky/Article/Detail？id＝2031114481673.

的努力，达成组织目标的行为①。

（二）公共体育治理战略的含义

第一，公共体育治理战略是针对公共体育事务而展开的一项长期的规划、方案设计与实施，因此对体育发展具有深远的影响。世界上不同的国家都在根据本国的发展条件和需求，制定推动本国公共体育发展的相关战略。在我国，体育发展一般都是以战略规划为基本规范展开的，如2019年印发的《体育强国建设纲要》和2021年发布的《"十四五"体育发展规划》。自中华人民共和国成立以来，我国体育发展取得的令世人信服的成就表明，制定和执行长期的体育发展战略是富有成效的。

第二，公共体育治理战略是为了创造公共体育价值而展开的一项整体性、宏观性的活动。公共价值是公共体育活动的核心。为了确保这一价值的真正实现，一个行之有效的做法是，在对公共体育价值进行全面且深刻的认识的基础上，对公共体育活动进行整体性规范，以通过规范性引导，整合相关公共资源，为实现公共体育价值不断增值的目标提供强有力的支持。

第三，公共体育治理战略对明确公共体育发展方向、优化公共体育组织职能结构、保证公共体育有序高效发展和创造公共体育价值具有不可替代的作用。一方面，公共体育治理战略规定了公共体育发展方向，明确了公共体育发展方式，指明了公共体育发展路径；另一方面，这一战略又对促进公共体育组织与战略匹配、促进治理活动的高效推进进行了系统性规范，从而确保了组织在战略的规范下有序发展。

第二节　我国公共体育治理战略的概况

一、我国体育治理的演进

"治理"一词兴起于20世纪90年代，现被广泛应用于社会治理的各个领域。全球治理委员会对治理的定义为：各种公共机构和私人机构管理其共同事务的诸多方式的总和。也就是说，治理是指一系列活动领域（由共同目标引导）内的

---

①张福成，党秀云. 公共管理学 ［M］. 北京：中国人民大学出版社，2001：75.

运行机制，其主体未必是政府，也不一定需要依靠强制力来达成（詹姆斯·罗西瑙，2001）。格里·斯托克（1999）归纳了治理理论的主要观点，认为其主要包括五个方面：一是治理行为的主体可以是政府，但又不局限于政府；二是政府、社会组织、市场组织及居民等在解决社会或经济问题的过程中，其界限与责任日益模糊；三是在涉及集体行为时，各个社会公共机构之间是相互依赖的关系；四是治理意味着参与者将形成一个自主的网络；五是治理意味着解决问题的方式不局限于政府的权力，还存在其他的管理方法和技术。

20 世纪 90 年代西方发达国家的现代治理理论体系基本形成并开始付诸实践时，我国关于治理的相关研究才刚刚起步。在体育治理领域，学者对体育治理的概念、结构、理念、逻辑等展开研究，如杨桦[1]、范叶飞与马卫平[2]、李长春[3]、李金锁与张艳芳[4]等围绕体育治理的价值目标、治理的主体、治理的客体、治理的机制、治理的效果等主要议题展开研究。

我国体育治理的演进大致分为五个阶段：初创探索期（1949～1955 年）、曲折发展期（1956～1977 年）、战略转变期（1978～1991 年）、协调发展期（1992～2012 年）和新时代治理期（2013 年至今）[5]。在我国的体育治理活动中，服务于国家中心任务的体育价值的定位一直引领着各项体育治理活动。例如，以奥运会为代表的竞技体育，以实现"为国争光"为基本任务，体现出国家体育的特征；以全民健身为代表的群众体育，以实现"全民健身"为基本任务，体现出全民体育的特征。实质上，我国的体育发展是在"体育为国"与"体育为人"中寻找社会认可、国家认同的一种均衡的结果[6]。

回顾中华人民共和国成立以来我国竞技体育治理的演进，可以将其划分为五个阶段：①政府单一主体初步治理阶段；②政府单一主体治理调整阶段；③政府主导、社会和市场主体逐渐进入的治理阶段；④政府主导、社会和市场主体作为补充的治理阶段；⑤新时代治理现代化推进阶段。其中新时代治理现代化推进阶

---

①杨桦. 中国体育治理体系和治理能力现代化的概念体系 [J]. 北京体育大学学报，2015，38（8）：1-6.

②范叶飞，马卫平. 体育治理与体育管理的概念辨析与边界确定 [J]. 武汉体育学院学报，2015，49（7）：19-23.

③李长春. 从体育管理走向体育治理：内涵、动力及路径分析 [J]. 体育文化导刊，2017（4）：6-10.

④李金锁，张艳芳. 体育治理的概念内涵与实现路径 [J]. 广州体育学院学报，2019，39（6）：11-14.

⑤王凯，韩磊. 新中国 70 年来体育治理的历史演进、主要经验和趋势前瞻 [J]. 天津体育学院学报，2021，36（4）：385-392.

⑥董红刚. 我国体育治理演进研究 [J]. 武汉体育学院学报，2018，52（9）：18-24.

段表现出体育治理目标从满足国家政治利益需要向追求复合型目标转变、治理主体从单一向多元转变、治理手段从以行政手段为主向多种手段综合并用转变、治理效果从竞技体育落后国家向竞技体育强国转变等特征①。

二、体育的战略定位

"为人民服务"和"以人民为中心"作为我国体育治理的宗旨，是我国体育治理的基本战略和基本政策的价值内核。在我国体育的发展过程中，"发展体育运动，增强人民体质"是我国体育治理一以贯之的指导思想。尽管体育在发展过程中曾表现出较为明显的外交工具性特征，如"小球转动大球"，但是体育对人民需求的关注与满足却是始终如一的。

2019 年印发的《体育强国建设纲要》中指出"坚持以人为本、改革创新、依法治体、协同联动，持续提升体育发展的质量和效益，大力推动全民健身与全民健康深度融合，更好发挥举国体制与市场机制相结合的重要作用，不断满足人民对美好生活的需要，努力将体育建设成为中华民族伟大复兴的标志性事业"，清晰展现出"以人民为中心"价值定位，以及"不断满足人民对美好生活的需要，努力将体育建设成为中华民族伟大复兴的标志性事业"的这一治理战略定位。

《体育强国建设纲要》制定了"三步走"的战略目标，具体内容如下。

到 2020 年，建立与全面建成小康社会相适应的体育发展新机制，体育领域创新发展取得新成果，全民族身体素养和健康水平持续提高，公共体育服务体系初步建立，竞技体育综合实力进一步增强，体育产业在实现高质量发展上取得新进展。

到 2035 年，形成政府主导有力、社会规范有序、市场充满活力、人民积极参与、社会组织健康发展、公共服务完善、与基本实现现代化相适应的体育发展新格局，体育治理体系和治理能力实现现代化。

到 2050 年，全面建成社会主义现代化体育强国。人民身体素养和健康水平、体育综合实力和国际影响力居于世界前列，体育成为中华民族伟大复兴的标志性事业。

---

①白银龙，舒盛芳. 我国竞技体育治理演进历程、时代特征与展望 [J]. 天津体育学院学报，2021，36（3）：314-322.

全面建设体育强国的根本目的是办好人民满意的体育事业，而人民满意的体育是基于高质量践行体育人民性的一种发展方式，是以服务经济社会全面发展和人的全面发展为目标的一种体育发展方式，并以体育满足人民群众对美好生活向往为指针，以"人民群众高兴不高兴、满意不满意"为准则，更加注重解决体育发展不平衡、不充分的问题。想要办好人民满意的体育，主要任务就是着力化解当前体育改革发展中存在的一系列痛点和难点，推动体育事业实现高质量发展①。

三、体育的民族振兴责任

现代体育与现代中国的救亡图存有着密切的关系。面对现代中国早期学校对体育的漠视，被誉为"中国奥运第一人"的张伯苓意识到强健的体魄对于个人、社会乃至整个民族的发展都有着极其重要的意义和作用，而体育正是强国强种的重要手段，所以他大声疾呼"强我种族，体育为先"②。这是我国现代早期"强国必先强种，强种必先强身"的重要论断，是体育与现代中国早期救国思想相关联的重要依据。受严复等的思想的影响和"富国强兵"意识的影响，毛泽东发出"文明其精神、野蛮其体魄"的倡议，这是对通过体育实现强国强种目标的一种设计和实践。这一思想的完善和发展，成为我国大力推进的"发展体育运动，增强人民体质"体育治理的逻辑主线。

从"站起来"到"富起来"，再到"强起来"，在我国民族振兴的历程中，不同历史阶段的体育事业有着不同的特性。

在"站起来"阶段，我国体育有着强烈的危机感，有着鲜明的阶级性，有着民族抗争的目的性，有着因陋就简的实用性，也有着因地制宜的创造性。"身体好，学习好，工作好""健康第一，学习第二""发展体育运动，增强人民体质""一不怕苦，二不怕死""友谊第一，比赛第二"成为体育发展的核心价值，体现出中华民族艰苦奋斗、自力更生和不屈不挠的伟大精神。

在"富起来"阶段，我国体育从"发展体育运动，增强人民体质"这一基本逻辑出发，将享有参加体育的机会作为中国人民的基本权利与福祉，以鲜明的人民性、福祉性、全体性、科学性为基本特征，以"冲出亚洲，走向世界""努

①鲍明晓.贯彻《体育强国建设纲要》，办好人民满意的体育事业［J］.体育科学，2019，39（9）：3-13，23.
②王景丽.张伯苓的学校体育思想及当代启示［J］.运动，2010（8）：107-108，156.

力拼搏，振兴中华""全民健身，奥运争光""人文奥运，绿色奥运，科技奥运"为价值核心，体现出中华民族锐意改革、兼容并蓄、自强不息、与时俱进的伟大精神。

在"强起来"阶段，我国体育偏向回应"中华民族伟大复兴"这一新时代的主题，在"百年变局""制度之争""文化自信""一带一路""人类命运共同体"的历史背景下，以鲜明的民族性、时代性、创新性、科学性为基本特征，以"健康中国""体育强国""文化强国"为核心精神，体现出中华民族"不断进取、振兴中华、世界大同、以人类共同发展为己任"的伟大精神①。

"十四五"时期，我国竞技体育发展面临复杂多变的国内外环境，在治理战略层面要全面梳理竞技体育的发展思路、发展方式和发展目标，统筹谋划竞技体育发展的重大任务和重大工程②。

第三节　公共体育治理战略的形成

一、公共体育治理战略的编制

公共体育治理战略规划的编制，包括战略分析和战略选择两部分。

（一）公共体育治理战略分析

1. 历史背景分析

由于公共体育组织的发展总是在一定的历史背景下进行的，因此制定公共体育治理战略需要对公共体育组织所在的历史阶段历史特征及历史发展趋势进行必要的分析，以了解公共体育组织存在的历史特殊性和一般性状况，为合理制定公共体育发展战略提供充分的背景资料。目前，我国体育战略制定的历史背景发生了巨大的变化，中华民族的伟大复兴已经进入一个新的阶段，不仅完成了从"站起来"到"富起来"，而且已经进入"强起来"的发展阶段。中华民族伟大复兴"强起来"阶段的历史任务已经与"站起来"阶段存在明显的不同，体现在从民

①毛振明，罗帅呈，盖清华. 论建党百年体育发展中的"民族振兴梦想"［J］. 武汉体育学院学报，2021，55（7）：5-12.
②杨国庆. "十四五"我国竞技体育发展的时代背景与创新路径［J］. 武汉体育学院学报，2021，55（1）：5-12.

族救亡到民族强盛的历史任务的转变上。显然这种转变必然对体育发展产生深刻的影响，正如习近平 2022 年 9 月 22 日在教育文化卫生体育领域专家代表座谈会上的讲话指出，体育是提高人民健康水平的重要途径，是满足人民群众对美好生活向往、促进人的全面发展的重要手段，是促进经济社会发展的重要动力，是展示国家文化软实力的重要平台。体育的这些特征必然引导着公共体育直面以下四个历史任务：一是积极回应不断蔓延的慢性病危机，将提升人民健康水平置于公共体育发展的核心地位；二是积极回应人们全面发展需要，将公民体育权利的全面实现作为基本任务；三是积极回应公共体育在促进经济社会发展中的新使命和新责任，探索作为社会发展动力的公共体育治理的定位、目标、任务和机制等；四是积极回应参与全球体育治理需要，在充分展示中国文化软实力的基础上，为构建人类命运共同体贡献中国体育的智慧和力量。

2. PEST 分析

PEST 分析是指宏观环境的分析，P 代表政治（Politics），E 代表经济（Economy），S 代表社会（Society），T 代表技术（Technology）。从政治、经济、社会、技术方面收集和分析可能影响公共体育治理的相关资料，为战略的制定提供宏观依据。

①政治因素分析。分析国内外政治环境、全球体育治理、国家战略调整、体育政策变化等相关因素，主要包括执政者及其利益集团的价值取向、目标追求，国家或地区的政局稳定情况，掌权的政治力量所制定和执行的基本政策。

②经济因素分析。分析国内外经济发展现状和趋势，描述一个国家或地区经济总体情况。经济总体情况常用国民生产总值（GNP）或者国内生产总值（GDP）来反映。例如，我国为应对新冠疫情提出了"以国内大循环为主体，国内国际双循环相互促进"的新发展格局，必然深刻影响着体育经济乃至体育事业的发展方向。

③社会因素分析。分析风俗、习惯、社会观念、信仰状况等因素，主要包括人口状况、行为模式、道德标准、价值观、文化风俗等。健康状况是直接指标，行为模式是核心指标，通过数据分析为国内体育发展交流和国际体育交往提供重要参考。

④技术因素分析。对技术因素的分析主要集中在科技进步程度、新技术发展、技术创新等领域，主要包括技术创新、技术水平、技术工艺、高新技术等，

旨在通过讨论人工智能、大数据、云计算等新兴技术对体育治理产生的深刻影响，制定与技术发展相适应的公共体育治理战略。

此外，还需要对体育发展因素进行分析，剖析体育发展等相关信息，主要包括体育发展目标、体育发展原则、体育发展方式、体育发展机制、体育发展水平和体育发展趋势等，旨在为科学定位体育发展问题、制定行之有效的发展战略提供基础性数据支持。

3. SWOT 分析①

对公共体育组织发展面临的优势、劣势、机会与威胁等信息进行收集和分析。SWOT 分析的目标是通过对宏观和微观的基础信息与体育信息进行更加结构化的分析，达到以下目的：①确定可能帮助公共体育组织获得竞争优势的关键信息，为组织制定切实可行的战略提供支撑；②分析体育组织自身的发展劣势问题，寻找可能避免甚至转变为优势的行动方案；③论证公共体育组织发展面临的外部环境机会，以确定将之转化成助力体育组织实现目标的可能性；④剖析可能对公共体育组织发展产生不利的外部因素并加以避免，从而确保体育组织消除对组织发展和目标实现可能产生的消极影响。

(二) 公共体育治理战略选择

1. 信息输入

一是将战略分析形成的政治、经济、社会、技术和体育相关信息进行汇总，明确公共体育发展所面临的政治、经济、社会、文化等环境状况，为制定公共体育治理战略提供支撑；二是把直接影响战略的体育组织的优势、劣势及其面临的机会和威胁进行归纳、总结、分类，从而形成两个矩阵：外部因素评价矩阵和内部因素评价矩阵，通过因素分析等综合评价，确定影响公共体育治理战略的各项指标及其权重分布，为制定公共体育治理战略提供确切的信息。

2. 确定战略目标

一般说来，这一阶段的主要任务是遵循国家战略目标，制定公共体育组织战略。现阶段，我国公共体育治理战略主要有两个：一是根据服务中华民族伟大复

---

①SWOT 分析即态势分析，经常用于企业战略制定、竞争对手分析等场合，主要包括分析企业的优势（Strengths）、劣势（Weaknesses）、机会（Opportunities）和威胁（Threats）。

兴战略的基本要求，确定未来相当长的一段时间内体育发展的基本方向，在《体育强国建设纲要》的框架下，建立明确的公共体育治理战略思想、基本原则、基本目标、基本任务和保障体系，从而为规范公共体育发展和公共体育组织行动提供指导性框架；二是根据《"健康中国2030"规划纲要》的指导思想、战略目标和基本任务，根据"健康融入所有政策"和"全民健身融入全民健康"的战略思路，构建更加积极主动的公共体育健康战略，设定公共体育健康战略目标——提高人民健康水平、促进人的全面发展和满足人民群众日益增长的美好生活需求，制定公共体育健康战略任务和保障措施，为公共体育组织行动提供指南和具体指导意见。

3. 组织匹配

组织内外部的匹配是战略管理的关键，其主要做法是将公共体育组织外部的机会和威胁、内部的优势和劣势进行匹配。常用的方法是建立"威胁-机会-劣势-优势"矩阵，将其两两配对，形成"优势-机会"战略、"劣势-机会"战略、"优势-威胁"战略、"劣势-威胁"战略的基本模型，较为准确地制定出公共体育治理战略。

4. 战略决策

评估战略备选方案，选择战略。人们常常使用战略评估的方法选择能够真正回应组织匹配结果的合适战略。战略评估一般包括三种：一是适用性评估，可以解决战略对组织内外部环境的适应程度问题；二是可行性评估，评估战略是否具有可行性，以及战略实施过程中组织资源的承受程度；三是可接受性评估，解决组织对战略的期望水平、认可度和执行度等问题。

二、公共体育治理战略的实施

（一）公共体育治理战略执行

战略实施是指制定具体措施以实现战略。

在公共部门中，战略实施受三个方面管理活动的影响：一是利益相关者的管理，确立相同或相近利益相关者联盟是关键，但更关键的是找出敌对利益相关者中的中立者，以与之结成利益联盟；二是组织职能结构管理，通过组织诊断、组织再造等方式不断优化组织结构，丰富组织职能，提高组织的适应能力；三是资源管理，即对人力资源、物力资源、财力资源、技术资源和信息资源进行合理配置，为公共体育组织的高效运行提供保障。

公共体育治理战略的执行一般是通过组织实施的方式进行的。

①加强组织领导与协调。强有力的领导是公共体育治理战略实施的最有力的保障，通过领导小组的有力推进，可以使公共体育治理战略成为体育组织的基本职责和任务。

②严格过程管理。对战略实施过程进行全面观察，强化战略实施各个环节的任务推进情况，了解存在的问题及其影响因素，以形成有效的战略管理。

③强化绩效评估。对公共体育治理战略和政策的制定与执行情况进行科学评估，发现战略执行过程中存在的显性和隐性问题，分析问题的成因，以寻找有效的解决办法，进而提出战略优化方案，确保战略的有效性。

④积极督办。将战略任务完成情况制定成分阶段的任务清单，按照时间节点督办战略任务执行情况，可以实现战略的稳步推进。

（二）公共体育治理战略机制

公共体育治理战略机制是在一个国家的政治、经济、社会和文化等基本国情的深刻影响下形成的。在我国，公共体育治理战略机制主要有两种：一是举国体制。举国体制是我国针对本国国情创造出来的一种特有体制，其要义是"集中力量办大事"，即集中全国或区域优势体育资源，解决重大的、基本的体育发展问题的一种制度安排；二是协同治理机制。由政府全盘负责转向政府引导下的多元协同治理，治理主体主要包括体育主管部门——国家体育总局与地方体育管理部门、社会体育组织、市场体育组织和公民自治组织。治理主体在公共体育治理战略的引导和规范下，构建起良好的协同关系——体育部门与其他部门的协同、政府机构与社会组织的协同、政府与市场组织的协同、政府与公民自治组织的协同等，进而展开多元主体的协同共治活动。

（三）公共体育治理战略评价

战略评价是指依据一定的标准和程序，对战略实施的效益、效率、效果及价值进行判断的一种行政行为，目的在于取得战略执行的有关信息之后，通过对这些信息的深度解析，对战略执行进行判断，将此作为决定战略变革、战略改进和制定新战略的依据①。

对于公共体育发展而言，战略评价是对公共体育治理战略实施状态的整体评估。评价公共体育治理战略执行情况，需要借助战略分析方法对战略贯彻情况及公共体育组织发展产生的作用、取得的成效和存在的不足等方面进行分析，总结经验，寻找不足，提出优化或调整公共体育治理战略的思路、方案和路线，最终促进公共体育治理战略得到不断优化，使战略能够对公共体育高质量发展产生引导性、规范性和建设性作用。

---

①陈振明. 公共部门战略管理 [M]. 北京：中国人民大学出版社，2004：14.

| 第四章 |
CHAPTER 04
公共体育治理方式

本章回顾了公共体育的发展，阐述公共体育发展和演变过程，梳理我国公共体育治理方式的制度创新，分析从传统公共体育治理方式转向国家-公共体育治理方式的历程，剖析国家-公共体育发展结构和基本机制，探索形成创新性的国家-公共体育治理方式，不断提高公共体育治理水平。

第一节　公共体育的发展与演变

一、国际对公共社会发展的探索

当今时代是一个全球化的时代，任何一个国家或地区的发展都无法摆脱全球化发展模式的影响。在国际社会上，自哈丁教授提出"公地悲剧"、卡森"讲述"《寂静的春天》以来，公共问题日益成为国际社会广泛关注的焦点。国际社会对公共问题的本质、公共问题中的社会责任、公共问题解决方案及其政府责任、社会非营利组织及其市场力量的公共责任等问题的讨论推动了国际社会的公共转型。

国际社会的公共转型推动着各国政府在公共服务领域的改革，一方面要强化政府在公共领域中的服务职能，突出政府对社会生活的引导和干预；另一方面"政府规模的扩大和政府角色的膨胀"却导致了社会对政府的不满。于是，一场"以市场为基础、政府企业化"的政府改革肇始于英国、美国、澳大利亚和新西兰，并逐步扩展到其他西方国家乃至全世界。这场改革运动被称为新公共管理的运动，其实质就是将政府的部分公共服务职能以外包的形式委托给企业，以解决目前公共服务效率低下等诸多问题。

从公共行政到公共管理，再从公共管理到公共治理①，国际社会对公共社会治理过程中范式的转换直接引发了人们对其执行后果的争论。

在新公共管理理论看来，政府的基本角色是掌舵者，而非传统公共行政所扮演的划桨者。政府在公共领域中，只需对什么是公共事务、理应提供哪些公共物品和服务等基本问题进行梳理，进而将所需要向公众提供的服务以外包的形式委托给市场，政府向市场购买并支付这些外包公共服务的基本成本。

然而，新公共管理存在着备受学者批判的问题。以在公共领域引入市场机制和私人企业的管理方法的新公共管理为例，在取得较为突出的政府治理效果之后，新公共管理开始显现种种社会弊端，社会各界的质疑声此起彼伏，新公共管理的保守主义倾向和经济学帝国主义性质、对私人部门与公共部门差别的忽视、对政府责任的逃避，以及公共权力外包所导致的新的社会寻租问题、私营组织承担公益性的公共服务所导致的公共成本上升及服务不均等问题日益严重。

在全面反思新公共管理的基础上，登哈特夫妇提出了新公共服务理论。这一理论针对公共事务管理和公民及其公共利益满足等提出了解决方案，规定了政府在向社会提供正义、公正和公平的民主生活方面的责任，让人们看到了尊重公民权利和保障公共利益的可能性，表现出一种替代新公共管理理论的趋势。

在新公共服务理论看来，政府理应从监管者的角色中解放出来，因为其核心职能是向公众提供基本的公共服务，而非"掌舵"。可以说，新公共服务是建立在社会具有一定成熟度之上的理论，它要求社会具备成熟的思考能力和较高的公共理性水平。在一个多元化的社会结构中，公民权利与公共利益能够获得充分的表达是新公共服务的理论基础。缺乏公共理性或公共理性不足，就无法形成一种"重叠共识"，新公共服务构想就很难实现。

这些公共观点的形成，均依赖于公民理性水平。因此，如果社会缺乏公共理性或公共理性不足，不仅无法形成一种"重叠共识"，而且可能形成错误的"重叠共识"和决策，从而误导社会的发展方向，导致新的社会问题出现。很显然，将政府从"掌舵者"的位置上替换下来而只让其承担服务功能，同样会令社会发展充满不可预见的危险。由是观之，公共管理作为一种新型的社会治理模式，

---

①顾建光.论当代公共管理三大范式及其转换［J］.华中科技大学学报（社会科学版），2012，26（5）：8-14.

不可避免地成为社会发展的基本路径选择之一。

二、我国对公共体育发展的探索

在国际社会公共转型的背景下，体育正在不断强化其对社会的公共服务职能。在公共体育发展框架下，治理各主体积极推进各项公共体育政策以确保体育公共服务目标的真正实现。

（一）我国公共体育发展面临的问题

我国公共体育发展至少面临两个方面的问题：一是我国社会公共理性严重不足、公共政策缺乏公民参与度、社会组织弱小因而理性不足和政府组织理性过于强大等问题十分突出。在这样的背景下，一个严峻的现实问题摆在面前，即如何在公共理性不足的前提下建立公共体育发展方式？要想破解这一难题，就必须找到我国公共体育合理发展的基本路径。二是我国社会文化形态与西方社会存在巨大的差异，我国的民族性、融合性、同化性、向心性、"家国民"一致性等文化特征鲜明，这使得国家对于中国人来说具有特殊的意义。这种特殊的国民性文化基础①，客观构成了我国发展公共体育的前提条件，照搬西方公共社会建构模式来制定我国公共体育发展路径，显然缺乏坚实的社会文化基础。要想确立我国公共体育发展战略路径，就必须充分考虑在公共领域中存在的政府理性和公民理性的整合发展问题。因此，我国公共理性不足和特殊的国民性问题又意味着必须创新公共体育发展方式，构建适合我国社会文化基础的新型公共体育治理方式。

发展公共体育在客观上有两个要求：一是社会处于良好的市民社会状态，公共空间较为发达，公共理性具有较高水平；二是在我国国民性文化基础浓厚的社会环境中，要构建能够适应这一特殊社会文化环境的公共体育发展方式和运行机制。然而，我国社会自封建社会跨越进入社会主义社会以来，缺少必然的市民社会发展过程，社会市民意识淡薄，公共空间缺乏，尚不完全具备发展公共体育所需要的良好的市民社会基础；同时，国民性文化使得我国公民的家国观念浓厚，公民、国家一致性特征突出，从而使来源于西方公民文化基础的公共社会发展方式难以适应我国的社会文化基础。因此，我国公共体育治理面临着种种困境。

①葛剑雄. 改革开放与中国人观念的现代化［J］. 上海大学学报（社会科学版），2009，16（2）：5-20.

1. 国民性的特殊性问题

国民性，又称民族性，是指一个民族多数成员共同拥有的、反复起作用的文化精神、心理特质和性格特点[①]。国民性是一个民族长期发展过程中逐步形成的能够反映民族整体特征的文化表征，涵盖着民族的文化、习惯、态度、情感等基本结构。在我国，国民性具有鲜明的家族主义特征，因此中国人往往持有一种特殊的家国情感和行为方式，充分表现在"修身、齐家、治国、平天下"这一中国人安身立命的根本原则上。这就意味着我国特有的家国民一致性现象使得我国发展公共体育面临着诸多难题，家族主义总是要求社会个体首先服从于整体要求而客观忽视自身的独立性发展，因此往往导致公民性不足，从而影响社会公共理性的发展和成熟。

特殊文化形态客观要求必须有相应的体育发展方式与之匹配，家国民的一致性意味着国家价值与公共价值互为前提、互为基础和互为目标。抛弃任何一个方面，不仅是对我国特有社会文化形态的一种忽视，更可能导致我国公共体育价值基础的严重缺失。换言之，一方面，西方公民文化与我国国民文化客观上存在着巨大的冲突，发展公共体育必须解决这一冲突；另一方面，我国社会特有的国民性和来自西方社会的公民性成为我国发展公共体育的两大基础，缺少任何一方都会直接会导致价值基础的不完整，也就无法构建起具有完整价值结构的体育发展方式。因此，我国发展公共体育不能照搬西方社会基于公共理性而构建的公共体育治理方式，必须在充分尊重现有文化环境特殊性的前提下，借鉴西方模式经验，积极探索构建基于家国民一致性价值观和公民性价值观的特殊体育发展方式，即通过价值整合，确立一条能够合理满足家国民利益需求的体育发展路径，有效推动我国体育发展战略的转型。

2. 公民理性不足

要想发展公共体育，公民参与是一个重要的因素。然而，公民理性不足导致了我国公民参与体育政策决策过程的行为十分缺乏。公民理性不足主要表现在，公民对体育政策的关注多以自身利益为出发点，问题性参与、自发性参与和动员性参与特征鲜明[②]，缺少在公共领域内进行充分讨论和表达意见的过程，对于公

[①]中国大百科全书总编辑委员会. 中国大百科全书：社会学 [M]. 北京：中国大百科全书出版社，2004：88.

[②]唐志君. 公众参与政策过程：价值、困境及走向 [J]. 理论探索，2007（2）：124-127.

共事务的理性认识程度不高，因此尚没有形成较为充分的"理性共识"或者"重叠性共识"。在哈贝马斯看来，公共领域的存在可以为公众讨论公共事务、参与公共政策提供一个有效的话语交流平台。公众在公共领域中的活动可以有效提高其对公共事务认识的深度和广度，有利于形成公共性共识。有学者认为，受几千年传统文化的影响，我国公民普遍参与意识不强，对政府工作中具有方向性和决策性的事务很少触及①，加之缺乏公民参与体育政策制定的机制和路径等原因，公民利益一直无法在体育政策中得到充分的体现。这反过来又削弱了公民对参与体育政策的积极性和主动性，对公民理性的提升产生了消极作用。在这样的背景下，公共利益理应成为体育政策制定的价值基础，在制定体育政策时应充分考虑公共利益价值诉求②，但是公民理性的不足导致公共利益诉求被弱化，在体育政策制定和执行过程中公民利益被忽视的现象比较严重。

3. 社会体育组织尚没有独立性，NGO 理性不足

同我国其他领域一样，尽管社会组织众多，但是这些组织的独立性普遍较差。一般说来，社会体育组织存在两种主要的类型：一种是依附于我国各级政府机构建立并发展起来的，如中国体育科学学会、中华全国体育总会、中国奥林匹克委员会等。这些组织由政府主导，具有鲜明的法团主义特征③；另一种是"草根"组织，即由社会个体自发组织而成的组织，有些具有较为稳定的组织结构，多数处于松散的状态。依附于政府机构的体育组织，往往出于各种利益考虑而过滤掉公众的声音，抑制不同意见的提出，从而制约公众决策参与的范围和质量④；"草根"组织往往也与政府机构存在千丝万缕的利益关系，这使得这些组织在利益诉求方面顾虑重重，言不及义或者言不由衷⑤。

可以说，NGO（Non-Governmental Organization，非政府组织）缺乏相应的独立性，没有形成公共讨论机制，因此往往很难形成具有独立性的参与体育政策过程的意见；NGO 又因与公众缺少联系，很难形成能够反映大多数公民利益诉求的观点，因此无法代表公众提出合理的公共体育利益诉求。由于这些组织常常依

①曹可强，兰自力. 论公众参与政府公共体育服务的决策 [J]. 体育学刊，2012（11）：31-34.

②冯国有. 公共体育政策的利益分析与选择 [J]. 体育学刊，2007（10）：15-19.

③刘培峰. 非政府组织参与的几个问题 [J]. 学海，2005（5）：49-57.

④杨朝聚. 我国非营利性组织的行政化及其影响 [J]. 华北水利水电学院学报（社会科学版），2007（6）：22-24.

⑤杨柯. 草根 NPO 政策参与的现实困境及破解路径 [J]. 兰州大学学报（社会科学版），2014，42（4）：85-90.

附于政府，因此往往成为政府在体育领域中的代言人，成为政府宣扬观点的基本路径。这就使得我国的 NGO 严重缺乏公共理性，不能成为反映公众利益或公共价值诉求的组织机构。

4. 政府组织理性强大

我国过于强大的政府理性几乎形成了对社会领域的全面覆盖，客观上压缩了公共空间，导致公共理性发展缓慢。我国社会具有鲜明的"大政府，小社会"的特征。政府组织机构过于庞大，已经延伸到社会发展的各个领域，成为深刻影响公民个体行为、社会组织运行和经济组织运行的首要力量。因此，公民理性、社会组织公共理性发展举步维艰，长期维持在一个较低的水平上。公共理性的不足又会进一步"助长"政府理性的继续强化和强大，从而陷入一个恶性循环。

（二）公共体育发展路径选择

国民性突出、公民性不足、公共理性不足、政府组织理性过于强大的现实要求必须探索出一条适合我国社会特征的公共体育发展路径。这条路径既要为我国公共体育发展提供良好的现实基础，还要符合我国社会的基本特征。

1. 整合国民性和公民性，构建新型公共理性

国民性是我国社会文化基础之一。发展公共体育必须尊重这一社会前提，整合国民性和公民性，借助公民性来改造国民性，培养社会公共性①，进而培育具有复合性的公共理性。在我国，公民理性由国民性和公民性两个主要方面构成，"民以国为先，国以民为本"理应成为我国公民理性的基本内涵。大力培养公共理性，就是要促使这两种理性融合发展，形成独具特色的东方公共理性模式。在这样的背景下，国家体育转向公共体育不是盲目按照西方社会模式来构建的，而是依据我国特有的文化基础来推进具有复合性的公共理性的体育发展方式生成和演化。一方面，国家体育权利充分尊重公民体育权利，甚至以公民体育权利的实现为前提，国家体育利益尊重公民体育利益，并以公民体育利益的满足为价值目标；另一方面，公民在国家框架下自由享有体育权利，公民体育利益构成了国家体育利益的重要内容。

---

①冯建军. 国民性改造的社会支持与教育使命 [J]. 南京社会科学，2014（1）：123–131.

2. 发展社会组织，培育公民理性

培养公民理性，需要改变公共组织理性（政府）独大的局面，推动该理性向公共组织理性（社会组织）快速转变。一方面，公共理性不足的现实要求政府积极引导公民参与公共体育决策过程，通过有效的公共参与提高公共体育政策的公共性，即通过政府理性的合理化发展和对公共理性的暂时性替代的方式，推进公共体育治理方式的建立；另一方面，政府要主动退让以形成更加广阔的公共空间，并且通过建立有效机制促进 NGO 的独立和快速成熟，引导公民理性走向成熟。

政府组织通过与 NGO 的积极合作，促进由公共政府组织理性到公共社会体育组织理性的均衡发展，形成公共组织理性参与公共体育发展决策的局面，为建立具有充分组织理性的公共体育发展方式提供有力的支持。

建立政府与非政府组织合作治理的网络模式，即由中心组织机构与多个模块化组织构成的公共体育治理系统。其中，居于中心地位的应是政府机构，因为政府是唯一能够全面调动各种公共资源并将之进行合理配置的机构，其他任何社会体育组织都无法承担这一任务。因此，政府组织要充分发挥其强大的核心地位作用，积极进行行为转变①，通过主动与社会组织建立起良好合作关系的方式来获得对公共体育治理的有力支持，并以此为前提积极推进公共体育服务。

作为辅助中心结构提供公共体育服务的社会体育组织，也应积极思考如何建立与政府组织的合理的合作关系，并借助政府理性力量，充分发挥政府组织理性与社会组织公共理性的整合作用，使自身成为反映公众利益诉求的重要的渠道，为公共体育服务目标的实现提供有力的支持。

3. 扩大公共空间，推动公共组织理性和公民理性的成熟

政府进一步推进公共空间的扩大，形成充分的公共体育领域，推动公共组织理性和公民理性的成熟，从而最终形成政府组织、NGO 和公民有机结合的三元治理模式。

要尽快转变政府角色，建立包容性政府发展模式，有效促进公共理性的成熟，走合作治理的道路②。政府可以从管理者变为引导者，创造性地构建公共体

---

① 丁亚兰. 体育发展方式转变中的政府行为分析 [J]. 西安体育学院学报, 2012, 29 (3): 272-276.
② 史云贵, 欧晴. 社会管理创新中政府与非政府组织合作治理的路径创新论析 [J]. 社会科学, 2013 (4): 25-32.

育治理的复合理性模型——政府组织、社会组织与公民的综合治理，使公共理性成为体育政策的基础，使公共价值成为体育决策和治理活动开展的核心。

4. 培育政府公共理性，建立公共政府运行机制

要培育政府理性的进一步成熟，培育政府的公共性，建立以公共价值为核心的公共政府运行机制。政府要借助政府理性的巨大力量，积极拓展公共空间，不仅要降低 NGO 的成立门槛，而且要在资金、信息、协调、平台等方面给予支持，从而形成公共服务生产的跨组织整合趋势；要积极培育公民理性的成熟，并建立有效机制，使公民参与公共体育决策成为常态。

第二节　走向国家-公共体育治理方式

一、国情基础

公共体育是指以实现公民基本体育权利为前提，动员政府、社会和市场力量，以公民广泛参与为主要特征的体育发展方式。

我国社会是以社会主义公有制为基础构建起来的，这与西方以私有制为基础构建的市民社会存在较大的差异。由于受到多年来计划经济和国家包办的影响，我国逐渐形成了"大政府，小社会"的社会发展结构，公共空间长期以来被政府占有，形成了一种失衡的社会结构体系。在这样的背景下，公共伦理严重缺失，公民意识和公民体育权利意识较为淡薄，由此造成了社会公共理性的严重不足。因此，我国政府如何从一个全能政府向有限政府、有效政府转变，从而保证我国政府能够向社会提供丰富的体育公共服务，成为我国社会发展和治理的一个关键问题。

我国体育治理的公共转向还要面临另外一个严峻的现实，即由于多年来我国以国家体育发展为主要方式，体育基础建设也总是以"为国争光"的国家体育发展为前提规划和展开的，因此公共体育发展基础还十分薄弱，公共体育服务体系还不完备，公共体育服务能力还有所欠缺。在这样的背景下，构建完善的我国公共体育服务体系就显得十分急迫。

构建公共体育治理方式必须以较为成熟的市民社会为前提，以较为成熟的公共理性为基础。因此，大政府、大社会导致的公共理性不足现象深刻影响着我国公共体育治理方式的建立。如何解决这一问题，成为影响我国公共体育治理方式构建的关键。

可以确立这样的问题解决思路：由于我国政府主导着社会结构的发展，所以多年来形成了较为成熟的组织理性。所谓组织理性是以组织为载体的理性，是一个社会组织中具有了那些被主要组织成员自觉遵循的一套独特的共识性或强制性的行动逻辑规则和经验惯例，这些规则和惯例或与组织生存和各种目标的实现手段有关，或与组织成员在组织中的地位合法性有关。因此，在公共理性不足的阶段，作为公共组织的政府，可以用较为成熟的组织理性暂时替代公民理性，从而形成重叠性共识。这样可以有效地解决公民理性不足导致的公共体育治理无法高效开展的问题，同时组织理性在某种程度上还可以弥补公民理性天然存在的宏观性、整体性、系统性等方面的不足。也就是说，政府组织理性替代公民理性必须以两个条件为前提，一是政府必须主动培养公民性，提升公共理性的水平，为形成一个较为成熟的市民社会奠定基础；二是要建立政府退出机制，公共理性一旦成熟，政府必须有序退让于公民，从而形成以公民理性为主导的公共体育治理方式。

为了确保公共体育治理方式的科学确立，同时也对可能膨胀的组织理性进行必要的制约，特别是对可能形成的新公权寻租问题进行制约，必须建立一种高效的民意表达和反馈机制，一方面要建立顺畅的民意表达路径，从而使民意表达可以直达各个公共决策环节；另一方面则要依据公共理性诉求要求，针对政府可能出现的"僭越"行为，建立公民的监督与信息反馈机制，对政府行为进行监控，确保公民意志得以正确表达和真正实现。

国家体育转向公共体育、向社会提供公共体育服务必然是一个渐进的过程，正如西方国家构建公共服务体系的过程那样。西方国家公共服务的变化，大体经历了自由资本主义时期的公共服务、国家干预主义时期的公共服务、新公共管理运动时期的公共服务和新公共服务的发展轨迹，体现了从有限、被动到近乎无限扩展的过度服务，再到适度、整合、顾客导向及凸现公民权利、人文主义和民主价值的公共服务的发展特征。如果仅从政府提供公共服务的规模与量上来看，似乎经历了一个从小到大再到小的往复循环。目的，西方社会公共体育治理活动仍然存在诸多基础性问题没有得到解决，如真正实现公平、公正和高效率的公共体育服务问题。

二、体育治理的公共转向

我国体育治理的公共转向，是指由过多强调满足国家、民族需要的体育治理方式，转向满足国家民族需要与保障公民体育权利相平衡的新治理方式。这种转向是以实现提高人民健康水平、促进人的全面发展、满足美好生活需要、促进经济社会发展和展示国家文化软实力这一目标为基本任务的。

（一）国家与公共的关系

国家和公共都是政治学概念。一般说来，在各自的研究视角下，众多学者对国家概念持有不同的见解。在古罗马时期，西塞罗在《论国家》一书中，认为国家是人民的事务，是人们在正义的原则和求得共同福利的合作下所结成的集体①；而韦伯在其所著《经济与社会》（上）中，将国家描述为一种制度性的权力运作机构，它在实施其规则时垄断着合法的人身强制②；马克思则认为，国家是暴力机器，是一个阶级用来镇压另一个阶级的有组织形式的暴力，是阶级矛盾不可调和的产物③。由此可见，国家作为一个统治机构，对社会各种事物进行管理。

公共是与私人相对应的概念。在这一问题上，古典经济学派给出了有力的解释。亚当·斯密在著名的《国富论》中，站在自由经济主义的立场上，从利益角度对公私关系进行了分析。他认为，个人关心的只是自己的安乐与得失，私人利益总是至上的，但是当个人追求自己利益的时候，总有一只"看不见的手"操纵和引导他去促进另一种目标的实现，即人们追逐自身利益的行为在市场机制的作用下经常会导致公共福利的增长，私人利益完全可以聚合成公共利益。因此，解决私人利益和公共利益冲突的诀窍是建立起完全自由的市场经济体系，使政府从"牧羊人"的角色转变到"守夜人"上来④。

然而，19世纪中叶以后，明确划分私人和公共领域的自由主义理念开始受到人们的种种质疑。到了20世纪初期，以美国的杜威、英国的霍布豪斯和凯恩

①王晓朝，李树琴. 论西塞罗的国家定义及其基本特征［J］. 云南大学学报（社会科学版），2009，8（4）：53-58+95.

②马克斯·韦伯. 经济与社会［M］. 阎克文，译. 上海：上海人民出版社，2020.

③王凤才，高红明. 马克思国家批判思想的双重内涵与现实发展［J］. 世界哲学，2021（1）：5-13+160.

④亚当·斯密. 国富论［M］. 陈星，译. 西安：陕西师范大学出版社，2010：56.

斯为代表的理论流派对放任主义发起了挑战。凯恩斯认为,国家能够从科学角度处理市场失灵问题并协调公私之间的矛盾,因此应该对社会和经济方面的问题进行更多的干预,国家这只"看得见的手"应该在社会经济生活中发挥更为重要的作用①。在哈贝马斯看来,公共来源于私有空间的让渡与重新集合。作为与私人相对应的领域,公共空间是基于私人对实现相互之间关系目标这一目的而逐渐形成的,因此公共建立在私有的基础之上②。

由此可见,国家作为协调公共利益与私人利益的一种有效工具,是处于公共和私人领域之上的政治学概念。国家的作用一方面体现在科学安排和处理各种公共事物及其社会问题上,另一方面则表现为要不断地强化自我利益,以达到稳固统治的目的。

(二) 由国家体育转向公共体育

我国体育的公共转向指由以国家政治主导的体育治理方式转向国家与公民协同的体育治理方式。有学者研究了德国体育战略演变过程之后发现,德国的体育战略经历了从注重国家政治诉求向强调社会人本需求的转变、从国家主导向社会主导转变的过程③。体育战略是伴随着社会发展状态和需求特征的变化而出现变化的。

何谓国家体育?国家体育是从体育服务对象的角度来提及的。一般说来,以实现国家政治目标为前提,采用举国体制,以发展竞技体育为主的国家主导的体育发展方式,被称为国家体育。

在国家体育发展框架中,体育必须以国家利益的实现为重要目的。国家通过体育这一特殊途径,获得在国际社会中特殊的声望。例如,我们常常提倡的"努力拼搏,为国争光"的口号就是国家体育发展的典型缩影。为了确保体育的国家功能,我国采用了"举国体制"来支持体育为国家服务目标的实现。"举国体制"是以国家行政管理为主导,以行政手段管理体育事业,以计划经济模式配置体育资源的一种集体育行政部门管理体制、专业运动队的训练体制和以全运会为

---

① 胡代光. 凯恩斯主义的发展和演变 [M]. 北京:清华大学出版社,2004.
② 哈贝马斯. 交往行动理论·第一卷——行动的合理性与社会合理化 [M]. 洪佩郁,蔺青,译. 重庆:重庆出版社,1994:89.
③ 彭国强,舒盛芳. 德国体育战略演进的历程、特征与启示 [J]. 上海体育学院学报,2017 (5):28-35.

中心的竞赛体制为一体的管理体制和运行机制①。这并不是代表体育仅仅为国家政治目标服务而不顾及社会群体。国家体育虽然体现出以国家政治目标实现为重要任务的特征，但是"发展体育运动，增强人民体质"从来也都是国家体育的核心任务，只是在某些阶段或层面上更加突出国家政治目标，而使公共利益目标处于弱化状态。更何况，我国家国一体化的国情使得国家利益与公共利益往往融合在一起，这就注定了我国公共体育治理活动具有特殊性。

进入 21 世纪之后，我国体育从外向型的国家体育转为内向型的、以公共价值为核心的公共体育的需求越来越迫切。有学者研究认为，体育的功能经历了一个由新中国成立初期提出的"为国家建设和国防服务"到"文革"时期的"为无产阶级政治服务"、改革开放时期的"为国争光，为社会经济文化发展服务"，再到全面建设小康社会时期"以人为本，构建和谐社会"的历史过程②。这个历史过程及体育角色的转变，客观呈现出我国体育从国家政治目标的实现到以人为本的发展过程，历史性地提出了我国体育发展公共转向的命题。

三、建立国家–公共体育治理方式

我国体育治理的公共转向意味着从传统的国家体育发展方式转为以服务公众为主、以实现公共价值为核心目标的新的体育发展方式。在这个转化背景下，体育服务国家政治目标的职能必须以实现公共价值为其前提。也就是说，我国体育发展首先要解决的问题是如何确保公众享有体育的权利，促进公共健康水平不断提升，在此基础上保证国家政治目标的实现。

我国根据国情建立起来的以优先实现国家政治目标为核心任务的国家体育发展方式，在推动我国体育全民化和国际化发展方面取得了巨大的成就，创造了巨大的公共价值、文化价值和经济价值。因此，如何既能积极回应我国体育由国家体育转向公共体育的社会需求，又能充分发挥原有国家体育的制度优势，是我国体育发展必须积极面对且有效解决的关键性问题。

(一) 构建国家–公共体育治理战略

调整国家战略目标，将我国体育目标由国家目标转向"国家+公民"目标，

---

①国家体育总局. 改革开放 30 年的中国体育 [M]. 北京：人民体育出版社，2008：2.
②田雨普. 新中国 60 年体育发展战略重点的转移的回眸与思索 [J]. 体育科学，2010，30 (1)：3-9.

使公共利益成为我国政府战略定位和执行的核心价值，即从国家战略转到"国家+公民"均衡型战略，形成国家-公共体育治理方式和治理体系。国家通过公民战略的确立和执行，逐步扩展公共空间，并将部分权利让渡给公民，以这样的战略部署来大力推进市民社会的发展，不断提高公民理性，通过激励公民积极参与决策和建立公民参与决策的路径等方式，逐步提高公共理性的成熟度，最终使公民的理性参与成为我国体育发展战略决策、战略制定和战略执行的基本依据，形成国家-公共的体育发展战略体系。

（二）建立以公共价值为主导的公共体育

公共利益成为体育发展的价值核心。在这样的背景下，我国体育发展需要解决的核心问题从过多强调为国争光逐步转向为国争光与提高公民健康水平并重的双重目标上来，将满足公民体育权利与实际需求作为体育发展决策的基础，即运动促进公共健康成为主导我国体育发展的价值基础。尽管如此，我国体育也不能放弃为国争光的价值目标。这是因为，一方面为国争光战略目标的实现同样可以促进公共体育的发展，另一方面为国争光本身也是家国情怀的一种具体体现。当然，在新型公共体育治理方式下，为国争光与促进公共健康构成了体育发展的两大价值内核。换言之，公共体育意味着公民的理性参与成为体育发展的重要力量。从决策参与到战略执行过程的监控，再到公共政策的制定与实施，乃至具体的公共体育事务活动，公民通过全身心参与，形成与国家参与相协同的新型体育治理方式和动力，即从国家主导到国家-公共主导。

（三）不断强化公共体育服务

公共体育服务是以满足公众的公共体育服务需求为前提，充分考虑公共体育资源配置和分配的公平公正公开，兼顾效率，统筹公共体育服务产品的生产、供给、分配、消费等各个环节的高质量实现，优化公共体育服务供给的治理过程[1]。可以说，公共体育服务是面向全体公民展开的，是以全民健身为核心展开的。有学者研究认为，全民健身计划是全体人民增强体魄、增进健康、增添幸福的基本保障，是新时代人民日益增长的美好生活需要的重要内容，是党和国家到

---

[1]樊炳有，潘辰鸥，高静. 新时代我国公共体育服务供给治理转型研究［J］. 体育科学，2021，41（2）：23-38.

2035 年全面建成体育强国和健康中国的重要战略部署①。

(四) 激励形成公民体育行为

推进公共体育治理，要求由国家政治主导的国家体育行为必须逐步"让渡"给公民体育行为。什么是公民体育行为？公民体育行为是指公民基于自身体育权利和责任的深刻认知而形成的权利和责任意识驱动下的体育参与行为，既包括体育决策参与、体育治理参与、体育活动参与等行为，也包括公民为提高健康水平、享受美好生活等目标而参与运动的行为。其中，公民参与体育发展决策、体育活动治理等方面的行为，对建立新型的国家–公共体育治理方式至关重要。这就意味着国家要培育公民的参与意识，提高公民参与决策过程的自觉性和理性水平，使公民共识逐步成为体育发展的主导意志，即从国家体育行为到公民体育行为。因此，公民体育行为的养成和素养水平的不断提升，是未来我国体育发展亟待解决的关键问题。然而，受制于传统的公民意识弱化，我国公民参与体育的意识淡薄，参与行为相当匮乏。建立国家–公共体育治理方式，需要强大的、具有充分自主性和主动性的公民体育行为。因此，培养公民体育行为迫在眉睫。在公共理性发展不充分的前提下，国家需要不断加大培养力度，积极引导和激励公民体育行为的形成。

(五) 合理定位公共体育、群众体育和竞技体育的关系

群众体育和竞技体育原本是体育某种形态的描述，群众体育是从参与人群特征的角度展开的，描述的是从事体育活动的某个人群；竞技体育则是从体育本身存在形态展开的，是对人们进行何种形态体育活动的描述。因此，这两个概念都没有表达出体育发展方式的基本内涵，即竞技体育可以为国家体育服务，也可以为公共体育服务；群众体育作为一种松散的社会形态，没有清晰地展现出体育方式的本质，更没有反映出公民体育权利这一基本内涵。

因此，可以构建这样一个价值关系框架：作为一种体育发展方式的公共体育，处于价值层级的顶端，发挥着领导的作用，表现为体育发展的核心价值；竞技体育和群众体育则是公共体育实现的基本手段，处于价值层级的下方，表现为

---

①史小强，戴健．"十四五"时期我国全民健身发展的形势要求、现实基础与目标举措 [J]．体育科学，
　2021，41（4）：3–13+59．

工具理性价值,如图 1 所示。

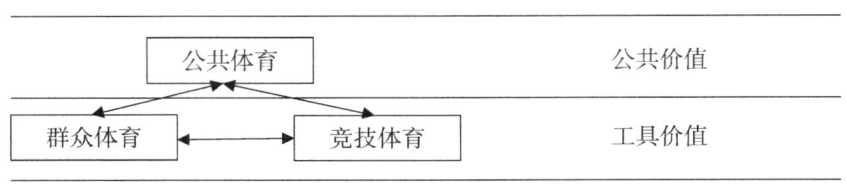

图 1   公共体育、群众体育与竞技体育的价值关系

在处理竞技体育和群众体育关系时,需要改进目前国家体育发展下形成的价值结构,重新定位竞技体育和群众体育的发展关系:①竞技体育和群众体育都是实现体育公共价值目标的必要手段,因此公共价值是其存在和发展的核心。②竞技体育与群众体育不是并列的关系,而应转变为竞技体育是促进群众体育发展必要的、有效的手段,即通过竞技体育表演,吸引大众的注意力,引导他们逐步接受体育,进而将之转化为生活的重要构成部分。在这个关系上,群众体育成为竞技体育发展的目的,成为竞技体育发展的价值前提。③群众体育的发展需要一个能够引发社会广泛关注的手段,竞技体育通过其特有的表演方式承担着这一历史任务。为了确保这一手段持续发挥作用,群众体育需要不断地为竞技体育发展提供人力资源,发挥基础性的支撑作用。使竞技体育成为群众体育发展的必要路径和手段,是群众体育发展水平不断提升的社会基础。因此,建立竞技体育和群众体育全面发展模式,是建立新型体育治理方式的基础性工作之一。

第三节   国家–公共体育结构与机制

一、国家–公共体育治理方式的结构

作为公共社会发展的必然产物,公共体育治理方式的构建首先必须形成一个较为合理的治理框架,使公共体育发展得到有效执行。

按照相应的基本理论,我国公共体育应构建具有鲜明中国特色的公共体育治理基本框架,如图 2 所示。

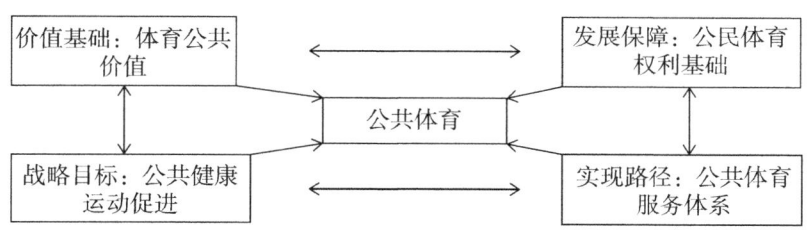

图2　我国公共体育治理基本框架

从公共体育治理基本框架来看，公共体育治理方式是由以下四个部分构成的。

第一，公共体育必须建立稳固的公共价值基础。公共体育发展是以公共价值实现为前提的，这是因为公共体育本身就包含着特有的公共价值。因此，我国必须推进以体育公共价值为基础的价值体系构建工程，构建具有和谐公共伦理基础的公共体育服务体系。

第二，通过修订相应的体育法律，清晰地确立公民体育权利的基本内容和实现保障条件等内容，以使我国公共体育发展具有深厚的法律基础。这样，公民体育权利就可以得到有效的保障，而以此为基础的公共体育的共识就可以迅速形成，从而使体育顺利地发展。

第三，科学地确立公共体育治理的战略目标，逐步形成以公共健康运动促进这一"非强迫性共识"或"重叠性共识"为战略目标的体育治理方式。应建立公共战略，公共战略是实现公共价值目标的有力保证①。公民健康是公民良好生存和发展的重要条件，因此公民对自身健康的价值诉求必然成为其有效解决基本生存问题后首先要积极面对的问题。也正因为如此，基于健康运动促进的公民共识很容易形成，并成为影响公共体育治理进展的关键因素。

第四，公共体育的存在是以满足公民共识——公共健康的运动促进为前提的，这必然要求这一方式构建合理的、高效的实现路径，否则公共体育发展将会遭遇难以为继的困境——无法实现其战略目标，也就无法形成促进公民形成"有利共识"。一旦公民因为体育发展无法实现其价值目标而形成"共识"——一种消极的公民共识，那么公民理性的价值诉求将导致公共体育治理活动失效。

---

①陈振明．战略管理的实施与公共价值的创造——评穆尔的《创造公共价值：政府中的战略管理》［J］．东南学术，2006（2）：27-34．

二、国家–公共体育发展路径

我国发展公共体育必须在有效解决国民性和公共性整合问题，有效解决政府组织理性过于强大、公共理性严重不足问题的基础上，构建复合理性，为公共体育发展提供坚实的价值基础。在此基础上，尝试提出构建我国公共体育发展路径的基本设想，如图 3 所示。

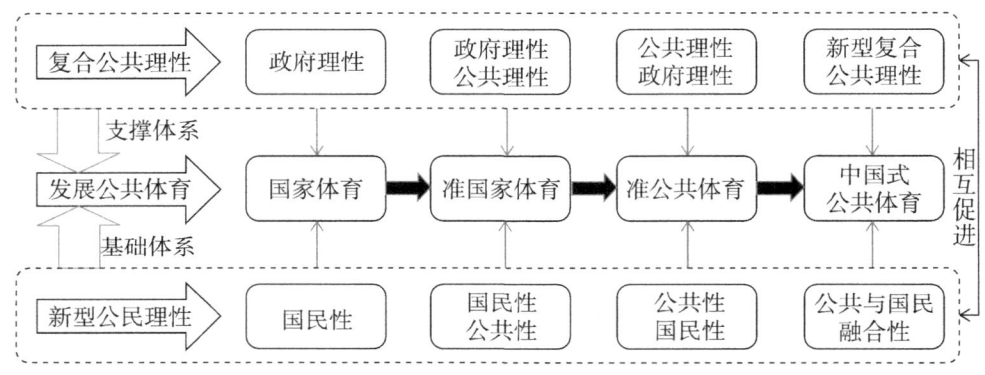

图 3   我国公共体育发展路径的基本设想

就体育发展而言，我国需要完成国家体育向公共体育的转变。在这个过程中，国家价值和利益在逐渐退让，将更多空间让渡给公共价值和利益，经历准国家体育和准公共体育两个过渡阶段，形成具有鲜明中国特色的国家–公共体育治理方式。

为了支持国家体育转向公共体育，具有强大组织理性的我国政府理应在促进自身理性不断成熟的基础上，积极促进公共理性的发展和成熟。在公共理性不足的阶段，一方面可以通过自身成熟理性暂时替代公共理性进行决策、治理等，另一方面可以通过建立合理的运行途径积极吸纳社会组织和公民进入公共体育治理的各个环节中，形成政府主导的多元共治局面。这个过程经由政府理性主导到政府理性和公共理性共治、最终融合形成新型的公共理性，从而建立公共理性主导治理、政府理性全面参与的公共体育治理方式。

实现政府理性转向公共理性的目标，一个重要的前提是必须加快公民理性的成熟。在我国社会文化和国民性特点的基础上，公民理性必然包含国民性和公民性两个主要方面，培育公民理性必须在改造国民性的基础上进行，逐步优化国民性，扶持公民性，通过国民性主导、公民性生长，以及公民性主导、国民性优化两个阶段后，形成具有我国文化特色的复合性公民理性的基础。

总而言之，我国特殊的家国民社会文化环境的存在、公民性特征的凸显、公共理性的严重不足和政府组织理性过于强大的社会现实表明，仅仅探索我国体育由"赶超型"向"可持续发展型"发展方式转变问题[1]、论证转向过程中的发展主体、发展机制、发展手段、发展目标等问题[2]是远远不够的。要解决的关键问题是：一方面，要确立一个特殊的公共体育发展战略和发展路径，构建一个基于国民性和公民性协调一致的、与西方社会不同的公共体育治理方式；另一方面，当公共理性不够成熟时，政府不仅可以借助自身组织理性来推进公共理性的快速成熟，也可以在有效监管的前提下以其成熟的理性暂时替代公共理性在公共体育发展过程中进行科学决策。更为重要的是，要积极推进政府自身理性与公共理性的有机融合，形成复合理性模式，使之成为我国公共体育治理方式的价值基础。

三、"跳出圈子"推进全民体育治理

在我国体育治理的过程中，"体育圈子"一直是备受关注和争论的焦点话题，"跳出体育看体育""跳出体育办体育"的呼声不绝于耳。然而，是否存在"体育圈子"、这个圈子在哪里、如何界定体育圈子的界线等一系列问题需要静下心来解决。

有学者认为，我国体育发展目标在国家层面是为国争光，为外交服务；在群众体育方面表现为增强人民体质[3]。当经济社会发展到一定水平，借奥运会增强国力、振奋民族精神的使命完成后，政府要由鼎力支持竞技体育转向全面发展大众体育，而且管理体制也应进行相应变革[4]。也有学者探讨了身体素养的起源、发展及其对健康生活的意义，提出了以身体素养来统领当代体育发展改革方式[5]。这些观点为我们跳出"体育圈子"提供了借鉴作用。

---

① 杨桦，任海. 转变体育发展方式由"赶超型"走向"可持续发展型"[J]. 北京体育大学学报，2013，36（1）：1-9.
② 易剑东，任慧涛，朱亚坤. 中国体育发展方式历史沿革研究[J]. 北京体育大学学报，2014，37（11）：1-8.
③ 杨桦，任海. 转变体育发展方式由"赶超型"走向"可持续发展型"[J]. 北京体育大学学报，2013，36（1）：1-9.
④ 闫华. 中国、日本、韩国奥运会后体育政策发展变化的比较研究[J]. 体育与科学，2009（6）：11-16+20.
⑤ 任海. 身体素养：一个统领当代体育改革和发展的理念[J]. 体育科学，2018（3）：3-11.

①突破体育惯性思维造成的身份束缚，摆脱"体育是竞技体育"的束缚，构建全体育思维模式。构建泛在体育模式和共享机制，打破固有体育圈子，形成开放式体育发展全覆盖态势——场域全覆盖、公民全覆盖、时间覆盖、活动覆盖等，形成多维模态的体育世界。重构体育活动的规则体系，打破条块分割，清理不畅机制，以共同参与、包容共享的思维和理念融合多模态体育世界之间的缝隙，融合全民健身、奥运争光和体育市场场域，最终形成一个全面融合发展的体育世界。

②走出体育场域束缚的圈子，构建新型体育治理方式，突破"体育是体育人的体育"的局限，打破体育的封闭性，建立体育与其他领域的密切联系①，形成多元主体全面参与治理的局面。通常情况下，人们将体育看作体育人自己的事，这是符合社会发展的基本规律的，也是体育发展的必然结果。然而，面向不断整合、跨界治理的社会发展趋势，打破这个固有的传统思维惯性仍然是必要的。应突破"体育是体育人的体育"的局限，对思维进行重新定位，还原体育的社会性身份，促进体育的全方位回归。体育人本质上是社会人，因此体育是体育人的事，更是社会人的事。换言之，体育是国家、民族、社会、公民多元主体共同的事。因此，必须泛化体育治理圈子，创新体育运行机制，打造多元主体参与体育治理的路径，形成多元主体全面参与治理的局面。

③走出身体体育附属的圈子，泛化身体体育的概念，突破"体育就是身体活动"的束缚，重塑体育对人全面发展的基础性作用，形成体育是文明健康生活方式的社会共识。以身心和谐、社会性共融、全面发展为价值核心，构建"经由体育炼成文明人"的新型体育理念，引导社会形成充分共识，从而全面提升体育的影响力，为体育复归社会、复归文明提供可行的方案和可操作化的路径。

④走出健身体育的圈子，泛化体育健身概念，突破"体育＝健身"的束缚，重新解释健身与健康的关系，构建体育健康新理念、新体系，形成"体育健康中国"的战略思维和发展方式。引导社会共同讨论健身与健康的关系，厘清健身与健康的区别和联系，将体育从健身这一狭窄的区域中解放出来，使之回归到全民健康工程的责任体系和行动体系中，切实发挥体育对健康中国战略实施与实现的关键性、基础性作用。

⑤走出体育学术狭隘视野的圈子。泛化体育学术研究，突破"体育研究的是

---

① 周建新. 中国体育管理体制的封闭性及其超越 [J]. 西安体育学院学报，2014（1）：50-54.

体育的事"的束缚，拓展思维宽度，提升思维高度，站在人类卫生健康共同体的角度研究体育现象，理解体育对人类文明进程的巨大贡献及其独特性，形成体育是独特的人类体育、文明体育的思维定位。学术研究事业的拓展与提升，必然会为中国体育发展带来充足的智慧成果，促进高水平、高效的体育发展和治理体系的建立。

体育圈子问题的治理必须从社会性的体育融合和体育的社会性融合两个方面来进行。前者意味着体育回归社会、主动走入社会，成为人类社会发展诸多领域和形态的一部分；后者则意味着体育的主动开放和社会融入，我们可以通过激发体育的社会属性，以实现体育价值目标。

可以说，以上五个方面的"破圈"治理，不仅是中国体育战略重新定位的前提性工作，也是中国体育在人类卫生健康共同体构建过程中所担负的使命和责任。

四、政府治理责任

在我国，政府行为对体育治理方式的转换具有决定性的作用①，因此在公共体育治理方式确立的过程中，不可避免地要对我国政府的责任问题进行规范。

1. 建立与公共体育治理相适应的政府治理体制

目前，我国政府治理体制是依据国家体育发展需要建立的，以国家价值实现为组织设计原则，以举国体制为组织运行机制，以公共财政为组织运行基础。因此，取得优异的运动成绩成为各级体育局的核心任务，而为了保证这一任务的实现，各级体育局设立了以运动项目为基础的项目管理中心。正是在这样的组织机构的支持下，我国竞技体育不断取得突破，在国际赛场上取得了一个又一个优异的成绩，实现了体育的国家目标。

然而，当我们确立公共体育发展路径之后，现有的政府管理体制可能会不适应公共体育治理的新需求。这至少表现在三个方面：一是我国政府体育组织是以实现国家目标为其价值核心的，必然要为实现国家价值服务，很难有效兼顾公共价值；二是多年来形成的稳固的组织结构和完善的功能体系具有惯性，服务竞技体育已经成为一种习惯，因此很难形成以公共体育为服务核心任务的新范式；三

---

①丁亚兰. 体育发展方式转变中政府行为的分析［J］. 西安体育学院学报，2012，29（3）：272-276.

是国家体育体制已经形成了较为稳固的利益集团，这些利益集团很容易成为公共体育发展的障碍，要转向公共体育必然要打破这种局面，重构原有体系的利益分配机制，这必然会触动各方面的利益，因此可能会导致相当强度抵抗力量和抵抗活动的产生，对公共体育发展产生不利的影响，其中存在亟待解决的部门利益问题。部门利益产生于公共权力，是部门为了自身小团体的利益动用公共权力和资源控制优势而获得的，为本部门谋取的、非公共利益的小团体和个人的私利①。部门利益问题解决不好，很容易导致其为了维护部门利益而抵制公共体育发展。

因此，必须改变我国体育组织价值基础和设计原则，建立与公共体育治理相适应的管理体制。从目前我国社会发展不充分、不均衡的现实来看，要实现体育公共服务的充分性、均等化目标，就必须建立统一的公共体育资源的分配模式和高效的管理体制，因此可以借鉴服务于国家体育的"举国体制"模式，探索建立以服务公共体育发展为价值核心的"新举国体制"，重新解释和定位政府的公共角色②，这未尝不是一种新的思路。

2. 构建公共体育多元治理结构

要实现体育公共服务的目标，就必须有相应的组织机构与之相匹配。因此，必须充分考虑政府、市场、社会和公民多元主体的力量，并依据一定的原则构建复合性的治理结构。

政府应与非营利组织建立合作伙伴关系，其中一个重要原因就是非营利组织的发展与壮大及非营利组织具有政府和私人部门所缺失的优势与功能，尤其是在那些私人机构不愿投资而政府又无法介入的领域，以利他精神、志愿精神、人道精神、社群精神和公益精神为行动理念和价值追求的非营利组织便成为弥补此空缺的最佳选择，成为与政府一道实现良好治理的最佳伙伴③。

当然，要加强对非营利组织的监管，杜绝因为非营利组织的社会公共责任意识不强而导致的公益腐败。有学者认为，非营利组织的社会责任是虚拟存在的，其必然导致组织成员对这种责任的远离，因为虚拟的社会责任实际上就是没有约束机制的责任④。

---

①石亚军，施正文. 我国行政管理体制改革中的"部门利益"问题 [J]. 中国行政管理，2011（5）：7-11.
②陈振明，陈志清. 后危机时代政府的角色 [J]. 中国行政管理，2011（4）：125-129.
③罗伯特·T. 戈伦比威斯基，杰里·G. 史蒂文森. 非营利组织管理案例与应用 [M]. 邓国胜，译. 北京：中国人民大学出版社，2004：130-311.
④陈晓春，张娟. 非营利组织的社会公共责任探析 [J]. 中国行政管理，2007（12）：78-80.

3. 全力推进公共体育服务体系建设工程

公共体育服务是为满足公共体育需求而提供的产品和行为的总称，主要包括公共体育设施服务、公共体育教育服务、公共体育组织服务、公共体育指导服务、国民体质监测服务、公共体育制度服务、公共体育信息服务、奥运（全运）争光服务等①。

我国在提供公共体育服务上存在着"反公地悲剧"，即社会日益增长的公共需求与政府公共服务供给不足成为越来越突出的一种矛盾。由于这种"反公地悲剧"起源于公共组织的制衡设计原则和公共服务的特殊性②，因此需要不断创新公共服务体系，优化公共体育服务供给结构，增加供给总量，提升供给质量，以不断满足社会公共服务需求，从而通过积极主动地增加服务供给的方法和行动来消解"反公地悲剧"。

既然公共体育是一种公共产品，那么服务公众、为绝大多数人提供基础性的公共体育服务，就是政府在这个领域中的社会责任。基础性的公共体育服务概念是非常重要的，可以将其表述为"基本公共体育服务"。从权利保障来说，基本公共体育服务是公民体育权利的核心内容，为公民提供丰富的基本公共体育服务是公共体育发展的宗旨和目标。为了实现这一目标，需要划分基本公共体育服务的领域和界线，建立基本公共体育服务的"产品目录"，建立公共体育服务体系。当然，这也是我国政府在体育发展领域中必须解决的核心问题之一③。公共体育服务体系的构建应从五个方面展开，即公共体育服务概念的开发、公共体育服务的理念与价值的探索、公共体育服务需求与供给的分析、公共体育服务运行机制的探究、公共体育服务评估的建构④。

由国家体育转向国家–公共体育是一个较为漫长的过程。

首先，就转向改革自身而言：①业已固化的中国体育体制机制的结构性改革是一个难题；②对社会发展需求进行深刻分析及基于此而形成一种契合性方案需要一个过程；③从战略构想到方案设计本身需要一个过程；④人的思维变化和行动的改变不是一蹴而就的；⑤不确定风险可能对社会发展造成冲击，因此需要慎

①邹昌甸，张琼. 我国公共体育服务概念的辨析——兼与范冬云先生商榷 [J]. 西安体育学院学报，2011，28（3）：305-308.
②严荣. 反公地悲剧与公共服务供给体系创新 [J]. 经济体制改革，2007（5）：29-33.
③董传升. 论我国公共体育发展道路选择的基本问题 [J]. 沈阳体育学院学报，2009，28（4）：6-9.
④邹昌甸，肖林，杨晓晨. 我国公共体育服务研究框架探讨 [J]. 山东体育学院学报，2009，25（2）：4-10.

重行动。这就要求国家体育转向国家公共体育期间不能急转弯更不能紧急刹车。

其次，政府理性成熟且强大，社会组织理性和公共理性不足的问题制约着这一转向的速度。中国社会发展的基本经验表明，政府、社会与市场之间关系的博弈必须在社会均衡发展的态势下进行，否则将会给社会发展带来风险和动荡。因此，中国社会特点本身也客观要求必须走平稳发展的道路。

最后，中国国家体育转向公共体育缺乏可供参考的直接经验。由于中国改革无前车之鉴，而体制创新的重要来源就是借鉴别国的体制优势，根据中国实际创新出具有中国特色的体育体制。尽管有学者认为，通过举办奥运会与西方发达国家体育管理机构产生的深入联系，以及为适应国际惯例而做出的体制调整都将为中国体育改革的体制创新提供动力，也奠定了体制创新的理论基础①，但是中国文化、体制机制、社会、家国一体性等特殊问题必须依靠中国自己来解决，也只有这样才可能找到真正适合中国的体育治理方式。

---

① 卢元镇，张新萍，周传志. 2008 年后中国体育改革业发展的理论准备 [J]. 体育学刊，2008（2）：1-6.

第五章
CHAPTER 05
公共体育治理体系

推进高水平公共体育治理，需要建构结构合理、系统顺畅的治理体系，充分激发公共体育治理活力，借助互联网、移动互联网、大数据、人工智能等现代技术手段，在全社会广泛推动公共体育的泛在治理，满足人们日益增长的美好生活需要和促进人的全面发展的基本需要。

第一节 公共体育治理结构

一、公共体育治理的主体结构

公共体育治理主体具有多元性特征，由政府、体育社会组织、体育经济组织和公民构成①。

1. 政府

在公共体育治理体系中，政府居于最重要的核心地位。无论是公共体育事务，还是公共体育项目，抑或是公共体育问题的治理，都无法脱离政府的作用。

2. 体育社会组织

体育社会组织是指非营利性的体育组织机构，如行业协会等。体育社会组织是社会力量参与公共体育治理的关键，主要通过有目的、有组织、有序参与公共体育活动的方式，干预和影响公共体育的发展。

---

① 唐钢，彭英. 多元主体参与公共体育服务治理的协同机制研究 [J]. 体育科学，2016，36（3）：10-24.

3. 体育经济组织

体育经济组织又称体育市场组织，是以营利为目的的组织机构。体育经济组织的性质是私人部门，通过与政府等公共部门的合作参与公共体育治理活动中，推动着公共体育治理的发展。

4. 公民

公共体育治理的价值核心是公民体育权利的保障和实施，公民是公共体育治理的价值归属和最终目的。因此，公民参与公共体育治理可以恰当地反映公民的体育权利诉求，有利于治理活动的目的性、有序性和有效性展开。从公民主体角度来说，存在两个层次的划分：一是公民个体，二是公民自治组织。二者之间相互融合，不可分割。

二、公共体育治理的场域结构

1. 公共体育组织

公共体育治理是针对公共体育事务、公共体育项目和公共体育问题展开的行动。为确保这一行动的有效实施，促进公共体育价值绩效的不断提升，首先要对公共体育组织自身进行治理。围绕公共体育组织自身所展开的治理活动及治理的规则、政策、机制等构成了公共体育治理活动的重要场域。

2. 公共体育服务

公共体育价值的终极目标是在为公民提供丰富的公共体育服务的基础上，实现公共健康水平的不断提升，因此公共体育服务一方面是为了满足公民在公共体育权利方面的需求而展开的有目的、有针对性的活动，另一方面则是为了完成提高人民健康水平这一任务而展开的活动。围绕这样的价值和目标设定，如何提高公共体育服务的准确性和有效性，以及如何确保公共体育服务的公正、公平，如何提供高效率的公共体育服务，以及如何使公共体育服务全面覆盖公民社会等问题的回答和行动回应，构成了公共体育治理的核心场域。

3. 公共体育政策

公共体育政策是公共体育活动的根本保障，规定着治理活动的方向、内容、规则、方法和手段等。公共体育治理主体都需要根据公共政策的基本规定、规范和约束展开行动。因此，公共体育政策从现象评估、政策设计到政策执行和政策反馈等方面都需要高质量完成，对公共体育政策的治理是公共体育治理有序、有效开展的依据。

三、公共体育治理的层次结构

公共体育治理的层次结构是构成公共体育治理活动的具体层级。一般来说，公共体育治理由个体层次、家庭层次、社区层次、组织层次、政策层次和文化层次构成，治理活动也在这六个层次领域中展开。

1. 个体层次

个体是指公民，是享有体育权利、履行体育义务的公民。在个体层次中，公共体育治理主要体现在以下几个方面：一是公民是公共体育治理的主体之一，公民在依法享有公共体育服务权利的同时，也承担着治理公共体育服务的责任；二是公民是公共体育治理活动的重要参与者，是公共体育发展的核心力量和重要动力；三是公民也是公共体育服务对象，依法享有公共体育服务。

2. 家庭层次

公共体育治理活动越来越多地与家庭联系在一起，对于具有突出家庭文化和历史传统的我国而言更是如此。家庭作为社会个体的主要活动领域，是个体进行初步社会化的领域，也是继续社会化的主要领域之一。因此，家庭结构、家庭活动方式、家庭教育等必然对公共体育治理产生重要的影响。

3. 社区层次

社区是社会活动领域的最基本单元，是连接家庭活动、机构活动和社会活动的桥梁与纽带。由于社区与公民的活动紧密联系在一起，因此社区治理状态如何，不仅对公民的生活方式具有深刻的影响，而且对公民体育行为的养成也具有不可替代的作用。近年来，社区治理逐渐成为社会关注的热点领域。

4. 组织层次

此处的组织是指体育社会组织，包括非营利性体育组织和营利性体育组织两种。体育组织是社会体育治理积极的、重要的力量，理应在公共体育发展、公共体育服务、公共体育资源配置、公共体育问题等治理活动中扮演重要的角色，发挥重要的作用。特别是在体育健康治理领域中，草根体育组织发挥了极其重要的作用，组织了大量的集群性体育活动，如广场舞、太极拳、马拉松等，同时对全民健身、健康中国等国家战略的落地实施做出了突出的贡献。

5. 政策层次

公共体育政策是公共体育治理的逻辑起点和基本规范，不仅规定着公共体育发展的方向、内容、运行方式、服务供给、资源配置等，而且规范着治理行为。

6. 文化层次

文化层次的治理活动是一种隐性的治理。由于文化对公共体育政策制定、政策执行、公民体育行为等方面具有无形的规范作用，因此文化层次更多的是以潜移默化的方式对公共体育治理活动产生种种影响。

四、公共体育治理的资源结构

1. 人力资源

公共体育治理是人的治理，是由治理主体依据法律法规和公共体育政策采取行动的过程。一方面，人力资源是公共体育治理的对象，是公共体育发展的客观基础；另一方面，人力资源又是公共体育治理的现实基础。

2. 物力资源

公共体育治理包括对公共体育场地、设施、装备等的治理，这是体育发展的客观基础。缺少物力资源基础的公共体育是不存在的。

3. 财力资源

公共预算、公共财政是公共体育运行的核心内容。作为公共体育核心治理手段的公共财政，是有效调节公共体育治理方向、活动、资源配置等方面的重要工具之一。

4. 信息资源

公共体育治理开始于对大量信息资源的收集、整理、评估，并根据信息的变化情况和治理活动的信息反馈来对治理活动进行调整，因此信息是公共体育治理的重要资源。

5. 技术资源

当今时代是一个被技术统治的时代，技术工具的广泛应用对人类社会的发展产生了巨大的变革作用。尤其是互联网、物联网技术体系的建立，彻底改变了人类社会发展的基本方式、运行轨迹、运行方向等，促进了整个社会的一体化发展。同时，在技术的改变下，人的思维方式、行为方式等也发生了根本性的改变。在这样的背景下，公共体育治理就是一种技术资源的治理过程，深刻影响着公共体育资源的再分配过程，表现出全球性、互联性、一体化等活动特征。

第二节 公共体育治理系统

现代社会发展日益复杂，全面体育一体化发展格局正在形成。面对多样性、复杂性和动态性的体育发展态势，如何有效治理成为关键问题。从治理角度来看，对公共体育开展治理活动首先应建立一个能够满足治理需要的治理系统。这一系统由三个主要部分构成：公共体育治理主体子系统、公共体育治理客体子系统和公共体育治理互动子系统。

一、公共体育治理主体子系统

（一）治理主体的构成

根据治理角色的划分，公共体育治理主体子系统由政府组织、社会组织、市场组织和公民构成。

①政府组织是最核心、最重要和最常见的社会治理主体。它通过构建层级的社会治理结构、开发复杂的治理工具、采取刚性的治理手段等方式对国家进行治理。政府是国家在公共治理问题上的重要平台和治理机构。

②社会组织是一种非营利组织，一般将服务社会作为组织存在和发展的宗旨，如体育高校、体育科研机构、体育协会等。在公共体育领域中，社会体育组织根据自身使命和体育治理任务需求，有序参与公共体育治理。

③市场组织作为公共体育治理重要的治理主体，其治理活动同样具有多样性、复杂性和动态性特征。市场通过一种经济活动的制度框架参与公共体育治理活动中，作为活跃的、有创造力的、富有效率的主体，对公共体育发展产生着积

极而深远的影响。

④公民的治理主体角色认同和扮演被认为是一种社会发达和社会有序治理的重要标志。作为公共体育治理的重要力量，公民参与治理活动对公共体育发展来说越来越重要，影响也越来越深刻。

（二）治理层次

第一层次是主体人与其所在组织进行互动的治理，以解决社会问题和创造新的发展机遇。治理活动开始于对社会问题的识别，通过对社会现象和社会问题的多样性、复杂性、动态性进行全面而深入的分析，把握和制定解决问题的方案并解决相应的问题。

第二层次是根据主体人治理活动的需要而构建的制度体系。制度体系包括协议、规则、法律、规范、职责和组织等方面，制度体系的确立一方面为第一层次的治理活动提供框架和行为规范，另一方面则构成了主体与客体进行交互活动的必要场所。

第三层次是根据治理目标对第一层次、第二层次进行评估和约束，即通过制定原则来约束治理者的行为，并根据评估来调整治理活动，形成新的行为规范。

二、公共体育治理客体子系统

（一）公共体育资源

公共体育资源的配置一直是公共体育治理的核心任务之一。治理活动通过体育资源的调配，可以引导公共体育朝向既定的目标发展。

（二）公共体育项目

公共体育项目是治理活动开展的依托。公共体育治理往往要依据一定的项目展开，通过对项目的设定、规范、评估和调整等方式来促进公共事务的顺利推进，以及公共体育服务的全面有效的开展。

（三）公共体育问题

公共体育问题是公共体育发展过程中产生的，是体育自身发展、体育与其他社会领域、体育组织之间、体育发展全球化中存在的矛盾或不一致的环节，是影响体育健康发展的关键节点，因此解决这些问题成为公共体育关注的重点。

（四）公共体育环境

任何社会事务的发展都离不开环境的影响。公共体育治理活动包含主体自身的治理活动、主客体关系模式与机制的治理活动、治理活动与所在环境之间的互动三个方面。

三、公共体育治理互动子系统

公共体育治理的互动是指公共体育治理主体子系统和客体子系统之间围绕治理目标而展开的治理活动及其相互关系模式。治理主体子系统和客体子系统之间的互动对于治理成效来说是至关重要的。

（一）参与式互动

参与式互动是指在公共体育治理过程中出现的治理行为交互方式，即治理主体如何参与到治理活动中，治理客体又是如何回应治理主体的治理行为的。换言之，参与式互动是由治理主体的行为引起治理客体发生变化的过程。这个过程受治理主体行为特征的深刻影响，同时也受治理客体掌握资源情况的影响。

（二）合作式互动

合作式互动是指公共体育治理活动过程中治理主体、客体与环境之间产生的一种合作行为。在现代公共体育治理活动中，这种合作行为越来越普遍，也越来越受到重视。公私伙伴关系是合作式互动治理的主要形式。

（三）政策互动

政策互动也称管理互动，是公共体育治理主体系统对治理客体系统施加干预过程中的互动方式的集合。政策即公共体育治理活动的基本框架和行为规范，其本身也是一种特殊的治理活动。公共机构通常将政策作为公共体育治理的媒介和手段，通过政策执行和改革来规定治理活动的方向，规范治理活动过程，引导治理活动的发展。

四、公共体育治理机制

机制是指各要素之间的结构关系和运行方式。公共体育治理机制则是指公共体育发展过程中的形成结构、功能和运行方式，是规范公共体育治理的内在因素和行动准则。

（一）多元治理机制

公共体育是一个复杂的、多样的、动态性的系统，要想对该系统进行有效治理，必须建立与之相适应的主体系统。治理主体主要包括政府组织、社会组织、市场组织和公民，这些主体构成了一个多元化的主体系统。

为了实现公共价值创造的目标，系统中的多个主体必须通过协同的方式形成一致性的行动。

（二）关系治理机制

在全球化背景下，组织内部、组织间及跨越国家界线的活动越来越普遍，这为公共体育治理活动带来巨大的挑战。关系的存在状态越普遍、状态越复杂，关系治理的需求就越强烈。因此，与传统体育治理不同，现代体育治理来越重视对组织内部、组织间、跨越国界组织间各种各样关系的治理。通过关系治理，可以为公共体育治理活动的顺利推进提供良好的组织保障。

（三）协商治理机制

协商是一种行为方式，是通过共同商议而达成共识的行为过程。协商与沟通不同，协商是最终达成共识的双向行为过程，是友好的、平等的、双向的、互动的交往方式；而沟通则强调双方行为是由单向行动驱动的，是为了解决某一问题而进行的努力。

协商是一种典型的中国人的思维方式和行为方式，是一种达成共识的方式，表现出友好性、平等性、温和性等特征。这与西方社会的讨论、争辩等激烈的达成共识方式存在很大的差异。

公共体育治理的协商机制是指通过一种平等的、双向的、友好的与温和的方式对公共体育资源、公共体育项目和公共体育问题进行有效治理的内在机制。

"商量"是这一治理活动的重要特征。

(四) 网络治理机制

现代社会进入了一个以信息技术为基础的网络社会时代。受这一时代的影响，公共体育发展也日益呈现出网络化的特征。网络化体育发展方式导致治理主体之间的活动、治理客体之间的活动和治理主客体之间的互动多是基于互联网平台展开的，因此需针对性地展开治理。针对网络化发展的公共体育治理，必然采取与之相适应的治理机制，构建公共体育治理的网络体系和运行方式。

五、公共体育治理工具

(一) 价值管理

公共体育治理活动是一种公共价值生产的过程，也是为了满足公众的体育权利和需要而提供公共服务的过程。因此，价值判断优先是这一治理活动的基础。受这一逻辑的规范，公共体育首先要明确存在的目的、价值规约、行为规范等问题，并将之作为行动的基础。

(二) 战略管理

战略是针对公共体育发展进行长期规划的行动，包括规划思想、规划理念、规划方向、规划内容及规划实施要求等。一方面，由于公共体育治理的核心任务是通过对体育发展的治理实现公共体育价值不断升值的目标，从而为公众提供更加充分、更加丰富的公共体育服务，因此必须对这一活动过程进行长期的规划，通过明确的路径选择和方式方法的选取，实现公共体育治理的目标；另一方面，公共体育部门的治理总是习惯于面面俱到，力图通过规定和规范详尽的治理程序、治理活动细节来提高治理的效率，然而这往往忽略了公共体育治理的政治性判断——公共体育治理是一种始终将治理活动的价值、长期目标、公众权利置于核心地位的、通过政策协调的方式达成目标的活动。这就需要对公共体育治理活动进行重新审视，重视治理的长远性、方向性和治理政策之间的协调，制定协调性治理战略。

（三）绩效管理

自新公共管理运动开展以来，绩效已经成为新公共管理应用较普遍也较有效的工具之一。绩效管理的基本逻辑就是开发合适的、测量公共行为的输出和结果的方法，通过绩效测量、评估及反馈的方式促进公共体育部门不断提高服务供给的能力。

公共体育治理同样需要绩效管理工具作为提高效率和效益的重要手段。一方面，客观的评估能使公共体育治理活动的效果、效益更加直观和可测量，从而为公共体育科学治理提供客观的评判标准；另一方面，绩效管理要与公共体育治理的价值规范、目标设定紧密结合起来，依据价值规范和设定的目标对治理活动、治理过程和治理结果进行客观评价，从而为不断提升治理效率提供了支持。

（四）财政管理

公共财政是公共体育治理的核心内容之一。公共财政通过预算控制、资金使用等方式对公共体育活动进行引导或约束。为了使预算更好地发挥作用，成为提高公共体育服务水平的重要支撑，人们倾向于赋予管理者更大的预算决定权，即采用"总额预算"的方式为管理者提供一个预算的总额上限，管理者可以在这个总额上限的范围内更为自由地使用资金，从而为实现公共体育治理目标提供最有效、最直接的支持。

（五）人事管理

人事管理一直是公共治理的重要工具。通过人为地设定人事管理目标、方向、原则、招募和遴选方法、培训、薪酬与福利等方案，可以为公共体育组织提供所需要的人力资源（无论是人力资源总量还是人力资源结构）。同时，人事制度的设定又为公共组织吸引人才、打造自我特色的组织形态和运行方式提供了引导。与私人部门组织相比，公共体育组织人力资源状态相对稳定，人事管理的约束性、规范性、激励性等特征也显著得多。人事管理活动深刻影响着公共体育组织的运行方式和运行过程。

（六）政策管理

政策一直是公共治理的基础和依据，是规范公共治理活动的客观标准，因此构建合理的政策体系是公共体育治理的基础性工作。政策是被明确为法律或正式权威的一种特殊工具。

同时，随着全球化社会的快速发展，超越国家界线的国际组织越来越普遍，这就使得公共政策的制定呈现出新的趋势，即通过设定组织内部一致性的行为规范方法——"软法"来治理这些组织，如世界基金货币组织、欧盟等。

这些组织已经开始使用共同体方法（Community Method）来解决常规政策能力范围之外的政策问题，如欧盟使用的开放式协调（Open Method of Coordination）、欧洲社会对话（European Social Dialogue），典型的政策之外解决欧盟组织内部的国与国之间公共问题的"软法"。

（七）协商管理

作为一种更友好、更温和也更加充满人文关怀的方法，协商管理正在被越来越多的公共组织采纳。协商能有效地形成更加充分的共识和统一的行动，它不仅能充分体现组织治理主体身份的认同，也能激励主体人针对管理中出现的各种问题采取更加积极主动的行动，以形成更加广泛的合作，实现对公共体育事务的治理目标。

第三节 公共体育泛在治理

我国正处于一个社会深刻变革的新时代。在新时代，人们日益增长的美好生活需要和不平衡不充分的体育发展之间的矛盾，客观要求体育进行全面性、均衡性和充分性供给，由此形成了体育泛在性发展格局。要适应这一新变化，必须创新体育治理，建立与之相适应的泛在体育治理方式。

然而，人们对体育治理的思考和行动仍然停留在传统的模式上，对无所不在、无所不能、无所不行的体育新发展模式重视不足。一方面，这可能导致新时代体育供给与全面性、均衡性和充分性供给之间形成新的供需矛盾，导致体育服务能力不足；另一方面，对顺应新时代发展趋势和要求的主动作为不足，将导致体育治理方式创新动力和路径缺失，从而不利于体育高质量、快速发展。

解决上述两个关键问题，需要借助哲学范式和逻辑分析方法对泛在体育现象进行剖析，论证泛在体育发展的方式、路径和内涵，提出泛在体育治理的基本思路和策略。

一、泛在：从技术概念到国家战略

"泛在"（Ubiquitous）概念起源于 1991 年的"泛在计算"①，后来发展成为泛在技术（Ubiquitous Technology）、泛在网络技术（Ubiquitous Network Technology）或 U 网络技术（U Network），用以描述任何时间（Anytime）、任何地点（Any-where）、任何人（Anyone）、任何物（Anything）都能顺畅沟通与交流的社会现象。

随着互联网、物联网、云计算、大数据等信息通信技术的迅猛发展，科学理论、技术方法和技术工具及掌握它们的科技专家在社会治理中的作用越发突出，政治领域科学化的现象越发明显。目前，"泛在"已经成为一种新型国家战略。2004 年，日本最早采用"泛在"构建了"U-Japan"国家战略；2005 年新加坡发布"U"型网络国家战略；2006 年，韩国提出了"U-IT839"计划，欧盟启动了"环境感知智能"（Ambient Intelligence）项目；2008 年，美国构建了"智慧地球"国家信息战略体系；2009 年，中国也提出了泛在网络国家战略。

二、公共体育的泛在性供给对泛在治理的要求

新时代体育供给的新需求正在全面推动泛在体育世界的形成与发展。体育作为一个日益受到重视的社会活动，正在全面走入大众生活，与人们的行为、现代技术体系逐渐融合在一起，体育与人、机器技术体系和物理世界构成了一种新型的"人-机-物"秩序关系，即在泛在技术的支持下，物的秩序与人的秩序通过体育活动完全融合在一起，表现出无所不在、无所不为、无所不能的发展特征，形成了异常复杂的新体育世界。

（一）体育全面性供给

2014 年 10 月 20 日，国务院颁布的《关于加快发展体育产业促进体育消费的若干意见》明确提出"将全民健身上升为国家战略"。全民健身从一个部门级战略上升为国家战略，意味着体育服务供给已经摆脱部门工作部署的局限性，全面

---

① WEISER M. The computer for the 21st century [J]. Scientific American, 1991 (3): 94-104.

走向全社会各个领域①。

2016 年颁布的《"健康中国 2030"规划纲要》，以及同年习近平总书记在北京召开的全国卫生与健康大会上提出的"推动全民健身与全民健康深度融合""将健康融入所有政策"的施政要求，第一次将体育提升为国家战略，将体育与全民生活普遍联系起来。体育作为全民健康治理的主动式手段，正面临着一个巨大的发展机遇。可以说，我国健康治理呈现出从被动健康转向主动健康的态势，其核心任务是促进体育活动全面与全民健康行为融合②。

全民日益增长的健康需求、娱乐需求、精神需求等，正对体育形成全新的要求，体育的全面供给成为新时代政府必须解决的关键问题之一。这样的背景要求体育从公民权利保障到生活方式的重构，从健身、娱乐、交往到主动全面健康的新发展方式的确立，构建覆盖全地域、全人群的公民体育服务体系。全地域要求体育场地、设施、活动等全覆盖，即让体育成为人们生活领域的基本构成之一；全人群则要求必须摆脱区域属性的限制，建构脱域性体育供给模式，即让体育与人的行为完全融合。

（二）体育均衡性供给

体育作为一种综合产品，充分表现出产品属性的复杂性特征，从满足人们日益增长的美好生活的需求出发，分析体育产品属性问题，可以将其划分为基本公共产品（纯公共产品）、准公共产品和经济产品（私人产品）三大类。

各主体应根据不同的产品属性，采取结构化供给方式，满足体育供给的均衡性需求。

①作为基本公共产品的体育应以政府无偿供给为主，充分表现出满足公民体育权利的特征。研究认为，尽管我国宪法中并没有明确规定"体育权利"，但是通过散见于相关体育政策条款中的表述，可以认定"体育权利"是宪法规定的公民的"准基本权利"，其实现有赖于国家义务③。因此，保障公民能够享有基本的体育权利，要求政府必须完成基本公共体育服务体系全覆盖的建设，真正实现能够为每位公民提供均等化的体育服务。

①刘国永. 实施全民健身战略，推进健康中国建设 [J]. 体育科学，2016，36（12）：3-10.
②董传升，汪毅，郑志强. 体育融入大健康：健康中国治理的"双轨并行"战略模式 [J]. 北京体育大学学报，2018，42（2）：7-11.
③黄明涛. 我国宪法"体育权利"的文本表述与制度实现 [J]. 体育文化导刊，2017（4）：11-14+20.

②作为准公共产品的体育应采用政府供给主导下的社会供给和市场供给的复合方式。由于体育具有很强的公共产品属性，因此政府的作用理应是主导性的，社会组织、市场组织应在政府的主导下积极主动地向社会提供体育服务。政府发挥主导性作用，可以通过建立体育产品供给目录、形成结构化供给清单、建立准入制的方式来完成，即通过政策的引导和激励，实现准公共体育产品的供给。

③作为经济产品的体育是以满足大众个性化需求为目标的，表现为通过商品交换的方式来完成供给者与消费者之间交互的行为过程。也就是说，供给者所提供的体育服务是根据消费者的需求生成的，是以营利为目的的经济活动过程，因此这部分体育服务供给必然由市场组织全权承担。根据人们的需求的差异，体育经济产品供给主要以差异化供给为主，由市场解决其供给方式、供给内容、供给路径和供给机制等问题。为了确保这一交互过程的合理性，政府作为监管者理应承担起基础性的责任。

多样的产品供给方式和要求对传统的单一供给方式提出了挑战，从而深刻影响着构建高效合理的体育供给体系的过程。

（三）体育充分性供给

新时代是一个"人-机-物"融合、一体发展的网络时代，即由人的世界、信息世界和物理世界构成了新型社会形态和结构。在这个时代里，一方面，互联网、物联网、人工智能等新技术革命不断深化，"现实-虚拟"互联社会形态逐渐形成，现代技术体系重构下的社会发展方式已经能够有效解决全面性体育供给难题；另一方面，移动互联技术与社会个体行为已经完成了融合发展，移动支付、虚拟手游、网上购物社区等移动互联生活方式已经形成，线上线下无缝融合成为当下时代人们社会行为活动方式的主要特征。

人的需求、人的行为等通过计算机形成的物联网与物理世界建立了全面的联系，人的世界、计算机的世界、物理世界融合在一起。因此，提升体育服务覆盖与服务质量水平，通过令人满意的获得感促进社会个体全面进入体育场域之中，形成体育的全面参与，成为新时代需要解决的关键问题。

总之，全面性、均衡性和充分性的供给客观推动了体育供给与人行为的全面融合。要解决新时代体育泛在性供给问题就必须创新体育治理，构建"在域性+脱域性"新型体育治理方式、体系和机制。也就是说，体育供给必须有效摆脱地域性的束缚，以"脱域"的方式跟随社会个体行为而行动，即建立"泛在"模式。在一定意义上，"泛在"本身就意味着"脱域"，表现为依托交往的网络化、营运的符号化、管理的数据化、情境的虚拟化和服务的全域化，使生产关系摆脱传统社会在域性建构的约束，生长出大量非地理性特质①，体育供给的泛在脱域治理模式如图4所示。

图4　体育供给的泛在脱域治理模式

三、泛在体育治理的逻辑基础

（一）技术逻辑

实现体育全面性、均衡性和充分性供给目标，仅仅按照传统方式进行治理是行不通的。大众随时随地进行运动的需求越来越强烈，也越来越普遍，这必然对体育的泛在性供给——运动指导、科学评估、方案优化等引导性活动提出了更加迫切的要求，从而引发了跟随性治理问题。我国各地资源禀赋不同，城镇与农村、东部与西部差距明显，产生了均衡性体育治理的现实难题。大众体育、学校体育、竞技体育协同发展导致体育部门内部的全面性治理难题尚未解决，体育与社会诸多领域跨界融合新发展导致的部门之间全面性治理难题又迎面而来。

泛在技术的快速发展为泛在体育治理提供了坚实的技术基础。一方面，体育已经发展成一种泛在体系，形成泛在体育。借助"泛在技术"架构起来的"泛在体育"，能够实现人与人、人与机器、人与物甚至物与物之间直接沟通，在互联网基础上将用户端延伸至物品之间，进行物质资源的信息交换与通信，实现人

---

①胡潇．"泛在"和"脱域"——当代生产关系空间构型新探［J］．哲学研究，2016（10）：9-16.

与物相联、物与物相息①。另一方面，对泛在性体育供给领域的治理必须满足遍布性、持续性、移动性、连接性和情景性等方面的基本需求。因此，只有在泛在技术的支持下，才可能构建一个具有新型结构实现全覆盖和充分体育供给的体系，使体育能够向各地区、各民族、不同性别大众提供服务。换言之，必须借助现代技术手段重构体育世界，建立起"线下现实体育世界+线上虚拟体育世界"这一复合形态的新体育世界，实现在域与脱域的融合，实现政府权属、社会权属、市场权属和公民权属分类构成，从而通过线下面的铺设和线上点的延伸，真正实现体育供给的目标，如图5所示。

图5　体育供给目标

（二）体育治理体系重构逻辑

复杂的体育世界新发展客观要求体育治理实现创新，顺应新发展建立泛在体育发展战略，构建与之相适应的泛在体育治理体系。这就要求以现实体育场域为基础，充分融合现代先进科学技术——感应技术、网络技术、通信技术、音视频技术、虚拟技术、智能技术等，创新构建一个全新的体育世界和治理体系。换言之，泛在体育世界必然是现实性和虚拟性充分融合的、能够实现在域性和脱域性协同治理的新的体育发展方式。

例如，2008年北京奥运会的成功举办已经向人们提供了两点重要启示：体育泛在性发展的客观存在和有效治理复杂、泛在体育的方式。为了实现"有特色、高水平"的北京奥运会举办目标，我国制定了专门的"奥运科技（2008）

---

①孙其博，刘杰，黎羴，等. 物联网：概念、架构与关键技术研究综述 [J]. 北京邮电大学学报，2010，33（3）：1-9.

行动计划"，北京市也颁布了《北京奥运行动规划数字奥运建设专项规划》（以下简称《规划》），并取得了成功。《规划》明确提出了泛在性治理的规划构想——"'数字奥运'的形象目标是基本实现任何人、任何时间、任何奥运相关场所，都能够安全、方便、快捷、高效地获取可支付得起的、丰富的、多语言智能化的、个性化的信息服务"，这是一种泛在的奥运治理构想。所以，《规划》尽管没有使用"泛在"一词进行表述，但是依旧体现了其泛在性治理构想的突出价值和意义。因此，可以这样总结《规划》实施的成功经验：首先，从治理理论来看，成功来自社会各界——政府、社会组织、市场机构、公民等主体的协同行动，这些行动具有鲜明、经典意义的多元共治行动的特征；其次，信息技术发挥了巨大的作用，无论是在支撑奥运会举办方面，还是在支持奥运选手备战、参赛方面，信息技术的角色都发生着巨大的变化——从简单应用服务到与赛事深度融合并成为赛事举办依赖的巨大力量。事实上，"数字奥运"成为大型体育赛事有效治理的一种模式。国际奥林匹克委员会主席罗格也曾说过，如果没有信息技术的应用，奥运会就不可能成功举行。

可见，无论是从学理方面来分析，还是从事实经验方面来总结，体育泛在性发展已经成为大势所趋，泛在治理方式、模式和机制等问题都需要全面深刻地进行讨论、总结和规划。从当下看来，这个行动显得尤为必要且紧迫。

四、数字体育：泛在体育世界的构建与治理

（一）数字体育对泛在体育治理的回应

何谓数字体育？学者认为，广义的数字体育是指应用数字技术的体育及其相关活动，狭义的数字体育是指被数字化的体育活动[①]。数字体育既指数字技术参与、构建、运行体育及其活动的过程，也指体育活动数字化过程。可见，数字体育是体育世界的数字化重构、存在和展现的一种方式，也是体育现象、过程、规律和机制的数字表达——从解构现实体育世界到重构"现实体育世界+虚拟体育世界"，体现出"万物数字化"的特征[②]。这不仅为体育产品供给提供了平台、路径和服务支持，而且为人们深度参与体育活动、促进体育与社会个体行为全面

---

①张立，李祥晨，龚健．数字体育新解［J］．体育文化导刊，2012（7）：141-145.
②梅宏．建设数字中国：把握信息化发展新阶段的机遇［J］．记者观察，2018（33）：6-8.

融合提供了活动场域，从而满足人们情境动态性（现实、抽象诉求同变）、线性（线上线下相融）、多态性（隐性、显性共存）、层次性（基本、高级层次分明）等需求①。

构建一个基于移动互联网、物联网的体育新世界，必须首先将现实的体育世界进行复制和重构。当然，这个复制和重构与传统意义上的重构存在很大的区别。这是因为传统的互联网世界是基于对现实世界的"镜像"来实现的，互联网世界与人的世界、物的世界仍然保持着明显的界线。一般来说，传统的"上网"是一个与日常行为相隔离的行为方式，即人们"上网"总是要在特定的时间、特定的地点来进行的。进入移动互联网时代，特别是进入智能化物联网时代后，"上网"成为能够随时随地展开的日常行为活动。

人的行为与网络行为的融合建立在数字技术基础之上。也就是说，人们借助数字技术依据现实世界重构了一个生动的、活泼的、融合性的网络世界，而不是仅仅将现实世界进行"镜像"。因此，满足新时代发展需求，重构一个新型的体育世界，必须首先将体育世界数字化，将现实体育转换为数字体育，达到"万物皆数"② 的基本要求。

（二）数字体育对泛在体育世界的表达

在现实体育世界中，一方面，体育的诸多要素如人、场地、设备、设施、规则、运动技术等是具有鲜明特征的，而在虚拟的互联网世界中，体育世界必须首先将这些实体转换为数字符号，使其以数字的方式存在于互联网世界里；另一方面，体育要素之间通过一种生动的、互动的方式建立起系统性关系，如健身活动、体育竞赛、体育表演、体育文化等，这些关系性存在正在或已经成为线上虚拟体育世界构建的桥梁，即通过体育数字化的方式，完成了现实体育表达向数字体育表达范式的转换。

体育数字化的核心任务是形成新型体育信息流。通过互联网、物联网等桥梁实现虚拟世界与现实世界之间的无障碍流动，不仅可以丰富、繁荣和变革泛在体育世界，而且可以引导人们进入这一世界，不受时空限制地进行体育活动，实现人与人、人与物、人与环境等全方位的行为融合，以在满足全面性、结构化、差

---

① 罗贤春，庞进京．泛在信息诉求情境中政务信息资源价值维度及实现［J］．情报科学，2017，35（9）：18-23.

② 刘永谋，兰立山．泛在信息化社会技术治理的若干问题［J］．哲学分析，2017，8（5）：4-17.

异化和行为融合性需求的基础上提供高水平的供给。以信息化的方式展现世界，即从人们所能认知的一切过程中提取信息，并使之符号化、数字化，而信息一旦被提取出来之后，就独立于原过程，可以被存储、组合和加工①。这样，"人-机-物"模式的体育世界就建立起来了。

（三）数字体育对泛在体育世界规则体系的重塑

数字体育世界的运行是以数字体育世界规则体系的建立为前提的。这一规则体系由以下几个方面构成：一是信息流规则体系，是实现现实体育世界数字化重构的基本框架和运行基础；二是体育世界运行规则体系，是互联网联通虚拟体育世界和现实体育世界的桥梁；三是体育世界活动规则体系，规范线上线下人们的行为，建构和谐健康的两个体育世界的融合模态；四是体育世界管理规则体系，是对体育世界进行有效综合治理的依据，是政府、社会、企业、公民共治的共同行为准则；五是技术规则体系，是两个体育世界融合发展的技术基础和动力。由于物联网感知的有用性、易用性及其便利条件、社会影响、绩效期望等因素影响着人们接受和使用新技术或服务的意愿及行为②，所以提高数字体育世界构建的合理性，构建有效的规则体系，提高数字体育世界的便利性、愉悦性等，无疑可以促进数字体育世界与人行为的融合。

（四）数字体育对泛在体育世界结构的重构

1. 确立泛在性数字体育价值体系

数字体育价值以实现主体人、体育组织、体育社会、体育文化等方面的价值目标为前提，通过价值目标确定形成"人-机-物"的基本行为规范，从而为数字体育世界的规范高效运行提供基础性支持作用。

一般说来，人们习惯将体育的价值确定为"促进人的全面发展"，尽管可以将其笼统地视为数字体育世界的价值构成，但是此定义具有局限性。这是因为此定义仅体现了体育的工具价值特征，而没有反映出"体育是主体人价值存在和展现的方式"这一深刻主题。体育是人的体育，是生动的、活泼的、互动的、复杂的人的本质构成；体育世界是围绕主体人的存在而展开的一系列活动的场域。这

---

①单美贤．泛在信息社会的概念溯源及基本特征［J］．贵州社会科学，2012（2）：33-38.
②谢黎蓉．技术接受模型演变综述［J］．华中师范大学研究生学报，2014（1）：155-161.

个场域包括人、人与人、人与物理世界、人与精神世界等方面的关系。也就是说，作为关系性存在的人的体育，其重构必然要反映出这一本质的规定。因此，数字体育世界的构建要充分反映出体育的本质特征，并将其确定为体育世界之价值规定，将体育世界的要素、结构、关系等围绕人的存在与发展来展开，从而构建出复合型的体育世界。

其中，数字价值的存在与展现问题需要予以着重关注。数字是一种符号和运行方式，逻辑是其运行的内部规定。因此，在数字化现实体育世界的过程中，一方面，如何恰当地使用数字符号来全面、深刻、生动地反映体育世界是需要解决的关键问题之一；另一方面，数字自身存在的价值如何通过重构的过程来进行展现，即数字世界本身的要素、结构和关系的构建同样是值得深入思考的学术问题。

一个与现实体育世界融合的虚拟体育世界是建立在数字技术的基础之上的，因此不可避免地产生了数字本身价值展现的问题。也就是说，构建起来的世界本身就是一个数字的世界，数字现象、数字类型、数字符号、数字链、数字群等，一方面要阐述其作为数字本身的意义，另一方面则要阐述这些数字的体育意义。唯有将二者真正融合起来，即将数字的意义与数字的体育意义融合起来，构建的体育世界才会充满意义。

2. 覆盖全领域的泛在技术体系

借助泛在技术，完全依据体育世界重构数字体育世界，并形成超越现实体育世界的发展模式——体育发展的 4A 模式，这一模式要求必须建构起能够与之相适应的技术体系。

数字体育世界与现实体育世界的整合和运行依赖于由泛在技术、AI 技术构成的物联网系统。这个系统由环境子系统（泛在网络环境，如信息环境）、硬件子系统（泛在计算技术）和软件子系统（全要素网络）构成，并围绕数字化的信息流展开活动，从而实现体育供给的全覆盖、结构化和与人的行为相融合模式的目标。换言之，泛在体育就是在泛在网络的基础上，利用泛在计算技术对现实世界进行数据采集、编码、储存、处理、分析和输出，即在万物数字化的基础上向人们提供一个"无所不在、无所不能、无所不包"的融合性平台，将物理世界、信息世界与人的世界融合在一起，使人们能够随时随地通过"人-机-物"的方式实现人与人、人与信息、人与物理世界的智能化交换，从而为人类社会发展提供一个整体性的智慧化的体育世界。

根据体育世界构建要求建立一个高效的技术体系，必须有效解决人的需求的结构性表达与非结构性表达问题。一方面，逻辑在构建过程发挥主导作用，即通过人的认知机制、理性机制等完成数字标准化、技术规范化、操作流程化等技术体系的设计、开发与运行，支撑起体育世界的运行；另一方面，非逻辑机制也在发挥作用，即在情感机制的主导下将人及其活动的喜欢与厌恶、接受与排斥、灵感与顿悟、形象与意义等通过非结构性的技术体系表达出来，从而使被建构的体育世界完全具备现实体育世界的意义。因此，关系表达与非关系表达的一致性、融通性、互动性、顺畅性等成为数字体育世界的存在的技术要求。

结构性和非结构性的复合性构建的实质就是完成泛在体育治理技术体系的搭建，即构建"数据源+大数据中心+服务端"的泛在体育发展体系。其中，数据源来自互联网、物联网等，形成结构化和非结构化的海量数据流，这些数据流经过大数据处理中心的存储、分析、处理等，依据系统输入的体育供给需求进行智能化、信息化、数字化、网络化的输出，最终构成有效支撑体育世界运行的泛在技术体系。

3. 满足全面性、均衡性和充分性供给需求的泛在服务体系

以现实体育世界为蓝本构建起来的内容更加丰富、服务更加方便、机制更加灵活和行为更加顺畅的数字体育世界，能够针对基本需求、个性化需求等进行资源整合，并通过脱域性与在域性服务平台建立起人与人、人与世界、人与技术甚至物与物之间生动的体育活动世界，展现令人愉悦的体育世界新图景。

在这个体育世界的建构过程中，人的需求成为生成的依据。一项基于共享单车 App 建立起来的行为研究表明，情景性、泛在性、社会影响等因素是影响用户使用共享单车意愿和行为的主要因素[1]。因此，泛在体育世界在完成全覆盖、结构化和与个人行为融合的服务体系构建任务时，必须根据人们需求和社会需求的基本内涵和特征展开。这个体系由以下四个方面构成：一是网络化体育连接泛在体系，将物理空间上的人、物、信息进行连接，并达到即时性、动态性和连续性的状态；二是通信技术支撑下的泛在体育服务体系，将已经完成数字化编码的体育世界信息进行采集、传输、储存、处理、分析和反馈等活动，并通过智能化终端建立人与人、人与物、物与物之间的联系，从而使体育服务信息能够顺畅地在

---

①黄国青，陈雪. 基于情景感知与 UTAUT 的共享单车使用意愿研究 [J]. 消费经济，2017（3）：62-68.

两个世界中流动, 满足人们对信息及借助信息进行活动的各种需求; 三是嵌入式智能泛在体育服务体系, 借助 AI 等技术建立物联网的智能感知和反应系统, 即物联网以人类智能活动的方式感知环境、输出信息、接受指令、处理信息、完成操作, 从而通过体育信息的反应、反馈与更正等方式"自主式"服务大众体育活动等; 四是体育世界的反馈控制泛在体系, 旨在通过智能化信息网络的感知功能, 对现实体育世界、虚拟体育世界运行中所有的信息进行感知、分析、综合、处理并优化服务方案, 并对可能产生的风险进行预警和消除。

4. 体育世界运行的泛在治理体系

通过先进的现代技术手段, 多元主体可以形成对复合型体育世界综合治理的模式。一方面, 治理体系是为了解决现实体育世界治理问题而建立起来的, 因此具有鲜明的现实性特征。在这个现实性的体育世界治理体系中, 体育问题是治理体系建立的逻辑出发点。例如, 全民健身上升为国家战略之后, 健康治理关口前移迫切要求体医跨界融合发展, 因此如何有效促进全民健身融入全民健康就成为备受关注的核心问题。要解决这个问题, 必须破除全面融合的体制机制障碍, 共建共享全民健身服务体系[①]。共建共享的跨界融合发展正是泛在技术体系所要解决的基本性问题, 因此其必然是在数字化技术基础之上形成的泛在性服务技术体系——泛在体育服务体系。

换言之, 满足人的、社会的体育供给需求, 必须在建立能够提供泛在体育服务体系的基础上, 加强对体育发展方向、模式、机制、服务体系、服务内容、服务主体、服务途径等问题的现实治理, 使之能够满足不同需求。因此, 泛在技术、智能技术等成为帮助人们治理现实世界的有力手段, 通过系统性、整体性、一体化的网络治理体系的建立, 现实体育世界治理的诸多难题逐渐得到有效解决。例如, 体育服务覆盖不足问题、体育服务结构化不合理问题、体育服务不充分不及时问题、人的体育行为失信问题等, 都可以得到有效的解决。

另一方面, 虚拟体育世界形成后, 治理体系就必然从现实世界转向虚拟世界, 针对虚拟体育世界所面临的各种问题, 诸如主体行为规范问题、服务滞后问题、反馈与改进措施不到位问题等, 借助泛在网络的基本特征——连续性、跨时空性等即可实现虚拟体育世界的有效治理。从这个意义上来说, 泛在网络体系的

---

①卢文云, 陈佩杰. 全民健身与全民健康深度融合的内涵、路径与体制机制研究 [J]. 体育科学, 2018, 38 (5): 25-39.

存在，不仅使现实体育世界与虚拟体育世界完成了融合发展，而且有效解决了诸多体育世界治理的难题，从而有效规范了数字体育世界的发展和运行，使之成为能够真正支持实现体育供给全覆盖、结构化、差异化供给目标的网络体系。也就是说，泛在体育世界治理体系的建立，将促使人们在日常运动行为、体育活动、组织管理、社会意识等方面发生根本性的改变①。

五、泛在体育治理策略

(一) 启动中国的 "U-体育治理" 行动计划

启动中国的 "U-体育治理" 行动计划，全面推进泛在体育治理是必然的选择。一方面，体育是满足人们健康需求、娱乐需求、交往需求、个性展现需求等美好生活需求最有效的方式，必须全力推动体育的全覆盖——区域覆盖、活动覆盖、行为覆盖；另一方面，实现体育的全覆盖，满足人们日益增长的需求，必须建立能够实现 "任何人、任何时间、任何地点、任何体育活动" 的泛在发展体系。

启动中国的 "U-体育治理" 行动计划时机已经成熟。首先，体育的社会需求已经摆脱健身、娱乐等单一目标的束缚，逐步走向全民健康领域，成为 "轻体力" 时代中公民主动健康的普遍性刚需，即体育领域已经跳出固有的 "体育圈子" 走向全民；其次，体育正在全面融入全民健康体系，作为国家主动健康治理的基础性手段，体育已经广泛存在于我国政策体系中，成为政府向公民提供公共服务的逻辑；再次，市场对参与体育开发和产品输出的热情全面迸发，体育投资热潮为我国体育的迅猛发展奠定了雄厚的基础；最后，现代技术已然成熟，完全能够满足构建一个线上线下融合发展的、能够与社会个体行为深度融合的全新体育世界。因此，推动体育全覆盖发展，启动 "U-体育治理" 行动计划成为新时代的内在需求。

作为泛在体育的基础，数字体育建设问题理应受到应有的重视。泛在体育是数字体育发展的必然方式，体育数字化发展则是泛在体育发展模式的基础，体育现象、体育活动、体育规则、体育场域等信息数字编码的好坏直接影响着泛在体

---

①刘永谋，吴林海，叶美兰. 物联网、泛在网与泛在社会 [J]. 中国特色社会主义研究，2012 (6)：100-104.

育模式构建、运行和服务能力，因此需要制定能够有效支持数字体育发展的专项规划，面向社会发展趋势和泛在体育发展的基本需求，明确数字体育发展的指导思想、目标与任务、基本原则、主要工作、重点任务和政策保障等，切实保障泛在体育模式的高效运行。

（二）搭建泛在体育发展技术路径

目前，数字化、网络化和智能化是人类社会发展模态中三条并行不悖的主线。数字化通过实现数据资源的获取与积累发挥着基础性作用，并通过网络化构造融合性平台充分实现数据资源的流通、汇聚和输出，而智能化则通过多源数据的融合分析呈现信息应用的类人智能服务于人类自身发展，使之能够更好地认知事物和解决问题，实现人类持续不断的自我完善目标。因此，构建泛在体育发展模式，实现数字体育发展目标，可以从以下几个方面进行展开。

1. 体育数字化技术路径

在泛在网时代，所有实体都将具有虚拟身份和数字对应物。因此，构建泛在体育供给模式的首要任务是将体育世界数字化，即用数字的方式，依据体育信息流和体育世界运行的基本要求，完成体育世界的数字表达。体育数字化是在数字体育价值编码系统的支持下，将体育世界进行数字化表达的过程，因此必然成为体育信息化的基础和发端。借助数字体育的直观表达方式，泛在体育世界正在逐步实现虚拟与现实的融合，从而构建起一个新型的体育世界。

2. 体育信息化技术路径

构建全覆盖、结构化、与人的行为融合的体育泛在供给模式，必须在完成体育世界数字化的基础上，根据满足人与社会发展的基本要求，建立起能够顺畅流动的体育信息网络，即完成体育的信息化过程。也就是说，体育数字化的核心任务是依据体育有效治理所需要的信息流及其活动过程的内在规律，完成对体育世界的构建；而体育世界的运行，则是要在体育信息系统的大力支持下进行体育信息资源共建共享平台的建设①。因此，体育信息化是体育世界运行的基础，而体育信息管理系统则是数字体育目标实现的决定性因素。

---

①仇恢. 对我国体育信息资源共建共享平台构建的思考［J］. 广州体育学院学报，2012，32（6）：125-128.

3. 体育网络化技术路径

体育网络化是指在体育现象、体育场域、体育过程、体育本质、体育价值等数字化基础上，通过泛在网络技术重构体育世界的过程。在新构建的体育世界里，人们借助智能终端服务系统实现了人与人、人与物、物与物的沟通，借助信息网络技术实现了上述各个要素之间的联络。也就是说，根据复合型数字体育构建的要求，体育世界按照网络化的方式建构自身，形成了无所不在、无时不在的体育世界网络，满足了任何人、任何时间、任何地点参与体育活动的基本需求，实现了体育全覆盖式的供给、结构化供给的目标。

4. 体育智能化技术路径

结构化、非结构化的数据交织在一起，形成了与传统信息技术不同的数据存储方式。不同于传统结构化的数据分析，分析这些数据需要建构一个智能化体育世界，而支撑这个世界顺畅运转的一方面是由智能技术、虚拟技术等构成的技术运行体系，另一方面则是由泛在技术构成的技术服务体系——通过平台、与人的行为融合等方式，最终成为现实世界和虚拟世界融合发展的途径。

(三) 构建泛在体育多元协同共治机制

泛在体育治理体系一经确立，如何顺畅高效运行将是一个难题。泛在体育具有无所不在、无时不在的全覆盖供给特征，因此必须充分发挥多元主体的积极性，建立共享的泛在技术体系和多元的共治平台。研究认为，政府及相关体育事业单位的宏观把控，市场对公共体育资源的优化配置及体育社会组织的积极融入，形成的互动共容的关系和"三足鼎立"的平衡模式是实现治理目标的有效手段①。这种观点具有一定的启发性和积极意义。

然而，实现泛在体育发展共治的目标，仅仅依靠上述三元主体的共治仍然可能导致治理"失灵"现象的发生。这是因为，无论是作为服务主体还是作为自治主体，公民这一角色都被忽略了。因此，必须根据泛在共治的基本要求，创新构建泛在共治基本模式，构建共享、共治的泛在体育治理平台，并在平台基础上建立新型泛在体育治理的 PPP 模式，推动政府、社会、企业、公民多元主体形

---

① 田宝山，郭修金. 我国公共体育服务体系的要素构成及角色定位 [J]. 上海体育学院学报，2016，40
（4）：9-13+20.

成复合型治理主体，形成以政府为主导、企业和社会组织广泛参与、公民自治的治理体系。

首先，政府要首先进行定位和职能的转变，克服政府越位、缺位等问题，突破政府"一管就死，一放就乱"的社会治理困境，由掌舵型政府转向服务型政府①，为社会参与、企业参与提供广阔的活动空间和顺畅的运行机制，为泛在体育又好又快发展提供平台和保障。

其次，要注重发挥社会组织的作用。虽然我国社会体育组织规模小、力量弱、参与性不强等问题突出，但是随着体育协会改革的逐步推进和深入，体育组织的困境迟早会得到有效的解决。尽管如此，在构建泛在体育治理模式的过程中，规划和设计社会体育组织参与泛在体育治理的方式、路径和机制，仍然是值得积极推进的。这不仅对完善泛在体育治理体系至关重要，而且对促进社会体育组织的快速发展具有积极影响。

再次，企业理应成为泛在体育治理的动力型机构，为泛在体育有效治理提供动力。从体育泛在服务规划来看，泛在体育要承担起纯公共体育产品、准公共体育产品和经济性体育产品的供给任务。在后两者的产品供给中，企业具有无法替代的作用；即使是纯公共体育产品的供给，政府仍然需要通过建立 PPP 模式，借助企业的力量来完成面向公民的服务任务。

最后，公民作为双重角色在治理体系中发挥作用。一方面，公民作为被服务对象，具有各种各样的体育需求，这些需求成为政府、社会和市场组织提供服务的依据；另一方面，公民作为自治主体，又必须积极参与泛在体育服务治理体系中，成为治理的重要力量。从这个角度来说，公民既是泛在体育服务的接受者，又是泛在体育服务的提供者。

在泛在体育运行中，必须建立沟通、协商的联络机制。在各个治理主体在各司其职、各担其责、主动作为、各有收益的基础上，进一步优化形成新的治理机制：①综合治理机制，即政府定规则、抓基础，社会出智力、抓人力，市场出经费、抓服务，公民出规范、抓自治；②项目管理机制，建立泛在体育发展目录，通过有计划地设立泛在体育发展项目，逐步推进，以项目促发展，从而建立高效的政府、市场和志愿（个体、团体、单位）供给相互转化、多种供给方式并存

---

①刘东锋. 中国体育管理体制改革的路径选择 [J]. 成都体育学院学报，2005（2）：20-23.

的治理体系①。

为适应我国新时代社会发展的基本趋势和要求，有效治理泛在体育，必须建立基于国家治理体系框架的多元治理模式，在积极关注政府如何面对公民和社会需求提供泛在性的公共体育服务的同时，还要注重构建新的治理工具框架以解决政策之间的协调不足问题②。

总而言之，新时代的体育供给必须满足全面性、均衡性和充分性相融合的基本需求，而要实现这一目标，必须借助智能化物联网技术、泛在技术构建基于数字体育基础的泛在体育发展模式。一方面，构建泛在体育发展模式可以有效地利用发达的现代技术手段解决普遍存在的服务不均等不充分、结构不合理、覆盖范围有限等问题，避免"反公地悲剧"的发生；另一方面，可以通过无所不在、无所不能的泛在体育网络，有效解决因大众涌入狭小的公共物品服务空间而导致的"公地悲剧"问题，从而使体育治理真正实现全覆盖、结构优化、与人的行为相融合的供给目标。

---

① 肖华，杜梅，段娟娟，等. 体育公共产品供给主体变迁的新制度经济学分析［J］. 吉首大学学报（社会科学版），2015，36（5）：67-75.
② 赵元吉. 国家治理体系框架下中国公共体育服务制度建设的困境与突破［J］. 成都体育学院学报，2015，41（6）：49-54.

第六章
CHAPTER 06

公共体育治理绩效评估

绩效评估是以结果为导向的管理方法的重要构成部分，是推动公共事务、公共活动效率和效益提升的关键环节。通过科学的绩效评估，建立基于绩效的考核和激励体系与机制，不仅可以确保公共体育实现均等化、规范化和共享性等价值目标，而且可以提升公共体育治理活动的效率，从而为实现公共体育公平公正和高效服务目标提供保障。

第一节　公共体育治理绩效评估概述

一、概念的界定

（一）绩效与绩效评估

1. 绩效

绩效，是指从一个组织或个人在一定时期内的投入产出情况，是从过程、产品和服务中得到的输出结果。

一般来说，绩效有三种类型：一是以顾客为中心的绩效，包括产品与服务绩效；二是财务与市场绩效，包括资产利用、资产增值和市场份额；三是运作绩效，包括工作水平、关键过程水平和组织水平。

2. 绩效评估

绩效评估，是指通过对公共事务、公共事件和公共活动等方面相关信息的收集与整理，对投入产出结果进行比较性评价，形成绩效的评定和等级的划分，将此作为改进公共治理方案和行动的依据。

从公共治理的角度，把绩效运用于对政府行为效果的评价，主要体现在以下几个方面。

（1）政治绩效，表现为制度安排和制度创新。政治绩效评估一般是对国家事务、国家治理活动等方面进行评价，以对优化国家体制机制、提高治理能力等深刻影响社会发展的基本问题提出改革设想和行动方案。

（2）经济绩效，表现为国民经济的持续发展。经济绩效评估一般使用 GDP和增长率等指标作为对发展状态的直接评价依据。

（3）社会绩效，表现为社会稳定与社会进步。社会绩效评估一般通过四项指标的评价来完成：人口发展、生活水平、公共服务和社会和谐。在社会领域，也常常有很多专项评估展开，如我国开展的全国卫生服务调查统计，其形成的《全国卫生服务调查统计报告》就是对我国社会卫生服务、健康水平等方面取得的成绩和存在问题的综合性评价。

（4）文化绩效，表现为精英文化与大众文化的融合状态和文化的繁荣与传承。文化评估是对文化传承、文化发展状态和发展趋势等方面的评价。

（二）绩效管理

绩效管理是各级管理者和员工为了完成组织目标，共同参与绩效计划制订、绩效辅导沟通、绩效评价、绩效结果应用和绩效目标提升的持续循环过程，主要包括战略管理、基于结果的预算、绩效管理系统、流程优化、绩效合约和员工激励系统。

绩效管理是公共部门改革的重要依据和策略，是公共组织系统整合组织资源以使其达成组织目标的行为，强调全方位的监控、检测和评估组织绩效，其目的是持续提升个人、部门和组织的绩效水平。

二、公共体育治理绩效评估的含义

（一）公共体育治理绩效评估

公共体育绩效评估，是指通过对公共体育事务、公共体育事件和公共体育活动等方面相关信息的收集与整理，形成绩效的评定和等级的划分，将此作为改进公共体育治理方案和行动的依据。

可以从以下三个层面来认识公共体育绩效评估。

在微观层面上，公共体育绩效评估是对公共体育组织中个人工作业绩与贡献的认定，是指评定者运用科学的方法、标准和程序，对行为主体的公共体育绩效信息进行观察、收集、组织、贮存、提取、整合，并尽可能地做出准确评价的过程。

在中观层面上，公共体育绩效评估是对政府体育各个部门履职情况的客观评价，是确定评估目标、建立评估指标体系、信息收集与分析、形成评估结果和使用评估结果的过程。

在宏观层面上，公共体育绩效评估是对整个体育部门绩效的测评，是指政府自身或社会其他组织通过多种方式对政府体育决策和管理行为所产生的政治、经济、文化、环境等短期和长期的影响与效果进行分析、比较、评价、测量，将此作为规范体育行政行为、提高体育行政效能的依据和动力。

（二）公共体育治理绩效评估的意义

1. 公共体育治理绩效评估是公共体育治理的必要手段

公共体育治理绩效评估是对公共体育政策和项目管理效果的客观评价，是指通过对体育公共项目实施情况进行调查、考察，分析项目运行的实际效果及其与预期目标的偏离程度，总结公共体育项目运行中存在的问题和获得的经验。它不仅有利于公共体育治理部门调整体育公共项目管理、提升项目管理效果、提高公共管理水平，及时对公共体育组织职能结构和运行方式进行优化和再造，而且有利于为未来公共体育决策积累经验。

2. 公共体育治理绩效评估是提高公共体育部门绩效的动力机制

（1）绩效评估有助于落实和实现政府的体育责任。通过绩效评估可以促进体育政府部门工作方式的改进和管理水平的提高，引导公共职能更多地向公共责任和目标流动。

（2）绩效评估有助于提高公共体育服务供给的质量和效率。公共体育服务状态是衡量公共体育治理和体育政府实际管理工作情况的核心指标。通过绩效评估，可以对政府公共体育服务供给的质量和标准进行评价，考察公共体育服务各项任务的落实情况，分析公共体育服务绩效管理、保障社会公平、满足公民需要及是否存在不正当利益诉求等问题，剖析政府与市场、政府与社会、政府与公民之间的关系状态，从而有效评价公共体育服务的质量和效率。

（3）绩效评估有助于改善政府部门与社会公众之间的关系。政府是让渡的政府，代表着最广大社会公众的利益，因此应明确政府部门的基本运行方式和公共权力的使用情况，评价公共财政的分配和使用、公共体育服务项目的划分、绩效目标的实现情况，确立政府与市场及社会公众之间的逻辑关系，促进政府公共部门始终将社会公众的利益置于首位，围绕公共利益和社会公众福利开展各种治理活动，从而创造更多的公共体育价值和更好地为社会公众提供公共体育服务建立保障体系。

为了确保绩效评估能够促使政府部门不断改进基本运行方式和规范、高效使用公共权力，绩效评估需要将最基本的、最具有代表性和共识性的社会公众意志上升为国家意志。

3. 公共体育治理绩效评估有利于体育政府信誉和形象的提高

绩效评估是一种信息治理过程，其主要特点是公共体育发展信息的透明化和公开化。通过全面科学的评价活动，科学地描述评价结果，将公共体育治理状态公布于众，必然会不断增强社会公众对政府的信心，从而提高体育政府的社会信誉和社会形象。一方面，公开的政府管理状态、公共体育服务状态等，不仅可以提高社会公众对政府的信任度，而且可以通过对公布信息的解读来提高公众的公共决策的参与意识和能力；另一方面，绩效评估在体育政府的管理方式、运行方式和公共体育项目管理水平等方面起到明显的监督作用，从而促进政府部门主动改进工作方式，提高公共体育服务水平，完成"阳光行政"政府的转变过程。

4. 公共体育治理绩效评估是一种有效的管理工具

①绩效评估可以清晰地展现出公共体育治理状态，通过评估总结经验，寻找不足，从而为改善工作提供重要依据。

②绩效评估对提高"成本-收益"具有积极的作用。通过评估，可以有效地避免政府的浪费行为，提高管理效率，从而提升收益水平。

③绩效评估是公共体育组织再造的重要途径。通过对组织运行状态、管理模式与机制等方面进行分析，可以找出公共体育组织结构、职能、运行方式与机制等方面存在的问题，从而为组织再造、构建高效公共体育组织提供依据。

(三) 公共体育治理绩效评估面临的困难

1. 公共体育治理绩效难以量化

首先,公共体育部门是一种特殊的公共权力组织,其产品或服务具有非商品性的特征,难以通过交易体系来衡量其价值变化;其次,公共体育部门缺乏与之竞争的机构,因此无法进行成本与收益的比较分析;最后,量化的评估不能反映观念、价值等方面的变化,因此难以产生令人信服或具有激励性质的评估结果。

2. 公共体育部门的目标缺乏准确性

首先,公共体育部门往往具有多个目标,而不是像私人部门一样以营利为核心目标,这就导致了目标内部的冲突,而多重目标的选择和权重排序往往受权力活动的干扰而难以达成共识;其次,公共体育部门的目标多是抽象性的,缺乏具体的可衡量的指标;最后,公共体育部门的目标往往比较宏观,难以实现,因此难以用合理的指标进行测量。

3. 公共体育治理绩效标准指标难以确定

首先,公共体育产品的品质难以用客观的指标来确定;其次,区域差异会导致同一公共体育产品评价难以形成统一标准;最后,评价过程中的主观干扰往往会导致指标的失灵。

4. 评估信息系统不健全

绩效评估实质上是一个对公共体育信息进行收集、整理、分析、阐述和反馈的过程,由于公共体育部门尚未建立完备的信息系统,因此很难形成全面有效的信息来源。

5. 管理者与评估者的对立

公共体育治理绩效评估往往来自第三方,因此评估方与管理者之间存在天然的潜在对立性,并且评估结果是否可以成为改进公共体育治理的依据取决于体育政府部门决策者的行为选择,这往往会导致评估反馈的失灵。

三、公共体育治理绩效评估的目标

最有意义的绩效指标通常是从组织的使命、目的、目标或项目的特定标准中产生的①。这是因为，这些内容能反映出一个组织或项目的预期结果。公共体育治理绩效评估的根本任务是根据公共体育发展目标，客观评价公共体育运行状态，衡量运行状态和结果与目标是否相一致。

公共体育治理绩效评估有以下四个目标。

首先，提高公共体育服务绩效。从组织内部和组织外部对组织绩效进行评估，其目的是评价公共体育组织内部的功能状态、结构状态、制度安排等及可能存在的问题，以期达到改善组织运行、不断提高组织绩效的目的。

其次，明确公共体育部门、私人体育部门及个体的责任。通过评估，合理配置公共体育部门与私人体育部门之间的资源，通过规则与规范引导私人体育部门进入公共体育服务流程，提高公共资源的流动性，从而为提升公共效益和效率创造良好条件。

再次，增收节支。公共体育治理评估可以有效地评价公共活动和支出的合理性，缩减不必要的活动和支出，增加有效的、社会公众需求大的公共体育资源的供给，实现节约成本、增加收益的组织目标。

最后，为组织再造提供依据。公共体育组织的职能、结构与运行方式必须满足公共资源配置要求。通过评估，可以客观反映公共体育组织的职能状况，分析公共体育组织的结构及其功能状态，剖析公共体育运行方式的效率和效益情况，通过诊断发现不能适应组织目标和组织任务的问题，从而为组织再造提供依据，并通过组织再造不断提高公共体育服务的效率。

四、公共体育治理绩效评估的类型

（一）内部评估和外部评估

内部评估是公共体育组织自身对内部治理情况等进行的评估，是公共体育组织主动的自我监察活动。内部评估是公共体育组织进行自我监督、自我促进、自我激励的主要手段，其目的是通过对各个部门的工作开展情况、取得成绩和存在不足的评估，促进各个部门改进本部门工作和提高部门工作效能。

外部评估是由第三方部门的评估者完成的评估。通过第三方机构，对公共体

---

①波伊斯特. 公共与非营利组织绩效考评：方法与应用 [M]. 肖鸣政，译. 北京：中国人民大学出版社，2005：58-59.

育部门开展的体育治理事务、活动等方面进行综合评价，客观评价体育部门的治理成效和存在的不足，并通过评价结果的反馈和运用，帮助公共体育部门提高治理水平。一般说来，第三方部门可以是非营利性的，也可以是营利性的，可以是研究机构、学术团体、专业咨询公司、高校，也可以是专家、学者。

（二）个人绩效和组织绩效评估

个人绩效评估是对组织中个体的特性、资格、能力、工作水平和组织贡献进行全面评估，主要目的包括：一是科学评价组织中个体的工作绩效，将评价结果作为激励组织个体工作的重要依据和动力，激励个体高效开展各项工作，提升个体对组织的贡献度；二是通过分析组织中个体的工作绩效情况，客观反映组织的治理情况，进而改进组织管理状态。

组织绩效评估是指对公共体育部门在多大程度上满足社会公众需要进行评估，既包括组织部门层面的评估，也包括整个组织层面的评估。常常用社会公众满意度这一指标来评估公共体育部门的绩效。

第二节　公共体育治理绩效评估指标体系

一、公共体育治理绩效评估指标

（一）公共体育治理绩效评估指标的含义

绩效评估是在评估目标的引导下，借助科学方法，通过评估因子或评估项目，对被评估的公共体育部门或公共体育项目的工作绩效进行衡量或评估。而作为评估对象的各个方面的特征性指标，就是评估指标。

一般说来，评估指标主要是评价被评估对象的实际治理活动的结果是否达到了组织设定的绩效目标，以及达到了什么样的程度。由于公共体育治理活动是一项复杂的社会治理活动，因此绩效评估活动往往不是单一指标能够承担的，而是由多个相关指标构成的评估指标体系，主要包括投入、成本、产出、时效、均衡性、满意度等方面，这既是对公共体育治理活动量的评价，又是一种质的评价。

（二）公共体育治理绩效评估指标的作用

在公共体育治理绩效评估中，指标体系的作用主要表现在三个方面：首先，指标体系是公共体育治理绩效评估的基础，没有指标体系就无法进行评估，建立指标体系是评估的必备条件；其次，指标体系是公共体育治理改进管理工作的依据，通过指标体系呈现出来的管理工作情况，可以评价公共体育治理工作开展情况，提出组织诊断意见，找到相应的改进措施，明确规划或计划方向和组织优化路径；最后，科学合理的指标体系反映了公共体育部门改革的方向，通过指标的设定和评估工作的开展，可以有效引导公共体育部门的改革，从而确保组织能够健康发展。

（三）建立公共体育治理绩效评估指标的依据

1. 公共体育部门的职能

公共体育绩效评估的主要目的是根据公共体育部门职能设定和开展情况进行全面、客观和公正的测量，划分绩效的等级，因此公共体育部门的职能成为建立绩效评估指标的首要依据。

2. 公共体育治理的绩效目标

任何公共体育部门都需要设定绩效目标：一是本部门的绩效目标，它可以指导年度工作的开展；二是本部门所负责的公共体育事务、事件和活动的绩效目标。通过绩效评估，可以评价公共部门设定的绩效目标完成情况和完成的程度。因此，需要建立清晰明确的部门绩效目标，并围绕绩效目标情况开展绩效评估工作。

3. 公共体育治理评估的目的

公共体育治理评估目的是多种多样的，目的不同，评估方式也就不同。常见的公共体育部门的评估目的包括调查和计算公众信任度和满意度、部门责任、服务质量、管理效率、绩效预算、公共政策等。

（四）公共体育治理绩效评估的主要指标

公共体育治理绩效评估的主要指标包括投入指标、产出指标、效果指标和质量指标等。

①投入指标是衡量为实现某一目标而消耗的人力、物力、财力等指标，包括劳动、材料、设备、供给、资金等。

②产出指标是服务单位或产品数量，反映出公共体育部门为提供服务或产品所做出的努力。

③效果指标是指公共服务供给之后产生的效果，反映一段时间后（工作计划完成后）条件或环境的改进，用来评价公共体育治理工作是否达到原定的目标。

④质量指标是指公共体育部门提供的服务与群众需要的契合度和满意度情况。质量评价一般包括两个方面：一是对合目的性的测定，二是对公众（顾客）满意度的测定。合目的性测定是指评价公共体育部门所开展的各项工作是否符合组织目标，从公共体育发展质量（公共体育服务体系建设质量、全民健身场地设施供给质量等）和治理程序两个方面开展评估。公众满意度是指公众尤其是公共体育部门服务的对象，对公共体育治理工作开展情况、服务效果等方面是否满意，往往通过评价公众社会期望的达成度来衡量。这个指标会直接对政府形象和公信力产生巨大的影响。

（五）公共体育治理绩效评估系统

公共体育治理绩效评估系统包括绩效评估指标内容、绩效评估信息审核与评价制度和绩效评估信息的使用制度三个方面。

1. 绩效评估指标内容

公共体育治理绩效评估需要涵盖效益与效率两个方面。从公共体育部门的性质来说，效益是第一要务，而效率则排在第二位。公共体育部门首先需要体现出公平公正的基本宗旨，然后在这个宗旨框架内尽可能提高效率，即公平优先、兼顾效率。同时，效率是效益实现的重要保障，效率不高同样会引起公众的不满。新公共管理运动正是为了解决政府部门效率不高问题而展开的。可以说，公共体育治理绩效评估要在效益和效率之间建立一种相对平衡的指标体系，以确保效益和效率的均衡性。

2. 绩效评估信息审核与评价制度

对评估信息进行审核是科学完成绩效评估的关键步骤，主要是对指标体系的适当性和有效性、信息资料收集的可靠性和全面性、信息资料的完整性和准确性、评判标准的客观性、结果解释的合理性等方面进行审核。

3. 绩效评估信息的使用制度

一是检验公共体育组织是否完成了原先预定的目标，二是使用信息来进行绩效预算的操作，三是对个体或组织进行绩效激励。

二、公共体育治理绩效评估标准

治理绩效评估标准是指公共体育活动在各个指标上分别应该达到什么样的水平。这个水平包括一般水平和卓越水平，因此形成了基本绩效标准和卓越绩效标准。

（一）评估标准确定的原则

1. 有效性和准确性

评估指标设计要遵循基本的科学性要求，从信度和效度两个方面，对设计形成的评估指标体系进行科学评价，并根据评价结果对指标体系进行优化，不仅使评估指标体系更符合公共体育治理事务或活动的实际情况，而且使之符合科学分析的基本规范。

2. 可理解性

公共体育治理评估的目的是通过对公共体育事务和活动等方面工作进展状况进行客观评价，以获得不断改进和优化工作的依据。因此，评估指标要能够被评估者和被评估者充分理解。一方面，评估者对指标理解越深刻、越全面，形成科学客观的评估结果的可能性就越高；另一方面，被评估者对指标体系的理解越好，对相关问题的回答也就越准确，形成的相关信息也就越具有突出价值，从而可以为评估结果提供有力支持。因此，建立可以让评估者及被评估者充分理解的评估指标、评估标准和评估方案至关重要。

3. 时效性

评估标准的时效性表现在以下几个方面：一是任何一项公共体育治理评估都是对某一时段的公共体育治理活动的评价，因此评估结果仅仅能够反映某一时段的治理活动情况；二是针对某一时段建立起来的评估标准，随着时间的推移和治理活动的变化，特别是政治经济社会的变化，必将导致评估标准的变化；三是评估结果反馈到实际工作环节中也需要一个过程，因此某些与时效高度相关的评估结果的应用会出现迟滞现象，从而影响评估结果的运用效果。

4. 避免潜在的与目标相悖的行为

一方面，评估活动总是对现有的公共体育治理进行评价，因此会不可避免地产生与相关利益者的利益冲突和潜在冲突。因此，在确定评估标准时，需要尽可能规避一些模糊指标的采用和实施，以减少因对指标理解偏颇而导致的对立行为；另一方面，评估指标建立的核心宗旨是剖析公共体育治理过程中的成效、影响因素等，发现工作不足，以形成有效解决问题的行动方案，但实际上评估标准的设定可能会偏离这一宗旨。

5. 唯一性

对一些关键任务和工作环节所设定的评估指标理应坚持不可替代性的原则。这是因为治理过程中的关键任务和关键环节对公共体育发展来说具有重大的影响，若处理不当则可能会引发诸多社会问题，从而对公共体育事业发展产生不利的影响。

6. 评估成本

评估的任务是寻找经验，发现不足，制定和推进改进的行动方案，以不断提高公共体育治理效益和效率。因此要坚持低成本、可控的原则和方法，在尽可能降低评估成本的基础上顺利完成各项评估任务，并尽量不给被评估组织造成压力。

（二）评估标准的内容

由于公共效益是集中体现公共体育治理工作完成情况的核心指标，因此效益测量是绩效评估指标体系中最重要的内容，具体包括五个方面。

1. 经济

资金是公共体育行政活动的基础，在公共组织中资金一般通过转化成人力、物力、技术、设备、信息等要素来支持公共体育治理活动，因此这些要素构成了公共体育治理活动或体育服务的基本投入，维持这些要素运行所需要的资金就是投入的成本。

2. 效率

效率是单位时间内完成的工作量，即投入与产出之比，可以简单理解为投入与产出之间的比例关系，该指标关心的是如何在利用可供资源的条件下提供更多更好的服务。

3. 效果

由于公共体育治理活动很难像经济组织那样通过投入产出比清晰地计算出基本效率，因此往往采用一些主客观相结合的评价方式对公共体育治理成效进行评价。一般说来，效果通常是指公共体育服务实现其目标的程度，如公众满意度。

4. 公平

公平一直是公共事务及其活动的价值核心和根本任务，即公平优先、兼顾效率。公平性往往与均等性联系在一起，是指公共体育服务供给是否实现了均等化、平等性的问题。

5. 责任

责任标准强调公共体育组织在决策和执行过程中对公众需求做出积极主动的回应，体现在对公众需求和提问予以回复、解答和解决等方面，这是公共体育部门必须承担的使命。

第三节　公共体育治理绩效评估程序与方法

一、公共体育治理绩效评估途径

公共体育治理绩效评估途径一般有以下两种。

①自上而下的评估，即从公共体育部门上层开始，逐级向下开展评估活动。

②自下而上的评估，即从解决基层公共体育治理效率与效益问题入手开展评估，逐级将问题向上传递，最终实现组织目标。

一般说来，如果要大幅度调整预算，常常采用自上而下的评估；如果需要促进组织绩效管理水平的提升和促进部门间协作，往往采用自下而上的评估。

二、公共体育治理绩效评估过程

(一) 制定绩效评估的整体规划

1. 确定决策者的需要

任何绩效评估都是具有明确的目标指向性的。对于公共体育绩效评估来说,公共体育部门的决策需要是评估的起点和重要依据。例如,在准备对某一体育政策进行调整之前,往往会对原有政策执行情况进行评估,或对公共体育活动进展、问题、影响因素等进行评估,以便为提出更符合社会发展方向的体育政策提供支持。

一般说来,决策者会针对公共体育事务、公共体育项目或公共体育活动进展情况提出评估需要,以了解上述领域中工作绩效和存在的问题,将评估结果作为改进工作的基本依据。

2. 明确评估性质和范围

一是要确定评估的目的,为评估活动提供基本的方向和规范;二是要对评估问题进行界定,将治理活动中发现的问题进行系统分析,建立评估的问题清单;三是要确定评估范畴,建立清晰的评估工作范畴,选定评估对象;四是形成内容清晰的评估任务,并对评估工作提出明确的职责要求。

3. 制定评估指标

评估指标是反映被评估对象状态和发展变化情况的关键因素,因此需要根据评估要求,建立与目标相一致的评估指标。这就需要研究评估对象的基本特征,探索影响评估对象变化的相关因素,建立基于人-工作-环境的评估模型和技术路径。

4. 制定全面的考核方法

根据评估的基本任务和规范,选择合理的考核办法。一般说来,常见的考核办法主要包括效力考核、无形考核、副作用考核、分配考核等。人们常常根据评估目的来选择考核办法。

(二) 建立评估指标体系

评估指标体系是根据绩效目标和评估目的设定的。需要根据部门绩效评估任务要求，确定评估指标体系的层级指标。一般说来，指标体系由三级指标构成：一级指标是一种基本的评估框架，直接反映绩效目标和评估目的要求，可以有效覆盖公共体育部门绩效；二级指标是由一级指标分化生成的，每个一级指标一般可以通过3~5个二级指标来进行测量；三级指标是二级指标的具体化表述，是能够被评估对象充分理解且无歧义的表达意见的情景化问题。

在建立评估指标体系时，既要考虑能够充分反映绩效目标和评估目的要求，也要考虑可操作性和简洁性。在通常情况下，一级指标越多，对绩效反映就越全面，但是也存在一定的弊端，即一级指标越多，二级指标就越复杂，三级指标就会呈现出海量指标的特征，由此导致评估对象的拒斥心理，从而使指标信息出现不准确甚至"失灵"现象。科学合理地设置一级指标是决定评估有效性的关键环节。

（三）建立评估绩效标准

1. 绩效标准

绩效标准一般包括以下四项内容。

①经济/成本标准，评价公共体育治理过程中的经济投入情况，用于分析和计算成本。

②效益/质量标准。一是评价公共体育治理的效益情况，多从社会效益的角度进行分析；二是评价取得效益的质量，用来衡量提供的公共服务或产品达到什么样的程度。

③效率/生产力标准，主要评价治理效率，通过效率反映出对生产力的影响。

④公平标准，用于衡量公共体育基本责任的承担情况，即是否实现了均等性、平等性等公共价值目标。

2. 衡量指标

根据上述四项绩效标准，建立如下衡量指标。

①工作量完成指标。这是最常用的指标，用来衡量公共体育治理工作的实际完成情况。

②实际的单位成本与工作标准的比率指标。用来衡量工作效果，首先要建立公共体育治理的各项工作标准，然后将实际完成情况与工作标准进行比较，以此来分析工作效果。

③效率衡量和效果、质量相结合的指标。由于公共体育以公共事务、公共事件和公共活动为治理对象，以满足公众基本需求为宗旨，因此效率指标必须与效果指标、质量指标相结合使用，才能够真正反映公共体育组织绩效的实际状态。

④资源利用指标。用来衡量实际工作时间，常常通过实际工作时间与总工作时间的比率来分析实际工作开展情况，解释工作的效率和有效性等。

⑤生产力指标。通过分析某周期内绩效与目标绩效之间的利率情况来获得实际绩效水平，即通过评价取得绩效与目标绩效之间的达成度来评价工作是否达到了预期成效。

⑥成本-效益指标。通过投入与产出的比率，客观评价投入成本取得的成效是否达到了预期目标，若超过了预期目标，则说明实现了公共体育价值的增值；若低于预期目标，则说明工作需要进行重新评估和调整，以不断提高治理能力。

⑦综合性的指标。由于评价公共体育治理活动具有相当的复杂性，因此常常需要根据实际情况建立多维度的评价指标模型，通过对多指标的复杂性分析，对公共体育治理情况进行综合评价。

（四）开展评估

公共体育治理绩效评估由以下两个部分构成。

一是确定评估方式。由于合理的评估方式有助于公共体育绩效评估工作的顺利、高效和高质量完成，因此合理选择评估方式十分重要。一般说来，选择评估方式包括：①选择恰当的评估策略，确定评估目的和技术路线，建立评估时间表；②选择评估工具，如成本-效益分析、成本-效率分析、平衡记分卡等；③确定是内部评估还是外部评估。

二是开展具体的评估工作，主要包括公共体育治理现象调查、案例研究、文本分析、实验分析、过程分析等，通过对获取的信息与数据的分析，形成对治理成效的客观评价结果——评估报告。

（五）评估结果反馈与应用

绩效评估结果的反馈，对促进公共体育部门绩效提升具有明显的监督和激励作用。反馈评估结果，就是将形成的评估报告反馈给相关部门或上级主管部门，将此作为对公共体育治理评价的客观依据。由于评估报告会在治理现状、特征、存在问题和取得成效等方面提供翔实的结论，有时更会提出治理工作的整改意见，因此公共体育部门可以根据评估报告对治理工作进行调整和改进，以使治理活动能够更好地完成绩效目标。

三、成本–效益分析

成本–效益分析是一种常用的经济分析方法，是针对某项支出目标，提出若干实现该目标的方案，运用一定的技术方法，计算出每种方案的成本和收益，通过比较方法，并依据一定的原则，选择出最优决策方案的方法。

在公共领域中，由于公共体育治理活动不以简单的利润来衡量投入产出情况，而是以公共体育价值的提升状况（公共体育服务覆盖范围、人均体育场地面积等）来衡量，因此公共领域的成本–效益分析与经济领域的衡量标准存在明显差异。公共体育治理活动一经展开，就需要对投入和产出进行分析，其目的在于根据经济价值来验证公共体育治理活动取得的成效。

成本–效益分析一般由以下几个步骤构成。

首先，必须规定谁是投资人，谁是受益人。一般说来，成本–效益分析不局限于个体、组织或者政府，对一些社会发展领域同样适用。

其次，确定投入和效益情况。投入一般是指政府预算及其开支的情况，也包括一些社会组织或市场组织的投入。效益通常分为两种：一是直接用货币来衡量的，如税收等；二是无法用货币进行衡量的，如满意度、获得感等。

最后，计算成本–效益率。一是运用一定的科学方法，计算投入的总体费用与取得效益之间的比率，用数字来表示。若比率小于 1.0，则意味着投入超过产出；若比率大于 1.0，则意味着取得的效益大于投入。二是对不能使用货币表示的成本–效益的分析，则常使用费用–有效性分析来解决，如全民健身场地设施对社会领域的覆盖度、场地设施使用的满意度等。

四、公共体育治理绩效评估方法

（一）"4E"评价法

随着行政权力的不断膨胀及政府财政支出的逐渐增加，政府面临日益加剧的财政危机。为了更好地控制政府财政支出，节约成本，20 世纪 60 年代美国会计总署率先把对政府工作的审计重心从经济性审计转向经济性（Economy）、效率性（Efficiency）、效果性（Effectiveness）并重的审计，从单一指标扩展到多重指标，简称"3E"评价法。随后，由于政府更加注重公平、公益等目标的实现，该方法对公共价值关注不足的缺陷越来越明显，又加入了公平（Equity）指标，发展为"4E"评价法。

在"4E"评价法中，经济性指标是指投入成本的降低程度，效率性指标是指所获工作成果与工作过程中的资源消耗之间的对比关系，效果性指标是指政府工作或提供的服务在多大程度上实现了政府的目标并满足了公众的需求，公平性指标是指公共服务是否实现了平等性、均等性和公益性等价值目标。

（二）平衡计分卡评价法

平衡计分卡（Balanced Score Card，BSC）评价法，是哈佛大学会计学教授罗伯特·卡普兰（Robert Kaplarn）和波士顿公司的管理咨询师大卫·诺顿（David Norton）于 1990 年共同研究出来的一种绩效评价方法。

平衡计分卡评价法是常见的绩效考核方式之一，主要通过图、卡、表来实现战略的规划，是以信息为基础的，系统考虑企业业绩驱动因素，从财务、客户、内部运营、学习与成长四个角度，在保证四项指标彼此之间适度平衡的基础上，将组织的战略落实为可操作的衡量指标和目标值的一种新型绩效管理体系。

平衡计分卡评价法运用于公共领域后，根据公共领域的特征进行了完善和调整，虽然也是按照财务、内部流程、客户、学习与成长四个维度建立评估指标体系的，但更加聚焦于社会责任、公共战略、客户公共服务等能够充分体现公共体育基本宗旨的绩效评估指标。

在公共部门领域中，该方法主要应用于以下三个方面：一是政府部门对自身战略、使命的准确分析和把握及对该战略在政府内部各部门的分解；二是政府部门对服务对象即顾客的正确认识；三是政府部门内部的不断学习、变革和创新氛围的形成，建立学习型政府。

（三）层次分析法

层次分析法（Analytic Hierarchy Process，AHP）是由美国匹兹堡大学教授撒提（Saaty·T. L.）在 20 世纪 70 年代中期提出的。它将复杂问题分解为多个组成因素，并将这些因素按支配关系进一步分解，按目标层、准则层、指标层排列起来，形成一个多目标、多层次的模型，形成有序的梯阶层次结构；通过两两比较的方式确定层次中诸因素的相对重要性，然后综合评估主体的判断，确定诸因素相对重要性的总顺序。层次分析法的基本思想是将组成复杂问题的多个元素权重的整体判断转变为对这些元素进行"两两比较"，然后再转为对这些元素的整体权重进行排序判断，最后确定各元素的权重。政府绩效评估指标体系是一个具有多层次、多指标的复合体系。层次分析法通过构造判断矩阵，先对单层指标进行权重计算，然后再进行层次间的指标总排序，以确定所有指标因素相对于总指标的相对权重，为确定类似指标体系权重提供了一种很好的途径。

第七章
CHAPTER 07
走向主动健康的公共体育治理

当下，社会健康面临日益扩张的慢性病的威胁，人们探索了从疾病治疗到预防、从疾病预防到健康管理、从健康管理到健康治理的科学路径。这不仅意味着"健康关口前移"代替了"预防关口前移"，赋予了健康更丰富的内涵，而且预示着人类社会的健康治理方式走向了积极主动。在这样的背景下，公共体育必然要提供主动健康服务，承担起这一历史使命。

第一节　体育健康治理的兴起

20 世纪 70 年代以后，全球的健康治理模式发生了巨大的改变。在使用生物医学模式治疗慢性病"失灵"的前提下，人们开始探索新的健康治理模式，将心理、社会因素引入生物医学模式之中，形成了"生物－心理－社会"模式，开始注重生活方式对健康的深刻影响。循着这一思路的转变，21 世纪后"主动健康"的理念逐渐兴起，推动了以体育健康为重要动力的新健康治理活动的开展。

一、体育健康概述

（一）体育健康的含义

健康一直是人们关注的核心问题之一。什么是健康？《辞海》（第七版）中将"健"解释为"刚强有力；善于，程度超过一般"，将"康"解释为"安宁；安乐"。

根据世界卫生组织给出的概念，健康不仅指一个人没有疾病或虚弱现象，而且指一个人生理、心理和社会等方面都处于良好的状态。

这个概念包含以下几层含义。

①健康不是无病状态。疾病是人们生命活动的一种非正常功能状态，而无病也仅仅表示身体处于正常状态，但未必是人们希望的良好状态。"无病就是健康"的观点没有揭示出健康的本质与特性，也没有表达出人体生命不同状态之间的差异及变化规律，未能全面、深刻地认识健康问题。

②健康是远离疾病和无病的一种良好状态。无病与健康之间存在一个区域间隔，从无病状态到良好状态是一个生命状态逐渐改善的过程。

③健康是生命体整体的良好状态。健康包括四个维度的基本含义，即生理状态良好、心理状态良好、社会适应能力较强、德道修养水平较高。只有这四个维度均达到良好状态时，才能称为健康状态。

体育健康观是指对体育健康所持的立场、观点和态度的总和。针对世界卫生组织设定的健康的四个维度——生理的、心理的、社会性的和道德的，体育均具有显著的干预效应。体育对健康的干预是通过重构人们的生活方式展开的，是基于人的行为激励形成的一种新的健康行为——主动健康。

体育健康是一种主动健康。其含义在于以下三个方面：一是体育健康涵盖了人的所有生存维度和生活维度，生存维度包括生理、心理和社会三个层面，生活维度包括适量运动、合理膳食、戒烟少酒、心理平衡四个层面，体现出更加积极主动的特征；二是体育健康是关乎个人、国家和民族可持续发展的重要事项；三是体育负荷着人类健康促进的价值，追求健康是体育的核心价值。

（二）体育健康的特征

1. 主动性

体育健康是一个主动的健康治理活动和过程，表现出治理主体主动积极作为的特征。

2. 系统性

体育健康活动是一个系统活动，是社会个体与群体、社区、社会及文化之间互动的系统。

3. 行为性

体育健康活动与健身活动不同，前者更加注重行为结构的重塑、优化和行为方式的调整，是基于行为治理产生的活动；后者是基于明确的身体目的——健壮、健美等而展开的干预活动。

4. 互动性

体育健康是主体之间、客体之间及主客体之间的一种互动的结果。

(三) 体育健康的属性

在进行体育健康治理时，首先需要解释体育健康作为产品的基本属性，然后根据产品属性提出体育健康治理的相关理念、方法、政策等。

1. 体育健康属性判断的依据

传统的产品区分方法即私人产品与公共产品的两分法，这一区分基于产品的竞争性与排他性两大特征。私人物品是具有竞争性和排他性特点的产品，公共物品则是具有非竞争性和非排他性特点的产品。私人产品与公共产品既可能以现实的物品形态呈现，也可能以特定的服务形式呈现。

产品的排他性是一种可以阻止其他人使用该产品的特性，消费者在购买并得到一种商品的消费权之后，就可以把其他消费者排斥在获得该商品的利益之外。竞争性是指消费者的增加引起生产成本的增加，每多提供一件私人物品，都要增加生产成本，或者提高拥挤成本，即消费者的增多会影响其他消费者的消费数量与质量。私人产品具有鲜明的排他性和竞争性，由市场提供会更加有效率。

与私人产品相反，公共产品则具有非排他性与非竞争性的特点。所谓非排他性，既可能是因为现有技术而无法实现排他性，也可能是因为排他的成本过高，甚至是因为排他与公众的共同利益相违背，因而不被允许。非竞争性则包含了边际生产成本与边际拥挤成本为零两个方面，增加一个消费者，公共产品的供给者并不增加成本，同时也不影响其他消费者的消费数量和质量。在实践中，公共产品如果完全具备这两个特征则是纯公共产品；如果不完全具备这两个特征，仅具备其一，则是准公共产品。

2. 体育健康属性的判断

随着现代社会公共管理实践的发展，基于非竞争性和非排他性这两个特征来界定公共产品日益困难。一种确定公共产品属性的新趋势正在形成——越来越为公众达成共识的是，产品的经济属性主要来源于后天的制度安排，即产品消费方式的制度如何安排——公共消费，任何特定社会成员都可无偿使用，还是私人消费，社会成员通过私人付费购买实现排他性，这成为判断某种产品是具有公共产品属性还是具有私人产品属性的判定依据。

体育健康活动是深刻影响国家、区域社会发展和家庭稳定、个体幸福的重要因素，因此体育健康产品具有促进人生理与心理健康、社会健康的显著正外部性，必须将健康治理列为国家或区域社会治理的一种制度安排，这就使得政府必须将其作为公共产品加以有效供给。

二、体育健康价值链

（一）体育健康价值基础

价值是指客体能够满足主体需要的效益关系，是表示客体的属性和功能与主体需要间的一种效用、效益或效应关系。价值由本体价值和工具价值构成。本体价值是指客体事物存在的根本依据，也是客体事物本身。工具价值是指客体相对于主体而言的存在意义。

体育健康价值来源于生物性价值和社会性价值。

1. 生物性价值

生物性价值是体育健康本体价值的重要方面之一，具体表现为人生物性功能的完善和提升，是身体健康的主要方面。作为具有生物性的个体，具有以下几点义务：保持生命存在，延续生命；尽可能保持生命的完整性和完好性；促进身体健康，推动生命的完美性的形成。

2. 社会性价值

社会性价值主要是指围绕人的本质属性活动——心理活动、社会活动而形成的一系列综合价值，是作为社会人属性价值创造与治理的活动的必然结果，主要体现在三个方面：人际沟通、心理状态和道德修养。

3. 工具性价值

体育健康工具性价值主要是指通过人主动或被动的运动过程，人的健康状态可以得到有效的改善和提高。主要体现在：改善人的有机体功能、改善人的心理功能、改善人的社会适应性、改善的人的道德状态。

（二）体育健康价值要素

1. 时间要素

体育健康管理活动是在一定时间内的持续性健康治理过程，具有鲜明的历时性特征，即时间是一种不可回避的重要管理成本。体育健康价值的创造，一方面是要在较短的时间内卓有成效地通过运动的方式促进健康状态的不断改善或保持较好状态，另一方面是要在运动的时间节奏如运动量、运动强度、运动频率等方面保持合理的状态，以确保运动的实效性和安全性。

2. 生命要素

健康管理的核心目标是维护生命的存在状态，即维持良好的生命状态。运动是生命存在的本质特征之一，运动不仅可以维持生命存在的基本状态，更为重要的是可以改善生命状态，因此生命要素改善程度是衡量体育健康价值管理效果的关键性指标。

3. 社会要素

健康不仅是身体的状态、生命的状态，更是人的本质属性的一种展示状态，即社会性状态。健康的社会个体应在社会活动过程中表现出良好的适应状态，而不健康的个体往往不能在社会活动中与其他社会个体保持良好的沟通与交流。

4. 人的要素

人是体育健康价值管理活动中最根本，最活跃，也是最不稳定的要素。人的要素主要由运动者、管理者、服务者、相关者，以及围绕这些人的相关活动，如运动服务、运动过程、运动规则等构成。

5. 物质要素

物质要素主要是指运动过程所依赖的各种各样的物质基础，如体育场馆、体育设施、运动装备等。

6. 信息要素

体育健康管理是一个综合性的信息管理过程，包括运动知识、运动技术与技能、运动数据处理和运动服务信息平台等方面。

7. 幸福要素

幸福是人生的终极目标。体育健康价值管理的最终指向就是使人实现幸福的目标，因此体育与人的本质属性联系在一起，成为人的生物性、社会性和超越性目标实现的重要手段。因此，体育在完成健康养护的过程中也促进了人们走向幸福状态的根本任务的完成。

（三）体育健康价值链模型

体育健康价值链是主体人根据事先设定的健康目标，围绕健康价值升值主线，通过调整价值管理诸要素之间的关系，依托体育活动而展开的价值产生活动或流程，如图6所示。

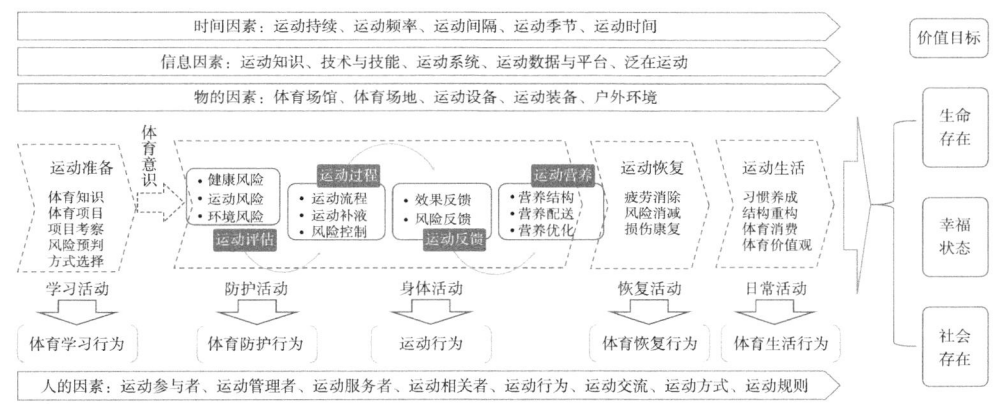

图6　体育健康价值链模型

1. 体育健康价值链的总体结构

由图6可知，体育健康价值的创造过程（体育健康价值的养护过程）是围绕着有目的、有意识的运动展开的，最终形成了价值生产和增值的流程。在这一价值流中，为了实现生命存在、社会存在乃至幸福存在的价值目标，时间因素、信息因素、物质因素根据人的需要而进行了整合。

2. 运动链

运动链是体育健康价值链的核心部分，可分为四个部分，分别为运动准备、运动过程、运动恢复和运动生活。

①运动准备主要由运动过程前的学习活动构成，包括对运动知识与技术的学习、对运动项目的考察和选择、对运动风险的预判和对运动方式的选择等方面，是运动的起始阶段。

②运动过程中存在两种方式的活动，一是针对运动采取的防护活动，二是根据活动目的进行的身体活动。运动防护活动主要是通过运动评估的方式，既对运动者的健康状态、运动能力、可能存在的生命风险与损伤风险进行评价来实现的；身体活动则包括运动过程、运动营养和运动反馈，是体育行为的核心部分，构成了人的完整运动流程。

③运动恢复是指对运动后疲劳的消除、对可能产生损伤的消解和已经产生损伤的康复等活动，表现出鲜明的恢复身体能力的特征。

④运动生活由运动习惯的养成、生活方式的重构、体育消费和体育价值观重塑等活动构成，是体育生活化的关键阶段，也是运动者实现"终身体育"的关键环节。

运动开始于准备阶段，通过人有目的的准备、选择，经过运动评估、运动过程、运动反馈、运动营养等核心过程后，进入运动恢复和运动生活阶段，形成了体育生活方式。

3. 体育健康行为

不同阶段的运动者具有不同的行为特征。

①在运动准备阶段，人们会根据运动的相关要求或自身运动的实际需要，对体育知识、技术等进行了解，对体育项目进行分析和考察，分析拟选择的运动项目的风险，表现出鲜明的学习行为特征。

②当个体对体育活动有了一定的认识，在体育意识的调节作用下，体育认知活动就会引导个体产生体育需要和运动行为的倾向性，从而产生运动过程。运动个体也会进一步进行运动评估，通过评估健康及风险（运动能力及风险和环境状态及风险等），采取体育防护措施，从而产生体育防护行为。

③运动评估后进入运动过程，在运动过程中进行基本流程的掌握、合理地进行补液、运动装备的使用及运动过程中的风险控制，然后对运动进行反馈，包括效果反馈、风险反馈、疲劳恢复及损伤康复等情况的反馈，进而引发营养结构调整、营养配送和心理调整等活动，从而完成整个运动行为。

④运动结束后，运动者随着机体逐渐平复而开始进行疲劳消除、风险消减和损伤康复等恢复活动，从而构成了体育恢复行为。

⑤当运动回归生活，在运动生活中的运动习惯相继养成，生活方式的基本结构得到重构，体育消费被引发并持续下去，体育价值观也在不断改造和优化，体育生活行为得以养成。

为了实现运动健康价值的升值，人们围绕着运动过程展开了学习活动、防护活动、身体活动、恢复活动，然后形成了惯常性的日常活动，由此构建了学习行为、防护行为、运动行为、恢复行为和生活行为体系。

三、体育健康治理战略

（一）我国健康治理的挑战

1. 严峻的社会现实

自中华人民共和国成立以来，我国人口健康状况发生了结构性变化，一方面，人口平均寿命不断提升，从新中国成立初期的人均 35 岁左右提升至目前人均超过 75 岁，成效显著；另一方面，青少年国民体质下降、成年人慢性病发病率不断提升的现实，使我国正在面临着越来越大的治理压力。中国慢性病人口比例在不断上升，心梗、中风、糖尿病和慢阻肺成为威胁中国人生命的主要慢性病。健康问题，已经成为威胁国家健康安全的基本性问题。

世界银行 2009—2010 年调查结果预测，我国患有至少一种慢性病的人群数量将剧增，2010—2030 年，40 岁以上慢性病人群数量将增加 2 ~ 3 倍，如图 7 所示。

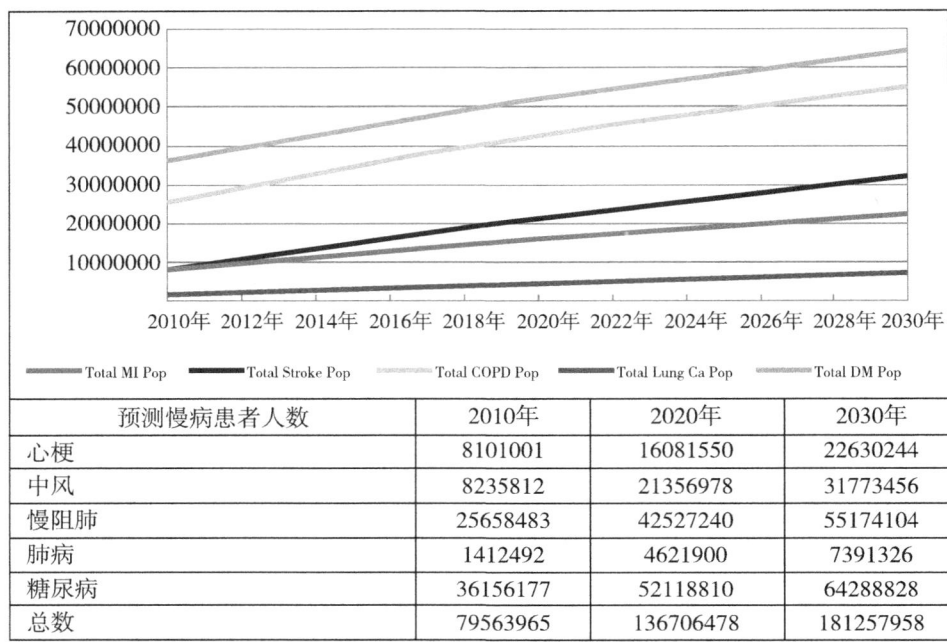

预测慢病患者人数	2010年	2020年	2030年
心梗	8101001	16081550	22630244
中风	8235812	21356978	31773456
慢阻肺	25658483	42527240	55174104
肺病	1412492	4621900	7391326
糖尿病	36156177	52118810	64288828
总数	79563965	136706478	181257958

资料来源：中国营养与卫生调查，2002，中国国家慢性非传染性疾病危险因素监测2007

图 7　预测慢性病患者人群（40 岁以上人群）

社会发展事实也验证了该预测结果。根据 2021 年我国卫健委出版的《全国第六次卫生服务调查统计报告》的统计结果，大约从 2008 年开始，我国 15 周岁及以上人群的慢病性患病率呈现快速上升状态，如图 8 所示。

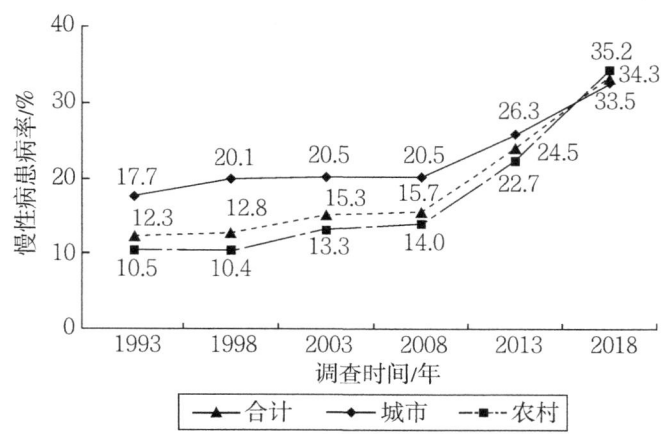

图 8　不同调查时间 15 岁及以上人群慢病性患病率

由图 8 可知，1993—2008 年，我国慢性病患病率一直处于相对平稳发展的状态，但是从 2008 年开始快速上升，从 2008 年的大约 15.7% 快速增长至 2018 年的 34.3%。十年间，增长了 18.6%。

由此可见，我国健康治理问题正面临着一个新的巨大的挑战，即在有效延长国民平均寿命的同时，提升生命的质量。如果能做到，那么不仅可以让国民充分享有健康快乐的生活，而且可以有效降低医疗支出大幅度上升的巨大压力。目前人口老龄化趋势加快，癌症、糖尿病、心脏病等慢性病已成为最主要的健康威胁。如果不进一步深化改革，到 2035 年我国卫生支出预计会上升至 GDP 的 9% 以上，其中 60% 以上的增量卫生支出来自住院服务的增长。

我们必须探索一条适合我国社会健康发展的道路，确立人民健康优先发展战略，将健康融入所有政策，从"以治病为中心"转变为"以人民健康为中心"，推动全民健身和全民健康深度融合，通过建立体育健康文明生活方式来促进大众健康水平的不断上升，为实现中华民族伟大复兴的中国梦打下坚实的健康基础。

2. 失衡的健康治理战略

为了应对不断增加的慢性病挑战，我国政府开始加大对健康问题的治理力度。从 2013 年 2 月正式颁布《"健康中国 2020"战略研究报告》到 2016 年的《"健康中国 2030"规划纲要》，健康中国战略逐步从一个部门的战略上升为国家战略。

然而，我国健康治理战略结构失衡问题却使治理效果不够乐观。习惯上，人们总是试图通过不断完善医疗体系来达到促进健康的目的，因此忽略了对深刻影响健康的四大因素的综合性、系统性的关注和干预。健康危机越演越烈的事实表明，单一的医疗保障体系已经难以有效解决人类健康问题，慢性病已经成为中国卫生医疗的主要负担。可见我国全人群健康干预手段落后，缺乏系统性、协同性，健康促进效果不升反降。

与过多关注生理疾病相比，人们对健康行为治理的关注不足。受城市化导致的生活节奏加快、生存与生活压力越来越大等因素的显著影响，我国抑郁症患者数量急剧增加。中国心理卫生协会的有关统计显示，我国抑郁症的患病率为 3%~5%，目前已有 3600 万人患上抑郁症。同时，食盐摄入过量、吸烟人群庞大、膳食结构不合理等因素正在对国民健康产生诸多的不利影响。《中国居民营养与慢性病状况报告（2020 年）》数据显示：①我国居民人均每日食盐摄入量为 9.3 克，远远超过世界卫生组织 2006 年提出的每人每日摄入 5 克食盐的建议值，长期食盐摄入过量往往会诱发高血压等疾病；②儿童青少年经常饮用含糖饮料问题凸显，15 岁以上人群吸烟率、成人 30 天内饮酒率超过 25%，身体活动不足问题普遍；③居民超重肥胖问题不断凸显，慢性病患病率/发病率呈上升趋势。城乡各年龄组居民超重肥胖率上升，有超过一半的成年居民超重或肥胖，6~17 岁、6 岁以下儿童青少年超重肥胖率分别达到 19% 和 10.4%。高血压、糖尿病、高胆固醇血症、慢性阻塞性肺疾病患病率和癌症发病率与 2015 年相比均有所上升。

3. 世界健康治理模式的转向

20 世纪末，基于长期研究成果和社会实践成果的有力支持，世界卫生组织积极推动全球健康治理模式的转变——由原来的健康管理的生物医学模式转变为健康治理的社会生物医学模式，提出了一个基于行为干预的慢性病治理方案，如图 9 所示。

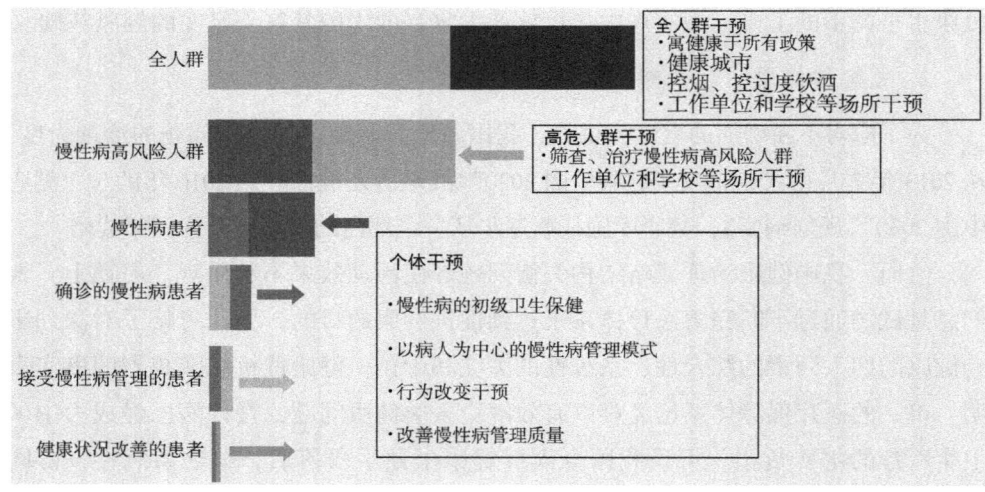

资料来源：世界银行，创造健康和谐生活：遏制中国慢性病流行，2012 年

图 9　基于行为干预的慢性病治理方案

2013 年，世界卫生组织倡议全球全面推进全民健康覆盖政策。全民健康覆盖的目标是确保现在和将来所有人都可以获得预防、促进、治疗、康复等所需的卫生服务而不会因此有经济损失或陷入贫困的危险①。在相关研究人员看来，全

---

①高静韬，刘宇红. 2021 年世界卫生组织全球结核病报告要点解读 [J]. 河北医科大学学报，2022，43（7）：745-749.

民健康覆盖的道路是继人口学和流行病学转变后的"第三次全球健康转变"①。这种转变开始专注于健康治理价值链的构建，进而形成了基于重新衡量投入与产出、结果与影响评价的新型健康治理模式，如图10所示。

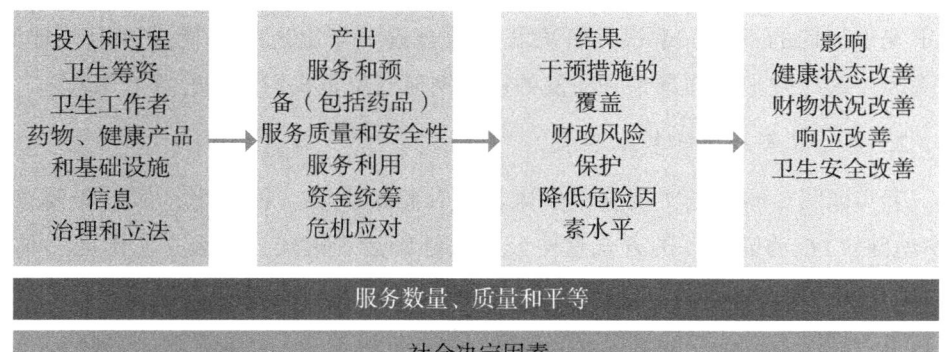

注释：每项结果都有赖于左边的投入、过程和产出。并最终对健康产生影响（右边）。可获得的经济风险保护也可以看作一种产出。所有政策都不应只考虑卫生服务的数量；还应考虑其质量和可获得的公平性（第一个横条）。覆盖的公平性受到"社会决定因素"（第二个横条）的影响，所以，从收入、职业、残疾等方面投入影响的各个环节进行评价和测量十分重要。

资料来源：世界卫生组织，2013年世界卫生报告：全面健康覆盖研究

图10 基于健康结果链的治理模式

不断加剧的健康危机表明，行为、生活方式是导致慢性病的主要危险因素，因此必须重构健康治理的战略结构，建立以"医学防治+行为改善"的均衡健康治理战略模式和治理体系，切实解决生命周期延长伴随的生命质量下降问题，从而有效缓解日益增大的健康保障压力。

（二）健康中国战略推动下体育健康治理的逻辑

1. 国家战略的基本要求

国家健康安全目标的确立，不仅是历史发展的结果，更是现实社会发展所需要的。目前，我国的国家健康安全正面临着工业化、城镇化和老龄化社会发展导

---

①RODIN J, De FERRANTI D. Universal health coverage: The third global health transition? [J]. Lancet, 2012 (380): 861-862.

致的健康问题的挑战。同时，人口结构变化也已经对我国体育发展战略产生了深刻的影响①。年轻人口比例持续下降，人口红利逐渐降低，未富先老的特殊社会形态，叠加社会健康水平的整体下滑，严重威胁到了国家的健康安全战略。先哲前赴后继摘掉的"东亚病夫"这一耻辱的帽子，正在以一种隐性的方式如幽灵般重现于我们的社会。重视并解决我国社会近几年出现的"健康贫困"现象，消除因"健康贫困"而导致和引发的社会倒退现象是我们面临的急迫课题②。

2. 主动健康治理的基本要求

事实证明，体育是实现全民健康治理目标的关键。换言之，如果需要按照"主动健康+被动健康"的方式重构公民大健康治理模式，那么必然形成"体育健康+医学健康"模式③。在该模式中，体育必然发挥着基础性作用——既决定着健康治理效果，又对健康行为的养成产生深刻的影响。

有学者对美国的《国民体力活动计划》中体育与卫生医疗融合发展的内在机理与机制进行了研究，认为美国在理念层面、组织层面和技术层面等融合发展的经验给我国全民健身与全民健康的深度融合提供了借鉴作用④。因此，要处理好全民健身国家战略和健康中国战略的关系⑤，将全面服务国家健康安全战略作为指导性任务，不断提高体育在促进健康中国战略中的作用，以公众健康为中心，从多方位、多层级、多维度考虑，通过立法有力保障体育健康政策的法律地位⑥。

3. 公民权利的基本要求

体育作为人类追求生命健康的一项独立权利，正在被纳入世界各国的法律实践之中⑦。体育作为国家战略，归根到底都要落在维护公民的基本权利，确保社

①马德浩. 我国人口结构的转变及其对体育发展战略的影响［J］. 体育科学，2015，35（12）：3-11.
②栾开. 转变体育发展方式，树立新的体育发展观［J］. 体育学刊，2012（7）：1-6.
③董传升，汪毅，郑松波. 体育融入大健康：健康中国治理的"双轨并行"战略模式［J］. 北京体育大学学报，2018（2）：7-16.
④岳建军. 美国《国民体力活动计划》中体育与卫生医疗业融合发展研究［J］. 体育科学，2017，19（4）：29-38.
⑤胡鞍钢，方旭东. 全民健身国家战略：内涵与发展思路［J］. 体育科学，2016，36（3）：3-9.
⑥曹振波，陈佩杰，庄洁，等. 发达国家体育健康政策发展及对健康中国的启示［J］. 体育科学，2017，37（5）：11-23.
⑦戴健，张盛，唐炎，等. 治理语境下公共体育服务制度创新的价值导向与路径选择［J］. 体育科学，2015，35（1）：3-12.

会健康运行的基础问题上。体育是治疗现代生活方式病最有效的手段，这一点已经成为国际上的共识。然而，如何落实这一共识成为亟待解决的问题。从公共治理视角来看，需要从设计公共体育治理战略着手，使体育健康治理成为国家意志，并逐步转化为社会共识和公民意志，最终成为社会健康发展的基石。

4. 人类命运共同体的基本要求

共筑人类卫生健康共同体的新使命也在推动着我国体育发展方式的转向。当前，国际体育发展呈现出去中心化的趋势，在空间维度上呈现出从单一核心威望域区向多中心威望域区发展的趋势①。在此背景下，中国在全球范围内的影响力正在增强，人类卫生健康共同体的理念也得到了全球的积极回应。因此，我国体育发展需要至少从两个单一的视野中突破出来：一是要从单一的体育健身功能视野中突破出来，深刻剖析和阐述健康中国战略，构建更加积极主动的健康中国战略推进的体育方案；二是要从单一的民族体育视野中突破出来，站在人类卫生健康共同体的高度上思考我国体育在全球社会中的地位、角色和责任担当，为进一步推进体育领域的人类卫生健康共同体构建活动积极贡献中国力量。

（三）走向主动健康的体育健康治理

1. 体育健康的基础作用日益突出

体育对主体人的发展具有基础性作用。从原始公共社会中"游戏的人"彰显出来的特殊价值，到柏拉图对"健壮而优美的体魄"的孜孜不倦的追求、文艺复兴时期洛克倡导的"体德智"全面发展，再到胡塞尔的身体现象的特殊意义，最后到梅洛-庞蒂对人的行为结构的深度分析，体育一直在数次的社会转型、思想转型过程中扮演着重要的角色。自 20 世纪五六十年代以来，体育再次成为人类存在与发展的救世主，承担起治疗文明病的历史责任。

从人类社会结构来看，个体、群体、组织、社会、文化构成了社会的基本层级结构。体育不仅存在于这些不同的层级结构中，更纵贯这些层级结构并将之融合在一起，构建起多层级结构的体育世界。

体育可以是个人的体育，是主体人追求自身存在与发展价值的表达方式，是

---

①仇军，刘侣岑．殊途同行：现代体育发展阶段、基本特征与影响因素 ［J］．北京体育大学学报，2013（10），36：1-9.

自由的、快乐的、积极的、主动的个体自我表达方式。或如学者所言，主体人通过游戏的、冲动的方式来展现生命的潜能，达到一种美学的境界①。体育可以轻易改变一个个体存在的方式，使其通过参与体育获得丰富的主体体验——痛苦与快乐、悲伤与喜悦、健康与幸福。对于个体来说，体育是其健康、快乐、幸福生活的基础。

从群体层面来说，体育是在关系中存在的，是关系存在的一种特殊方式。体育可以融合诸多有差异的个体，形成各具特色的关系集合——体育群体或群体体育。对于群体来说，体育可以重塑群体成员的性格，融合他们的个性，使之养成学习和遵守规则的习惯，更重要的是通过群体互动的方式（如广场舞）使群体成员产生难以割裂的行为黏性，使之始终如一地参与体育活动，并在体育活动中不仅获得健康的生活体验，还获得存在、身份和尊重，在实现健康中国发展战略中，体育将起到重要作用②。因此，体育是群体健康文化的基石。

体育是可以组织的，可以通过组织结构、组织机制等方式完成对社会基本单元的重构。体育组织是体育活动的重要推手，通过组织的活动，体育竞赛、体育表演、体育产业、体育文化等成为社会发展的重要构成部分。这些又会进一步吸引或引导群体、个体更加积极地参与其中，并在其中得到健康与快乐。

在文化层面，体育是文化体系的灵魂之所。作为一种鲜活的、健康积极的、富有感染力的特殊文化现象，体育是最生动的展现方式。从身体到灵魂、从关系到道德，只有站在健康人类肩上的人类文化活动才有存在与发展、繁荣与创新的可能性。因此，体育是健康的文化，是文化延续的依据。

2. 体育健康对医学健康难题的全覆盖

尽管我国努力构建全覆盖的医疗卫生保障体系，并取得了显著效果，但是医疗卫生覆盖健康的内在逻辑局限性却使得该方法不能真正有效解决慢性病治理问题。

一方面，医疗卫生促进健康能够解决的是大众健康最基本的状态保障问题，而不是"良好"状态的取得。换言之，医疗卫生所诊断的健康状态，基本上仍然以"病"为标准。从逻辑上来分析，人体的良好状态是通过对人体负荷后所呈现的状态进行评估而真正揭示出来的。那么如何对人体施加负荷呢？毫无疑问，只有体育运动才能够真正实现对人体的全面负荷，且只有通过运动前、运动

---

①杨韵，邹玉玲. 游戏冲动：席勒美学思想观照下体育的审美本质 [J]. 体育科学，2013，33（1）：89-93.
②柳鸣毅. 健康中国背景下全民健身公共政策分析 [J]. 中国体育科技，2017，53（1）：38-44.

中和运动后负荷的评估，才有可能建立针对人体健康状态的科学评估体系，从而为合理评价人体"良好状态"和制定"良好状态"的保障方案提供科学依据。

世界卫生组织调查显示，截至 2014 年年底，全球健康人数仅占人群总数的 5%，被确诊患有各种疾病的，占人群总数的 20%，处于健康与疾病之间亚健康状态的约占人群总数的 75%[①]。亚健康人群比例过大，往往意味着较高的慢性病风险。因为这部分人群很可能在现代文明生活方式的影响下发展成为患有各种各样慢性病的人群。体育恰恰对推动健康关口前移、有效阻断慢性病的发生具有不可替代的作用，加之体育可以对病后康复具有更加积极的作用，因此，应建立体育健康全覆盖战略，促进人们养成体育健康行为，实现全人群、全生命周期和全区域的均等化覆盖，形成一种基于体育行为治理的健康全覆盖。如图 11 所示。

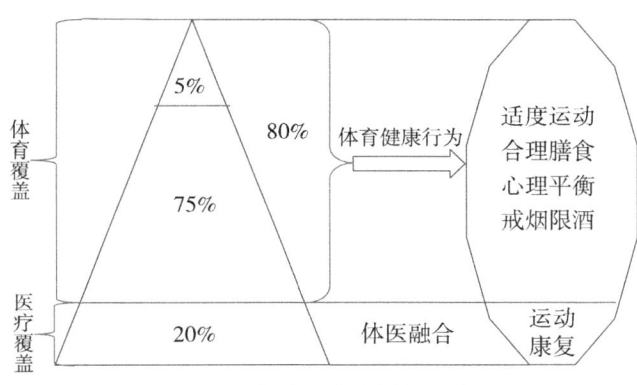

图 11 体育健康全覆盖结构

3. 全民健身全面融入全民健康的实践

（1）全民健身计划的历史定位与作用

《全民健身计划纲要》于 1995 年颁布，是在我国日益高涨的全民健身热潮、社会体育加快发展的背景下制订的部门级战略计划。该计划与《奥运争光计划》一并成为在一定历史时期内深刻影响我国体育发展的重要战略组合。在构建具有中国特色的全民健身体系和面向大众的体育服务体系的过程中，《全民健身计划纲要》发挥了积极的作用。无论是在通过与预防医学的积极结合来提高体育的一

①人民网.七成以上人处于亚健康，你还好吗 ［EB/OL］（2015-03-17）［2022-01-23］.http://health.people.com.cn/n/2015/0317/c14739-26707012.html.

级预防作用和全民健身活动的效用方面①，还是在全民健身计划对我国体育发展与改革表现出来的巨大意义方面②③，抑或是对提升公民体质健康与公民体育参与方面的巨大作用方面④，全民健身计划的积极落实在各个方面都取得了良好的社会效益。

北京奥运会成功举办后，《全民健身计划纲要》从政策角度演变为《全民健身计划（2011—2015）》《全民健身计划（2016—2020）》和《全民健身计划（2021—2025）》，成为具有阶段性政策特征的发展规划。

2014年10月，国务院《关于加快发展体育产业促进体育消费的若干意见》（国发〔2014〕46号）文件的颁布执行，将全民健身计划从"部门战略"升级为"国家战略"。学者认为应在全民健身计划上升为国家战略背景下重新审视全民健身的公共服务机制、作用⑤，加强探讨全民健身计划上升为国家战略的文化属性，从文化的角度来深刻认识全民健身国家战略的意义⑥，从国家公共健康治理体系角度认识全民健身国家战略的重要意义及其与《体育发展"十三五"规划》之间的关系问题⑦。这些观点多是从全民健身作为政府管理的一项工作内容来展开的，而对全民健身国家战略定位、内涵、模式和机制等问题的讨论很少，对深刻理解、阐述、定位和部署全民健身国家战略不利，从而导致全民健身战略覆盖范围缩小、覆盖性不强、覆盖效果不明显等问题。

（2）全民健身与健康中国战略融合的历史过程

全民健身战略上升为国家战略是在国务院颁布执行的《加快发展体育产业和促进体育消费的指导意见》中提出的。这也曾引起学者的担忧：缘起于产业背景的全民健身国家战略其战略定位到底指向何方？如何把全民健身作为产业发展和扩大消费的基础⑧？这不得不对这一计划的发展过程进行回顾。

1995年，提出全民健身计划后，该部门级战略被明确地定位在促进体育事

①李力研.论"全民健身计划"的基础理论建设［J］.武汉体育学院学报，1995（3）：9-13.
②熊斗寅.从国际大众体育发展趋势展望我国全民健身计划的发展前景［J］.体育科学，1998（2）：3-8.
③谭华.世界体育发展与我国全民健身计划［J］.成都体育学院学报，1996（2）：1-5.
④李瑞年.论全民健身［J］.体育科学，1998（9）：21-23.
⑤张瑞林，王晓芳，王先亮.我国全民健身公共服务体系动力机制建设［J］.上海体育学院学报，2013，37（1）：19-22.
⑥卢元镇.全民健身文化刍议［J］.体育文化导刊，2015（3）：35-40.
⑦刘国永.实施全民健身战略，推进健康中国建设［J］.体育科学，2016，36（12）：3-10.
⑧李相如.论全民健身战略的国家发展地位［J］.南京体育学院学报，2016，30（5）：7-12.

业和促进全民健身发展。

2008 年，北京奥运会成功举办后，该计划作为加强体育公共服务的重要抓手和促进全民参与体育活动的重要手段得到充分重视。

2012 年，党的十八大报告提出"广泛开展全民健身运动，促进群众体育和竞技体育全面发展"，全民健身作为强国建设战略目标的定位十分清晰。

2016 年 8 月 19 日，在全国卫生与健康大会上，习近平提出"推动全民健身与全民健康深度融合"，首次将全民健身与全民健康战略结合起来。

2016 年颁布执行的《"健康中国 2030"规划纲要》将全民健身计划定位在"提高全民身体素质"上，并提出完善全民健身公共服务体系、广泛开展全民健身运动、加强体医融合和非医疗健康干预、促进重点人群体育活动。

2018 年，党的十九大报告中提出"广泛开展全民健身活动，加快推进体育强国建设，筹办好北京冬奥会、冬残奥会"的指导意见。

2022 年，党的二十大报告中提出"广泛开展全民健身活动，加强青少年体育工作，促进群众体育和竞技体育全面发展，加快建设体育强国"的指导意见。

（3）全民健身国家战略与健康中国战略的融合

根据世界卫生组织关于健康治理战略调整和我国"全人群、全生命周期"健康覆盖的战略部署，鉴于医疗卫生作为被动式、高成本、短收益的健康策略已经无法满足健康中国治理的基本需求，主动式、低成本、长收益的全民健身健康策略对健康治理具有越来越重要的作用①，因此将全民健身国家战略明确定位在"全民健康"上是具有必然性和客观性的，要不断突出全民健身国家健康安全基本战略定位，推动"大体育"与"大卫生"融合构成完整的、主动养护的全民健康战略。

2021 年 3 月 19 日，在党的十九届五中全会上发布的《中华人民共和国国民经济和社会发展第十四个五年规划和 2035 年远景目标纲要》中，对体育强国建设进行了专题表述：广泛开展全民健身运动，增强人民体质。推动健康关口前移，深化体教融合、体卫融合、体旅融合。完善全民健身公共服务体系。根据这一规划，体育强国建设开始根植于促进全民健康的战略体系，标志着在党和国家的战略构想中，对全民健身战略提出了新的发展要求。

第一，全民健身国家战略的核心任务是促进全民健康，通过体育引领方式引导人们建立基于体育健康行为的生活方式——体育生活方式，引导社会逐步建立

---

①胡鞍钢，方旭东. 全民健身国家战略：内涵与发展思路［J］. 体育科学，2016，36（3）：3-9.

主动养护型健康治理模式，承担起维护国家健康安全的历史责任，为实现全"健康中国 2030"战略目标发挥基础性作用。

第二，构建"大体育"+"大卫生"的战略通道和政策互通体系，按照全人群健康差异性和治理需求差异化设计治理模式：对慢性病、亚健康和健康人群实行以体育健康治理为主、医疗卫生健康治理为辅的治理模式；在医学治疗领域推进"体医融合"，实行医学治疗为主、体育康复为辅的治理模式。

第三，从个体、群体、组织、社会和文化五个层面，设计全民体育健康治理模式，构建基于个体主动性、群体互动性、组织规范性、社会统筹性和文化统领性的复合型体育大健康治理体系，切实发挥体育的主动养护健康的积极作用。

第四，为推进全民健身国家健康战略定位的清晰化，可以通过启动"全民体育健康战略"工程的方式来影响社会认知和认可，推动国民深刻认识体育健康的特殊价值，从而为全民健身国家战略在健康治理领域发挥基础性作用奠定良好的社会基础。

4. 体育独特的牵引机制

鉴于医疗不仅不能有效防治疾病（特别是慢性病），更不能使人们达到优质健康状态，必须从建立健康行为的角度入手，探索健康促进的有效办法。通过引导大众积极建立健康行为方式，不断提升身体、心理和社会适应达到良好状态以实现促进社会健康的目标。

研究发现，行为调整对健康促进的效果非常显著，甚至远远超过了医学治疗的效果，因此人们更加关注基于行为调整的健康治理活动，这推动着体育价值从"增进体质"向"促进健康"转变[1]。这就意味着，体育在健康治理领域中必将发挥更加重要的作用：①通过运动的方式，消耗食物热量，调节膳食平衡，从而有效降低心脑血管等慢性病风险；②运动可以有效调节人的心理状态，维护良好的心境和积极的情绪，增强心理适应能力，建立平衡心理；③通过运动改变人的生活方式，通过积极生活来促使吸烟、饮酒行为的减少，建立健康生活方式，从而提高健康水平；④通过与医学融合发展，有效提升医学治疗要素对健康的促进作用——缩短治疗周期、降低治疗成本、提高治疗效果、尽快回归健康生活；⑤通过健康状态的提升，有效减少不良环境因素对健康的侵害；⑥通过科学运动方式，有效降低不良生物学因素的消极作用，改善健康状态。

---

[1]陈琦，鲁长芬. 新时期体育价值观转变与体育本质、功能和目的 [J]. 体育学刊，2006（2）：1-4.

（四）回应主动健康的公共体育治理战略的形成

1. 体育健康战略模式

生物医学机制在减少慢性病方面表现出来的无力感使得国际社会在健康治理上达成了共识：仅仅依靠生物医学模式不能有效解决人类健康问题，必须转向社会生物学模式，积极建构基于行为的大卫生健康保障体系。

事实上，在生物医学观念的深刻影响下，人们对这一提议所阐述的体育的特殊作用仍然缺乏全面而深刻的认识，对体育在健康治理方面具有的核心作用、引领作用、激励作用等总结和研究不足，以至于忽视了探索建立体育健康的基础性作用机制（大体育+大卫生融合模式），因此难以真正形成系统性、主动性、有效性的大众健康治理模式。鉴于这一事实，应重新考虑健康治理的有效战略模式，从而摆脱单一的医疗卫生保障体系对慢性病治理特别是对亚健康治理能力不利的局面，建立更加积极主动的大健康治理战略模式。

也就是说，可以在完善基本医疗体系的基础上，构建更加积极主动的大众健康治理体系，将体育从健身服务这一狭小的空域中解放出来，转变体育的基本职责，赋予其基础性国家战略地位，使其全面融入国家大健康战略体系中，从服务健身目标转变为服务全健康目标，构建被动防治型"医学健康+主动养护"型"体育健康"的全健康治理"双轨并行"战略模式和实现机制，如图 12 所示。

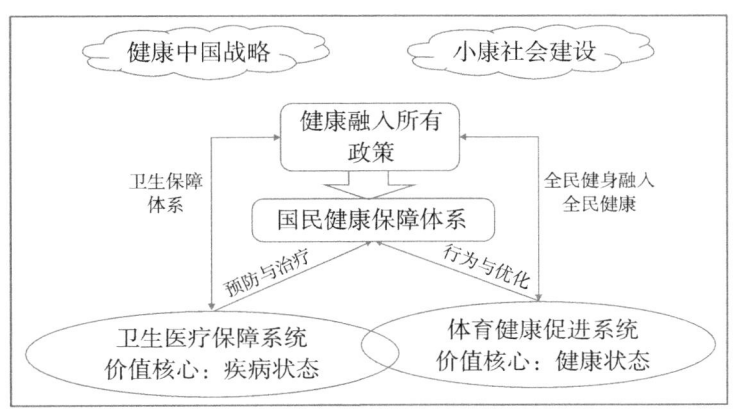

图 12　我国健康治理"双轨并行"战略模式

从战略管理的角度来看，构建"双轨并行"模式，必须有效解决以下几个问题。

第一，创新健康战略理念，真正形成"被动防治型医学治理+主动养护型体育治理"战略理念和目标，打造更加积极主动的健康价值升级模式，将全民健身国家战略真正升级为能够切实有效解决国家健康安全的基本战略之一。

应当指出的是，健康治理的"双轨并行"模式并不是当下社会热议的"体医结合"或"体医融合"模式。研究认为，体育医疗融合是解决全民健身工作的技术核心是扩大体育科学为健康领域服务的关键[1]，因此合作要从三甲医院高水平专科医生开始，将体育健康干预置于医生的健康干预或非医学健康干预排序中的前置地位上[2]。尽管体医融合大有可为，但是这种将体育拉回到医学、拉回到医院的做法却对大健康有效治理造成了实质性的损害。

一方面，体医融合会继续强化"去医院—开运动处方—治（未）病—获得健康"的思维逻辑链，诱导大众不断强化"健康=治病"的观念，这不仅与世界卫生组织倡导的建立基于行为干预的生物社会学健康治理理念背道而驰，而且与健康治理实际解决问题的科学手段背道而驰，这对建立主动健康理念非常不利。

另一方面，将体育"拉到"医院的做法，会继续损害体育的独立发展，抹掉体育具有的特殊的、独立的健康治理价值。实际上，体育在现实中处于一种备受关注的处境，但很少被人们真正理解[3]，似乎一直缺少一个明晰的、受人尊敬的、独立的社会身份。在体育与人们的行为不断融合的今天，通过价值的分享[4]，体育的特殊价值刚刚觉醒，如果将刚刚产生独立身份的体育"拉到"医学领域，无疑又会再次模糊体育的身份，造成认识混乱，给体育的独立发展带来损害。因此，需要建立"体育健康"+"医学健康"的大健康治理的并行战略模式，以使体育保留和强化其独立身份。

第二，在"健康融入所有政策"原则的指导下，健康政策可以由两个主要部分构成：一是传统意义上的卫生医疗政策体系，按照防治的健康治理路线进行；二是以全民健身融入全民健康的方式，推动体育健康政策建设，按照养护的健康治理路线进行，从而构成双轨政策体系，以确保健康治理全覆盖和有效进行。

---

①卢文云，王志华，陈佩杰．健康中国与体育强国建设背景下深化体医融合研究的思考［J］．上海体育学院学报，2021，45（1）：40-50.

②龙佳怀，刘玉．健康中国建设背景下全民健身的实然与应然［J］．体育科学，2017，37（6）：91-97.

③袁海强，江亮．中西方体育发展的逻辑辨析［J］．体育与科学，2014，35（2）：109-112.

④任海．分享运动——体育事业可持续发展的路径［J］．体育科学，2010，30（11）：3-8.

第三，建立与医疗卫生战略的协同机制，构建基于体育健康行为引领机制的大健康价值治理流程，通过引导大众日常生活行为与体育健康行为融合的方式，形成基于体育健康行为管理的健康价值链，如图 13 所示。

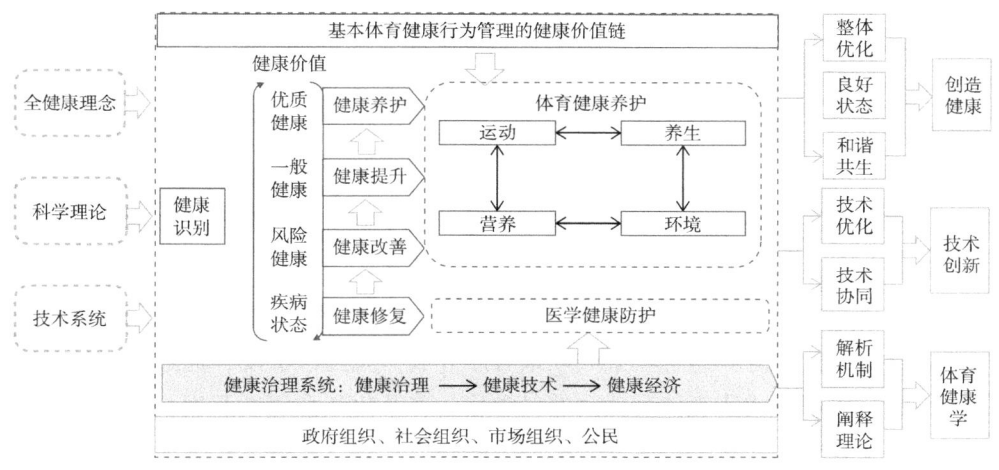

图 13　基于体育健康行为管理的健康价值链

如图 13 所示，健康价值是我国大健康治理的核心。大众健康价值的维护和升级属于公共性问题，因此需要动员社会所有公共资源，围绕公共医疗卫生和公共体育两条主线，逐步整合相关资源、协同治理，从而为提升公共健康价值做出贡献。

公共健康价值链从治理主体、治理流程、治理资源、治理政策、投入与产出（评估、目标、过程、防控）、结果评价与反馈、技术手段、运行机制、生活方式等方面形成了公共健康价值的生成、升值和转换，最终在实现公共健康有效治理目标的基础上，进一步推动公共健康技术创新和新体育健康学的形成，最终形成了一个公共健康价值生态体系。

第四，政府组织、社会组织、市场组织和公民作为多元主体应发挥主动积极的作用，形成多元共治模式。政府通过政策体系构建、基本健康治理服务供给和健康公共产品目录引导等方式，有效引导社会组织、市场组织进入公共健康治理领域，承担起一般性健康公共治理和个性化健康治理责任。社会组织在公共政策框架下，以自身独立的活动方式或承担政府购买服务的方式来开展公共健康治理活动。市场组织则在产品目录引导下，通过独立的市场行为或承担部分政府购买服务等方式向公民提供健康管理服务。公民则要在充分认识到自身健康权利的基础上，学习如何使用和享有健康权利，逐渐参与公共健康治理等公共事务活动，使自身成为公共健康治理的对象和受益者，甚至成为惠及他人的公共决策和政策执行、健康治理的积极参与者。

第五，需要从个体、群体、组织、社会和文化五个层面逐一形成具有鲜明差异的健康治理场域，并通过各自主要任务的完成来实现大健康的多元治理目标。在个体层面，在建立全新的健康理念的基础上，切实提升大众对体育全面而深刻的认识，并将体育融入大众的生活领域中，逐渐形成体育生活方式；从群体角度来看，集群性一直是人类行为的主要特征之一，应打造体育健康的集群性活动方式，创新集群性体育健康活动模式，如广场舞、健走团、健跑团等，通过高水平的集群性体育健康活动来不断提升公共健康治理的水平和效果；针对组织而言，各级各类组织要充分利用各项公共政策有序开展体育健康活动，通过有目的、有计划、有组织的方式实现体育活动的科学化、普及化和全面性开展；从文化层面来说，需要积极构建获得健康、养护健康的理念，并逐渐将之转化成为人们广泛接受的文化情境，形成良好的公共健康治理发展生态系统，确保健康中国战略的真正实现。

2. 国家利益与公共利益协同的举国体制创新

确立国家公共体育发展，要在原有体制机制的基础上进行创新，走出一条符合中国国情、战略需求的体育发展道路。这就不可避免地要讨论举国体制问题。

举国体制是在总结中国体育发展经验时提出来的，是对中国体育发展方式的提炼和概括，其本意是"发挥国家制度优势，集中力量办大事"。这对于新中国成立初期，我国体育面临的物质基础匮乏、经济底子薄弱、缺乏广泛外部支援的外部环境来说，无疑是一种制度设计和运行模式上的创新。创新举国体制，形成具有鲜明中国特色的举国体制与市场体制、社会体制相融合的复合型体制，是构建国家公共体育发展方式的基础。

新型举国体制是面向国家和人民重大战略需求，在党的领导下多元主体共同参与，综合运用政府和市场等资源配置手段，凝聚各方力量以完成既定任务的一种组织模式和运行机制。它是制度优势转化为治理效能的重要渠道，是集体主义价值逻辑、社会主义制度逻辑、长期实践历史逻辑和"两个大局"现实逻辑的有机统一。新型举国体制是传统举国体制在新时代的适应性转型，在领导力量和价值取向方面，二者一脉相承；在资源配置、参与主体和外部环境方面，新型举国体制则呈现出市场化、多元化和开放化等鲜明特征。

在社会主义市场经济条件下，把社会主义集中力量办大事的优势和市场配置资源的竞争优势有机结合，调动全国的资源，集中力量实现国家利益的新机制即新型举国体制。与传统举国体制相比，新型举国体制在目标对象、环境背景、参与主体、价值观念、作用机制等方面呈现新特征与新变化。体育强国建设需要发挥新型举国体制优势，解决体教融合、全民健身、科学训练、大型赛事举办等问题，促进有效市场和有为政府的更好结合[1]。

从我国体育发展所处的社会经济发展状态来说，国家体育总局推进体育改革的逻辑基础就是政府作为社会治理主体的回归，其核心任务就是建立公共体育发展方式，形成具体的领域则是全民健身领域、竞技争光领域和产业繁荣领域，立足体育治理体系现代性、人民性、公共性的要求，根据国家体育目标、社会体育需求、公民体育权益，通过多元治理主体协同合作来进行公共体育治理[2]。

3. 推进国家与公共协同的生态化治理

构筑人类卫生健康共同体对体育治理方式提出了新的要求。必须克服条块分割的体制和机制障碍，改变这种封闭分散的发展格局，对体育发展进行整体性的统筹思考，实行跨系统、跨领域的整合，并通过观念整合、目标整合、制度整合、组织机制整合和活动整合，实现整体的协调发展[3]。在政府、社会、市场、家庭、公民等多元主体协同构筑的新型复合理性的支持下，充分整合相关资源，建立协同共治机制，形成生态化共治的新体系，实现我国体育发展的多元治理——政府、市场、社会的协同治理[4]。

构建一个全新的体育发展生态体系，整合奥运争光计划和全民健身计划，建立举国体制与市场机制相结合的新机制[5]，融通发展形成高度互动的生态化治理体系。要积极推进体育生态融入社会生态系统中，产生巨大的生态效益，为实现健康中国治理目标奠定坚实的基础。

根据家国一体性的社会文化特点，优化体育治理生态体系，发挥家庭的特殊

①钟秉枢. 新型举国体制：体育强国建设之保障 [J]. 上海体育学院学报，2021，45（3）：1-7.

②杨桦. 论体育治理体系的价值目标 [J]. 北京体育大学学报，2016，39（1）：1-5.

③杨桦，任海. 我国体育发展新视野：整体思维下的跨界整合 [J]. 北京体育大学学报，2014，37（1）：1-9.

④唐刚，彭英. 多元主体参与公共体育服务治理的协同机制研究 [J]. 体育科学，2016，36（3）：10-24.

⑤鲍明晓. 构建举国体制与市场机制相结合新机制 [J]. 体育科学，2018，38（10）：1-11.

作用。家庭作为对个体有深刻影响的基本单元，代际互动关系对家庭成员体育活动行为具有显著的影响作用①。因此，启动家庭体育荣誉计划，从社会基本单元家庭端出发设计健康公民培养体系——从情感到理念、从理念到行动，彻底解决中国体育治理体系中家庭主体的游离问题。这不仅对儿童、青少年的成长非常重要，而且对其他社会公民的继续成长也起到积极的促进作用。

四、体育健康治理理念与方式

（一）体育健康治理理念

单一的医疗体系无法充分、有效地预防与治疗慢性病，这促使人们探寻一种积极主动防治疾病、促进健康的有效办法。世界卫生组织在倡导建立以合理膳食、戒烟限酒、心理平衡和适量运动为基石的健康体系的基础上，于 2010 年向全球倡议通过锻炼、生活方式、健康促进、慢性病预防和控制及国家卫生规划来有效促进健康。在这种转变中，体育无疑具有无可替代的核心作用，由此产生了体育健康治理理念。这一理念主要体现在以下两个方面。

1. 通过科学的体育行为方式，促进公众的"全面健康"

体育本质上有着健身、娱乐、教育及政治和经济等诸多功能，但公众对体育功能的认知多集中在其健身、娱乐功能，对其促进心理健康、提升社会适应等功能关注度不高。事实上，体育对疏解心理压力、促进社会合作与交往乃至培养人意志品质等方面都具有积极的作用。因此，体育健康治理理念强调构建"大体育观"，充分发挥体育在促进公众生理与心理健康上的基础作用，以促进公众的"全面健康"。

2. 通过科学的体育行为方式，促进公众的"全员健康"

世界卫生组织调查，截至 2014 年年底，全球处于健康与疾病之间的亚健康状态的人群约占总数的 75%。在现代文明生活方式下，这一规模巨大的亚健康人群就成为潜在的患有各种各样慢性病人群，传统医疗卫生体系治病、预防手段已经无法有效应对这一局面。体育活动对亚健康状态的干预具有积极的作用，因此应推进人们的体育健康行为，实现全人群、全生命周期和全区域覆盖，从而与医

①王富百慧，王梅，张彦峰，等. 中国家庭体育锻炼行为特点及代际互动关系研究 [J]. 体育科学，2016，36 (11)：30-38.

疗卫生协同运作，有效弥补医学健康阶段之前的空白区域，最终促进公众的"全员健康"。

（二）体育健康治理方式

可以将体育健康治理方式分为三大类：自愿性治理方式、强制性治理方式和混合型治理方式。

1. 自愿性治理方式

自愿性治理方式是指在很少或几乎没有政府干预的情况下，以资源为基础达到体育健康目的，实现体育健康治理目标的一种方式。这种方式具有成本效益优势，同时有利于维系家庭、社区等群体和组织的关系，因此在体育健康治理方式中具有十分重要的地位。它包括以下几个方面。

（1）家庭与社区

作为社会的基本单位，家庭与社区在体育健康治理中发挥着基础性的作用，也具有巨大的优势。首先，家庭和社区的信息优势使其可以掌握大量第一手的体育健康治理信息；其次，由于与其成员的体育健康利益息息相关，家庭与社区有着充分的体育健康治理激励因素；最后，家庭与社区还具有利于社会资本积累、对体育健康需求有较好的回应性及对财政依赖较小等优势。

（2）第三部门

第三部门是现代社会治理相当重要且发展潜力巨大的一种治理主体和模式，在体育健康治理中起着重要的作用。第三部门相比家庭和社区有着更大的活动范围和参与体育健康治理的能力，相比政府又具有较低的垄断程度和较大的竞争性，同时对个性化的体育健康需求也有比较好的回应。

（3）市场

我国实行社会主义市场经济体制，市场在体育健康治理中起着重要的作用。它通过分工和专业化的生产、对个体的激励及对体育健康需求的评估大大提高了体育健康治理效率。然而市场也存在着垄断搭便车效应、负外部性及信息不对称等缺点，因此体育健康治理作为一种公共物品或一种公共服务，不可能完全依靠市场的作用来实现。

2. 强制性治理方式

强制性治理方式的主要主体是政府。强制性方式借助政府的权威和强制力来达到完善体育健康治理的目的。可以将强制性治理方式分为以下三个部分。

（1）管制

管制是指政府制定各种政策体制对体育健康治理的各个要素进行控制的活动，其主要借助政府的强制力。管制主要包括宏观层面的体育健康治理顶层设计和微观层面的对治理要素的监督管理和规范。

（2）公共企业

公共企业的首要目标就是为社会提供公共产品与服务。公共企业在一定程度上解决了市场失灵问题，增进了社会的公平正义。

（3）直接提供

政府直接向公众提供体育健康服务。例如，建立社会体育指导员制度向广大群众直接提供体育健康治理专业人才，通过开放公共空间对公众直接提供体育运动场所等。

3. 混合型治理方式

混合型治理方式结合了以上两种方式的特点，它允许政府对体育健康治理相关主客体进行干预，但最终仍由其自身做出最后决定。具体有以下四种方式。

（1）信息和规劝

信息和规劝是最易实施，成本最小的治理方式。当前国家在全民健身、健康中国等方面的大力宣传，以及在微观层面对体育健康公共服务信息的提供等都属于这一方式。通过信息和规劝，国家期望相关主体自觉做出符合体育健康治理发展趋势的变化。然而由于该方式不具有强制性，信息和规劝所起到的作用较为有限。

（2）补贴

补贴是当前较为常用的一种治理工具。国家向体育健康治理的相关主体提供财政上的支持，影响其对提供不同的体育健康产品（服务）成本收益的判断，从而激励和保证其提供高质量的体育健康服务，以达到良好的治理目的。

（3）产权拍卖

政府可将一些体育健康服务或机构通过产权拍卖的方式交由私人部门或第三

部门来进行经营和管理，通过拍卖创造稀缺，从而获得竞争效率的提升。政府只需要提供宏观的方向指导和监管，而具体的实际操作由其他主体负责，各司其职、各取所长，使体育健康治理活动发挥最大的效用。

（4）税收和使用者付费

在多个领域，税收已经成为重要的社会治理工具。通过税收的减免和优惠，可以减少体育健康治理主体的管理和运营成本，促进其更好地发展。针对当前我国体育健康产品（服务）资源总量少、分配不均的问题，通过使用者付费的方式可以在较小程度上避免公共体育健康资源的拥挤效应，并为基本体育健康服务提供物质支持。

第二节　体育健康治理行动

一、体育健康治理行动计划

由于工业化、城镇化、人口老龄化造成了疾病谱、生态环境、生活方式不断变化，形成了多重疾病威胁并存、多种健康影响因素交织的复杂局面。慢性病人口总量的快速增长、未富先老的社会结构变化、亚健康人群比例的不断扩大，使得人们在面对疾病的考验时往往力不从心，甚至是不堪一击。对抗未来不可预见的种种疾病或者流行病，仅仅依靠被动防御的公共卫生体系是难以取得令人放心和令人满意的结果的。

这一点在2020年新冠疫情迅猛袭击全球的过程中体现得淋漓尽致。面对疫情，人们的健康安全意识被全面唤醒，清醒地认识到了面对不可预知的重大公共卫生事件时健康状态的重要性，从而产生了更加积极主动养护健康的内在需求。这就要求推动健康关口前移，建立体育和卫生健康等部门协同、全社会共同参与的体育促进健康新模式。

由此可见，作为对主动健康具有明显的促进作用的体育，其核心地位越发突出。体育也要摆脱自身发展的单一视野的局限性，主动提高政治站位、战略高度，服务国家健康安全战略，全面提升全民健身战略，构建完全能够满足健康中国战略需要的体育方案、行动计划和治理体系。客观上，这为体育部门乃至所有体育人提出了新的命题，即重新定位体育在健康治理体系中的地位和角色，探索

"体育健康" + "医疗健康" 的大健康治理体系①，这是后疫情时代具有突出战略价值的公共体育治理的核心议题之一。

（一）健康中国战略与全民健身

1. 健康中国战略结构性解读

2016 年，《"健康中国2030" 规划纲要》（以下简称《纲要》） 在全国颁布、执行，健康中国上升为国家战略，从此拉开了国家健康治理行动的序幕。《纲要》由序言和八篇内容构成，合计二十九章，如表1 所示。

表1　《"健康中国2030" 规划纲要》基本结构

篇	主要内容
序言	基本定位、历史成就、战略需求
第一篇 总体战略	（1）指导思想；（2）战略主题；（3）战略目标
第二篇 普及健康生活	（4）加强健康教育；（5）塑造自主自律的健康行为；（6）提高全民身体素质
第三篇 优化健康服务	（7）强化覆盖全民的公共卫生服务；（8）提供优质高效的医疗服务；（9）充分发挥中医药独特优势；（10）加强重点人群健康服务
第四篇 完善健康保障	（11）健康医疗保障体系；（12）完善药品供应保障体系
第五篇 建设健康环境	（13）深入开展爱国卫生运动；（14）加强影响健康的环境问题治理；（15）保障食品药品安全；（16）完善公共安全体系
第六篇 发展健康产业	（17）优化多元办医格局；（18）发展健康服务新业态；（19）积极发展健身休闲运动产业；（20）促进医药产业发展
第七篇 健全支撑与保障	（21）深化体制机制改革；（22）加强健康人力资源建设；（23）推动健康科技创新；（24）建设健康信息化服务体系；（25）加强健康法制建设；（26）加强国际交流合作
第八篇 强化组织实施	（27）加强组织领导；（28）营造良好社会氛围；（29）做好实施监督

《纲要》围绕健康治理的基本目标，从序言中的基本定位、历史成就和战略需求开始，主要阐明了总体战略、健康生活、健康服务、健康保障、健康环境、健康产业、健康支撑和组织实施等基本问题，明确提出普及健康生活、优化健康

---

①董传升，汪毅，郑松波. 体育融入大健康：健康中国治理的 "双轨并行" 战略模式 ［J］. 北京体育大学学报，2018，41（2）：7—16.

服务、完善健康保障、建设健康环境和发展健康产业五大主要任务，以及健全支撑与保障、强化组织实施两大保障体系，从而系统构成了健康中国治理的战略、体系和行动方案。

2. 全民健身计划与健康中国战略的匹配性

作为健康中国战略的重要内容，全民健身融入全民健康是我国政府的一项重要工作任务。这是一项双向的健康治理工程，一方面，全民健身有效支持了健康中国战略的顺利推进；另一方面，健康中国对全民健身的发展也提出了更高的要求。因此，全面分析全民健身对健康中国战略需求的回应度，可以客观地展示出体育在健康中国战略中的状态，从而为是否需要提出体育健康行动方案提供依据。

全民健身计划自 1995 年提出以来，在推动我国全民健身运动、促进大众体育生活方式养成和提升社会健康水平方面发挥了积极的作用。2020 年颁布执行的《全民健身计划（2021—2025）》，由四大部分构成，如表 2 所示。

表 2《全民健身计划（2021–2025）》基本结构

Table2　Basic Structure of National Fitness Program（2021–2025）

篇	主要内容
一、总体要求	（1）指导思想；（2）发展目标
二、主要任务	（3）加大全民健身场地设施供给；（4）广泛开展全民健身赛事活动；（5）提升科学健身指导服务水平；（6）激发体育社会组织活力；（7）促进重点人群健身活动开展；（8）推动体育产业高质量发展；（9）推进全民健身融合发展；（10）营造全民健身社会氛围；
三、保障措施	（11）加强组织领导；（12）壮大全民健身人才队伍；（13）加强全民健身安全保；（14）提供全民健身智慧化服务

从表 2 可以发现，全民健身关注的是健身活动本身及围绕健身活动所展开的其他活动，维度单一性较为明显。

从表 1 和表 2 比较来看，全民健身与健康中国战略目标、任务等存在较大的差异。健康中国战略的核心内容是健康生活、健康服务、健康环境、健康保障、健康产业、健康支撑和组织实施；其对健康的关注是以生理、心理、社会健康多元维度展开的，展现出的是完整的健康治理系统——健康治理战略与目标、健康治理任务、治理环境及其互动关系、保障体系等。全民健身计划的核心内容是体育文化、健身活动、社会体育组织、场地设施、多元功能、国际交流、服务均等化、保障措施和组织实施，是以体育自身维度展开的，展现出的是活动自身，缺乏对活动环境及与之互动关系模型的设计；其对健康的关注多是以身体单一维度展开的，忽视了心理健康、社会健康等多维度的积极干预，因此忽视了对健康的整体性、系统性关怀。

虽然全民健身计划过多关注了身体健康而忽视了对心理健康、社会适应等方面健康维度的关注，但是全民健身战略本身就是一种主动健康治理的战略。一般说来，全民健身计划通过号召人们积极参与体育活动的方式来促进身体素质水平提升，因此积极参与、改变行为方式、建立体育生活方式等是全民健身计划的基本特征。这些与主动健康所体现的通过积极的行为干预来促进健康水平提升的基本特征一致。因此可以说，全民健身是我国大健康治理体系的重要途径，与医学健康一同构成了"体育健康（主动性）+医学健康（防御性）"的大健康治理体系。

现实中，全民健身与健康中国战略的匹配度仍然存在着较大的差距。这不仅弱化了体育在健康治理领域中自身存在价值的合理依据和价值基础，而且降低了全民健身战略对健康中国治理体系和治理能力现代化的贡献度，从而使体育在健康中国治理中显得要么过于"低调"，要么过于被动，要么处于一种结构性缺席的状态。"健康中国"概念的提出，标志着我国全民健康战略从单一、被动的依靠医药"治已病"，向充分利用体育价值"治未病"主动健康转变，体育在保障、促进身心健康方面的作用和价值进一步显现①。然而，全民健身在全民健康治理体系中的结构性缺席现象，极大束缚了体育在主动健康模式中的普遍推广和在健康中国战略的全面实施等方面的作用。

目前，健康中国治理正在朝着主动健康的方向全面深入地快速推进。在主动健康框架下，健康关口前移的内涵已经客观发生了根本性的变化，健康关口前移已经从疾病的预防关口转向健康治理关口，确保人民获得健康、保持健康或提升健康成为健康中国行动的宗旨。鉴于体育在主动健康治理方面独一无二的全面性作用——全面提升健康水平、改变人的行为、重构人的健康生活方式等，体育是主动健康的引擎和内核。基于此，重新认识体育在全维度健康治理方面的核心地

---

①舒盛芳，朱从庆．中国特色社会主义体育进入新时代的基本含义解读［J］．沈阳体育学院学报，2020（1）：45-53．

位和引擎作用，以此制订专门性的行动计划和实施方案，作为主动回应健康中国治理的新时代要求，成为体育人需要深度思考并且有效解决的关键问题。

消除社会工业化、城镇化、人口老龄化所造成的身体的、心理的和社会的健康水平不断下降的威胁，主动应对不断变化的疾病谱给人类社会发展造成的不确定性危机，必须构筑更加积极主动的、更加全面的健康保障体系，这就要求消除仅仅针对身体健康进行技术治理的单一效应的不利影响，通过广泛的运动重构生活方式和社会发展方式，体育因其本身所具有的全面、全方位健康治理功能而无法置身事外。换言之，全面升级全民健身国家战略，构建与健康中国相配套的健康治理的体育方案，推动体育健康治理体系和治理能力现代化，不仅是新时代发展的必然选择，更是体育主动承担健康社会建设责任、推动主动健康中国建设的一种担当。

（二）体育健康治理行动计划的战略定位

由于全民健身战略没有对健康中国战略进行全面响应，因此存在着结构上的不足。体育领域需要根据《国务院关于实施健康中国行动的意见》（国发〔2019〕13号）和《国务院办公厅关于印发健康中国行动组织实施和考核方案的通知》（国办发〔2019〕32号）等文件部署，根据"体育是提高人民健康水平的重要途径"的基本精神，完成和推进体育领域行动战略和实施方案的设计和实施，全面升级全民健身国家战略，构建一个能够与健康中国战略相匹配的、切实推进体育对民众整体健康有力促进的全民健身国家新战略治理方案——体育健康治理行动计划。这是一个急迫的、具有现实意义和长远价值的社会治理创新活动。

体育健康治理行动计划是为全面承接健康中国治理基本任务而展开的一次专项行动，是为促进全民健身战略全面升级与创新而制定的专项规划、系统性方案和技术路线，是体育领域贯彻健康中国战略而主动采取的专门性行动。因此，需要探讨能够支撑健康中国战略实施的体育大健康战略，从价值导向、社会层级、组织协同、技术实现、文化传承等多维度探索体育健康行动计划实施的可行性，提出与国家战略相一致的体育健康行动计划、规划和实施技术路线。

体育健康治理行动计划，是以主动健康为理念，以全领域健康、全生命周期健康和全人群健康为目标，以推动全民健身融入全民健康为出发点，以运动为主要手段，以主动健康治理为导向，以促进健康融入体育所有政策为保障，以体育健康经济为基础，以构建基于运动驱动的、以健康为目标的生活方式为具体内容的多元协同共治方案和行动。

主动健康与传统健康观存在较大的不同。传统健康观是以疾病为参照物的，对健康的促进往往是出于疾病的预防、治疗和控制的逻辑展开健康管理活动。预防医学谈论的关口前移，一般指向的就是疾病的预防和控制，即疾病预防关口前移。在《纲要》颁布执行后，我国政府和社会对健康的关注逐渐转向主动作为。健康全面治理活动的展开急迫需要重新解释关口前移的基本内涵，建立以健康为标尺的关口前移理念、方案和行动计划，即从疾病预防的关口前移转向健康促进的关口前移，真正实现从以治病为中心转向以健康为中心。由此可见，主动健康是与传统健康观存在较大差异的新型健康观，推行体育健康治理行动计划正是以主动健康为基础展开的。

首先，主动健康是体育健康治理行动计划的基本理念，也是价值基础。一般说来，主动健康是与被动健康——通过公共卫生体系保障公民健康和通过医学的方式治疗疾病——相对应的概念。实践已经证明，仅仅依靠治疗的方式无法有效解决因为生活方式改变而造成的现代文明病问题，因此人们开始探索更加积极主动的健康治理方式和治理体系与机制。然而，受传统医学观念的束缚，主动健康常常又在习惯上与医学紧密结合起来，被展望为未来的一种健康医学模式[①]。遏制工业化、城镇化所造成的社会健康问题，实质就是重构人们的生活方式，有效改变由现代技术便利性、物质丰富性所造成的社会"趋懒性""暴食性"等行为模式，构建更加积极主动的健康价值观、治理理念、治理战略、治理方式、治理模式和机制等。因此，要彻底地从被动健康的观念束缚中解放出来，依据主动健康的价值基础和逻辑关系建立主动健康的概念。通过行为改善的、以体育为驱动的方式主动进行健康治理的活动，社会个体自我与他人及环境之间形成了和谐的社会生态体系。

换言之，趋健康行为而治还是趋病而治成为区分被动健康和主动健康的重要标志。按照这样的划分，理应加快发展的是健康学和体育健康学，而非健康医学。

其次，体育健康是主动健康的价值基础和动力源。体育健康是作为主动健康的基本方式来实现其战略目标的。从这一点上来看，"健康日本 21"所倡导的

---

①李祥臣，俞梦孙. 主动健康：从理念到模式［J］. 体育科学，2020, 40（2）：83-89.

"运动第一，饮食第二，坚决禁烟，最后才是药物"① 在一定程度上体现出了主动健康理念的基本内涵。

主动健康是与传统的医疗卫生被动式健康相对应的概念，不仅是基于体育核心驱动的以健康为目标的一种积极主动的生活方式，更是一种全新的健康治理系统。因此，体育绝非一种促进健康的手段或工具，而是一种更具有本体价值的社会系统。

体育为何能够成为主动健康治理的驱动力？这是因为人们的生活方式一旦形成，便具有超乎人们想象的稳定性和行为惯习性。改变人们的行为方式一直以来都是一个社会难题，即人们常说的"江山易改，本性难移"。然而，体育却具有强大的行为改造能力。一方面，体育活动本身具有的感染性、激励性等特征往往对人们产生强烈的吸引力；另一方面，出于健康需求而被动选择运动的人们，又往往因为运动可以释放内啡肽等调节因子获得愉悦、欣喜、轻松的心理感受，而且常常因为人与人之间交往的丰富体验而感受到生命的价值和意义。基于这样的功能，体育使人们乐于运动，共享运动的快乐，分享运动的价值和意义，因此体育常常能够轻易重塑人们的行为习惯、生活结构和行为方式。要构建主动健康理念和价值基础，形成主动健康的行为方式，运动的驱动力和核心作用机制的确立是关键。

最后，体育健康是一个基于体育而构建起来的主动健康治理生态体系。

从社会个体角度来看，主动健康要求人们彻底改变对健康和体育的基本认识，重新建立基于体育动力驱动的健康理念、健康行为、健康治理方式和健康文化系统，通过主动追求健康并采取的一系列行动的方式，形成自我、群体交往及与环境和谐共生的一种良好的生存与发展状态。

从社会组织层面来看，主动健康是社会主动进行健康治理的一种方式。政府通过强力的政策工具在完成健康战略规划、治理方案和体系构建、治理机制优化等任务的基础上，引导社会参与健康治理；市场组织根据经济发展内在规律，构建主动健康的产业发展体系和模式，为主动健康提供市场要素资源；社会机构则从公益性角度出发，积极参与健康治理活动。

从文化角度出发，主动健康是一种由更加积极的生活态度、生活哲学、生活价值等融合而成的社会健康生态系统，体育在这一系统中居于核心地位。一方

---

① 申曙光，曾望峰. 健康中国建设的理念、框架与路径 ［J］. 中山大学学报，2020，60（1）：168–178.

面，体育是生命体一种积极的存在状态，既是生命的存在方式，又是生命价值和意义的表达方式；另一方面，体育是健康文明人养成的必然手段，生命良好状态的养护、生命多样性的维护、坚强意志和行为的塑造、高尚精神的养成和适应环境的保障等，都可以通过体育的锤炼来实现，特别是在以人工智能为代表的现代技术对身体活动进行全面性替代的时代更是如此。

体育需要主动摆脱仅仅关注自身发展的历史和现实局限性，突破体育视域的狭隘性，超越体育场域的束缚性，主动提高站位，积极回应新时代健康社会治理的趋势和需求，从健康人类命运共同体的视角出发，将人类价值置于最高地位，构建人类健康主动治理的战略理念和框架，全面解析体育的价值基础和多维功能，积极探索体育对生理健康、心理健康、社会适应和道德规范等方面无可替代的作用机制，主动融入社会治理体系，主动对标健康中国战略，科学规划体育健康行动计划，构建体育健康治理体系，提升健康治理能力，科学制定行动方案，为健康人类、健康中国发展提供最主动、最积极、最有效的解决方案。

（三）体育健康治理行动计划的基本目标与任务

体育健康治理行动计划目标的确定必须与健康中国战略目标、中国体育发展战略目标保持高度一致，可以从健康水平、健康生活、健康服务、健康保障、健康环境、健康产业和健康文化七个方面来确定基本目标和基本任务，如表 3 所示。

表 3　体育健康治理行动计划的基本目标和基本任务

基本目标	基本任务	主要依据
体育健康水平	生命状态、国民体质、国民心理和国民交往、运动损伤等	WHO 关于生理、心理和社会适应能力均处于良好状态的定义和基于运动的主动健康战略逻辑
体育健康生活	体育健康素养（身体、心理、社会和道德）、经常参加体育锻炼人口、运动生活比重、体育赛事供给等	运动改善行为、体育生活方式建立、运动健康教育引导、运动健康素养提升、体育赛事引领运动行为
体育健康服务	公共体育服务覆盖率、千人执业率、运动养生融合、体育消费比重、运动损伤治疗占比等	覆盖全民的公共体育服务、体育消费行为、体育与传统养生融合形成主动健康养护、重点人群健康服务

基本目标	基本任务	主要依据
体育健康保障	公共体育场地设施覆盖率、场地设施使用与维护率、运动死亡率等	运动健康的物质保障体系、人力保障体系、风险防控保障体系、运动营养产品与服务保障
体育健康环境	15分钟运动环境圈、适宜运动环境、运动营养良率指数等	提供适宜运动环境、治理运动健康环境（自然环境、社会环境、人文环境）、运动食品药品安全
体育健康产业	体育健康产业总规模、体育健康产业结构等	体育健康服务新业态、健身休闲运动产业、运动+健康融合业态
体育健康文化	运动健康科普、主动健康文化等	重塑运动健康理念、推进运动健康科普、建设中国特色体育健康文化体系

体育健康治理行动计划基本目标和基本任务，是在全面推进全民健身融入全民健康任务的基础上，不断深入讨论全民健身对支撑健康中国战略的积极作用和结构上不足等问题后提出的，是围绕"主动健康"展开的体育行动。

针对体育健康治理行动计划而言，体育健康治理不再仅仅是运动健康促进这一传统内涵的基本规定，更是体育成为主动健康动力引擎和基本内核的新规定。这意味着，全民健康、全健康和健康全覆盖是体育健康的价值目标，体育健康素养是核心任务。换言之，体育不仅构成了主动健康的基本内核，而且是主动健康治理的核心动力源，因此主动健康治理是围绕着体育健康这一核心任务展开的。体育健康是一种具有独立价值的存在，而非一种健康促进的服务手段。这恰恰是体育在健康中国治理中具有独特地位的一种生动体现。

为了全面推进体育健康建设，需要不断加强体育健康素养教育和培养。作为体育健康治理行动计划的核心概念，体育健康素养是对健康素养概念的积极响应，是主动健康的重要标志。一般说来，根据健康概念的基本结构特征，健康素养可以划分为身体健康素养、心理健康素养、社会健康素养和道德健康素养。鉴于体育在身体、心理、社会和道德四个方面均具有良好的干预效应，所以体育客观成为系统提升健康素养整体水平最有效的手段，可能也是唯一的手段。

作为与健康中国相适应的分支战略，体育健康治理行动计划需要完成以全民健身为战略基础、以竞技体育为战略牵引、以体育健康经济为战略动能、以体育健康文化为精神机制和以中国体育健康智慧为交流途径的战略总体结构设计，在全面分析体育健康治理行动计划的价值属性、目标、要素等的基础上，构建和实施体育健康治理行动计划的基本模式和运行机制模型，为健康中国建设提供主动性保障。

加强体育健康建设，需要构建坚实的保障体系。这主要体现在建立和完善体育健康的体制机制，培养新型体育健康管理等人力资源，探索泛在性主动健康治理体系、治理平台建设和科技创新，优化和加强组织领导，推动良好的主动健康文化建设等方面。

二、体育健康行动计划的推进

1. 阐释和宣传体育主动健康理念

推进体育健康行动计划，首先，要在全社会全面阐释体育在健康价值和主动健康方面体现出来的多维功能，将体育在健康中国战略中的重要战略地位展示出来，把人民生命安全和身体健康放在第一位[①]，正如 2020 年 9 月 22 日，习近平在教育文化卫生体育领域专家代表座谈会上的讲话上强调，要切实体现出"体育是提高人民健康水平的重要途径，是满足人民群众对美好生活向往、促进人的全面发展的重要手段，是促进经济社会发展的重要动力，是展示国家文化软实力的重要平台"的战略价值和历史使命。其次，明晰运动健康作为健康中国战略的阶段性任务，通过将全民健身融入所有政策的方式，逐步建立起阶段性推进计划周期表和任务目标，从而切实推进全民健身主动服务健康中国战略。最后，深刻阐述体育与健康客观存在的全方位联系，并将这种联系转化为社会大众能够接受的方式，通过发展本土化的健康教育体系和广泛开展的健康教育活动[②]，促进全社会普遍树立起"体育是一种主动健康、全人群健康和全周期健康"的基本理念，促进"体育是主动健康治理"的价值核心这一理念共识的形成与强化和主动治理的基础方案的制定，并最终建立起体育生活方式，从而为其与健康中国战略完全融合奠定思想基础。

2. 打造体育主动健康保障体系

2020 年暴发的新冠疫情是重大公共卫生事件中的一个典型案例。回顾人类

---

① 中国政府网. 中国共产党第十九届中央委员会第五次全体会议公报（2020）[EB/OL].（2020-10-29）[2023-01-23]. http：//www.gov.cn/xinwen/2020-10/29/content_ 5555877. html.

② 刘路，史曙生. 近代中国健康教育的演进历程、实践特色与经验启示 [J]. 沈阳体育学院学报，2020，39（2）：68-74.

社会发展历史不难发现，重大公共卫生事件是伴随着人类社会发展的一种社会现象，不确定性、高危害性、普遍破坏性等是其基本特征。为了有效对抗不确定的重大公共卫生事件的威胁，必须从积极改善身体健康和基础病人群状态入手解决这一问题。首先，需要政府积极行动起来，发挥健康治理的主导性作用，建构更加积极主动的体育健康治理体系，与医疗保障健康体系进行充分融合，形成主动的大健康治理体系，全面提高全民健康素养水平，从而提高对抗公共健康危机事件威胁的能力；其次，需要社会积极行动起来，充分利用突发的新冠疫情对公众认知产生重大影响的机会，加大主动健康治理宣传力度，引导人们普遍建立体育主动健康理念，从而建立起以确定性的体育主动健康方式对抗不确定性的重大公共卫生事件的心理范式和行为模式；最后，需要科研人员积极行动起来，全面展开运动抗疫方面的研究，科学研发能够为公众积极采纳的运动免疫方案，形成社会健康的体育主动保障体系，主动参与重大公共卫生事件的治理活动，不断提升体育在应对重大公共卫生事件中的贡献度。

3. 构建"国家-公共"体育健康治理体系

一是要充分发挥我国举国体制特有的制度优势，以构建国家健康基本安全战略定位为出发点，以公共健康治理为价值核心，在积极推动体育强国和全民健身战略全面服务健康中国战略的基础上，构建与之相适应的"国家-公共"体育发展方式[①]，从而使之作为未来我国体育发展核心战略任务而得到全面的执行；二是要科学规划体育健康行动计划，主动建构起与之相适应的组织体系和运行方式，充分发挥国家主导性作用，全面建立公共体育健康治理体系，确保全体公民充分享有运动健康基本权利；三是要形成不同组织层级的任务分配表，明确各级政府组织在体育健康行动计划推进过程中的责任，建立逐级政府推行体育健康行动计划的绩效考核和监督制度，将推进过程和结果作为政绩考核的基本内容；四是要建立公共体育健康管理与服务产品清单，明确划定运动健康产品属性，根据产品属性明确责任主体，按照纯公共产品、准公共产品和私人产品三种产品属性，建立起以公为主、公私兼顾的运动健康产品供给与服务体系，全面提高体育健康治理绩效水平；五是要从健康泛在治理的角度建立体育健康科技服务体系，探索人工智能、大数据、物联网、区块链等技术与体育健康治理的融合问题，构

---

①董传升. 论中国体育发展方式的公共转向：从国家体育到公共体育 [J]. 北京体育大学学报，2013，36（6）：14−19+63.

建泛在体育治理模式①，提出体育健康治理的技术行动方案——U-体育健康治理行动计划。

4. 建立体育健康素养评估体系

体育健康治理客观要求建立起科学化的评估体系，通过对公众健康状态、行为方式等内容的合理评估反映出社会健康治理成效。一是要基于全周期、全人群积极探索我国社会体育健康指数的基本框架、指标结构及其权重分布，构建起以身体健康素养、心理健康素养、社会健康素养和道德健康素养为基本评估框架的体育主动健康评估体系，通过定期发布我国体育健康白皮书的方式，客观、全面、准确地反映出我国健康整体状态和发展变化规律，为持续推进体育健康行动计划提供坚实的基础；二是要探索体育健康与卫生健康等相关部门之间的关系，全面深刻分析体育健康改善对健康中国治理的贡献方向和贡献度，切实推动体育全面融入社会治理体系，促进体育回归社会本体；三是建立体育健康行动计划推进绩效的评价体系，全面客观地评价该行动计划推行状态，总结经验，找出问题与不足，制定有效的解决方案。

5. 培养新型体育健康管理专业人才

推进体育健康行动计划，构建全民主动健康治理体系，提高健康治理体系和治理能力现代化水平，需要大批专业的体育健康管理人才。首先，要从全健康、主动健康、全周期健康、全人群健康理念出发，全面剖析体育健康行动计划对全民健康治理目标、内容、体制机制、方法手段、政策保障等方面的基本要求，探索各个治理环节所需要的人才、知识、技术、技能，研发体育健康管理人才培养方案；其次，要充分发挥体育院系、科研机构、社会组织和市场组织等多元主体的积极性，构建学历教育、继续教育和终身教育梯度结构，打造一体化体育健康管理人才培养体系，形成具有鲜明中国特色的主动健康治理教育模式；最后，要根据市场需求、服务需求和产业发展需求，构建以体育健康资质教育为主体结构的应用型人才培养体系，通过资质规范体育健康行业发展，推动健康经济良性快速发展，为体育全面服务健康中国建设提供充足的人才保障。

6. 精准解决弱势群体领域的健康治理难题

针对弱势群体健康治理需求推行专门化的健康强覆盖治理行动方案：①符合

---

① 董传升，张立. 新时代泛在体育治理的逻辑与策略 [J]. 北京体育大学学报，2019，42（6）：1-11.

我国家国情怀、家族情怀特征的、居家养老型的老年人运动健康幸福生活方式优化方案；②针对规模迅速扩大的慢性病人群的积极主动运动健康治理方案；③发挥体育+健康在阻断贫困地区贫困代际传递中的作用①，制定城镇、农村不富裕人口的因弱返贫、因病致贫的阻断行动方案②；④残疾人健康主动运动干预与治理方案；⑤亚健康人群，特别是亚健康人才群体主动健康治理方案，以积极应对频发的早逝现象；⑥体医融合解决方案，研究"体育+中西医融合"的运动健康治理行动方案，以主动全健康（生理、心理、社会适应和道德）治理为出发点，突破现有体医融合的重医轻体、忽视中医的思维框架，构建融于中医养生理念的、体育主体地位的体医融合技术路径、体系和治理方案。

7. 打造主动健康社区

社区是社会发展的最基本单元，也是社会治理的关键基础，推进体育健康行动计划，必须有效解决社区健康治理模式、机制、方法与手段等问题。因此，一是要积极探索体育健康的社区治理行动方案，重视社区健康治理的基础性地位，打造主动健康社区；二是要积极研究社区推进体育健康、体医融合、体育健康经济、体育文化、运动养生等具体项目的工作机制，论证基于社区公共空间而形成的居民个体、居民结群性集体行动的服务、治理与规范方案，形成若干个具有示范性的体育健康社区治理样本，产生示范效应；三是要根据社区公众活动特点，建立科学体育服务体系，不断提高社区居民运动科学化水平，减少运动性风险，有效控制运动致损性风险、运动致病性风险和运动致命性风险，满足人民群众日益增长的美好生活的需要。

三、体育健康的多主体治理活动

体育健康多元治理的基本思路是依据体育健康的公共产品属性，通过政府主导、政府监管、政府激励的框架体系，调动社会参与、社会反馈的积极性，激发市场主动与市场整合的活力，通过积极的公民建设工程，建立从被动服务到主动自治的新型体育健康治理方式和体系。

---

① 杨越，骆秉全，金媛媛. "体育+"在阻断贫困地区贫困代际传递中的作用 [J]. 沈阳体育学院学报，2020，39（2）：16-21.
② 赵玉琛，陈德旭，王赞，等. 返贫阻断：体育精准扶贫治理的战略转向及行动模式 [J]. 沈阳体育学院学报，2020，39（3）：29-34，42.

鉴于体育健康治理的内容和方式是多样的、复杂的，体育健康治理主体也是多元的，所以可以从以下五个方面来理解体育健康治理活动。

（一）政府治理活动

政府作为当代社会公共治理的主导，自然是体育健康治理最重要的主体。当前中国政府正在全面深化政治体制改革，以实现政府职能与角色的转变，因此政府体育健康治理也要顺要这个趋势。

1. 政府职能转变

要想提高服务社会健康治理的能力，政府就要积极推进职能转变，从以下四个方面展开。

首先，政府应转向服务型政府。政府应当全面担负起提供公共产品和公共服务的公共责任，发挥保障社会快速、均衡、持续发展的职能作用。保证公民的身心健康也是政府需要提供的基本公共服务之一，政府在体育健康治理的实践中也应转变观念，从管制观念转变为服务观念。

其次，政府应转向有限型政府。作为市场运行机制的有效补充者，政府理应发挥市场秩序监管与制度提供的职能作用。体育健康治理的主体是多元的，这就要求政府不能包办一切，应"掌舵而非划桨"，政府应引导多主体充分发挥各自优势，以追求体育健康治理活动的有效性。

再次，政府应转向调控型政府。作为国民经济发展的主导者，政府应发挥宏观调控作用。这一点强调政府应该减少微观的具体操作而加强宏观的规划与引导，在体育健康产品（服务）的提供中减少直接参与、加强顶层设计，做好监督和引导的工作。

最后，政府应转向责任型政府。政府充当社会全体成员根本利益的代表者，发挥公平、公正分配社会资源的作用。体育健康作为社会基本需求，政府自然而然要承担起引导和支持体育健康治理发展的责任。这种责任不仅是宏观的责任，还有具体的责任，政府可以确立关于体育健康治理的绩效指标体系，以此来影响政府绩效，从而推动政府对体育健康治理的责任承担。

2. 政府在体育健康治理中扮演的角色

①在公共体育服务中政府担任制度政策的设计者角色。政府在维护社会稳定和宏观经济稳定的前提下，在向社会公众提供公共体育服务前，应结合国家目

标、国家性质，设计制定与公共体育服务相匹配的法律政策制度，建立公共体育服务的法律基础，做到有法可依、有法必依、以保障公共体育服务在供给中的公平与普惠，形成良好的法律政策环境。

②在公共体育服务供给中政府是主要的财政投入者。为满足社会公众的最基本的、多层次的、多样化的需求，政府必须在能力的范围内履行政府支出职责，为社会公众提供公共体育服务，以保障公共体育服务的财政投入与有效供给。

③在公共体育服务供给中，政府是公共体育服务的主导者与主要供给者。政府作为国家权力的代表，在公共体育服务领域占据重要的地位。在公共体育服务的供给中，政府决定着提供什么样的服务、向谁提供、提供的范围种类与多少等，政府决定着公共体育服务的发展层次与方向，具有明显的主导性。

④为满足社会公众的公共体育服务需求，政府充当适度购买者。在政府财政能力有限的条件下，单靠政府的直接供给难以满足民众对体育的多元需求。这就迫使政府在供给的过程中，除自己直接生产供给外，还应通过对社会资源的有效整合，引入市场，与市场机制有机结合起来共同参与公共体育服务的供给。

⑤在公共体育服务运行中，政府成为主要的提供者与监管者。政府除强调自身在公共体育服务的供给主体身份外，还应对市场进行积极引导，加强市场体系的培育，建立市场的秩序，对各种市场信号形成联动关系，加强对市场的宏观调控与监管，发挥市场对资源的有效配置作用。

（二）体育组织治理活动

当前，非政府组织在教育、卫生、文化、社会服务、环保等公共部门的核心领域，通过资金募集、志愿服务等各种方式动员社会各方面参与社会发展，弥补政府的缺位和失位，在加大公共产品（服务）的供给能力方面发挥了重要作用。体育组织作为非政府组织的重要组成部分，可以针对当前体育健康产品（服务）的问题发挥其优势。

1. 体育组织在体育健康治理中的作用

①有效配置体育资源。当前，我国体育健康产品（服务）面临着资源分配不均的问题，体育组织可以通过关注基层体育服务中的问题和缺失，有针对性地补齐体育健康公共服务的短板，将资源投入最需要的方面。

②丰富群众业余生活。体育组织提供服务的基本形式之一就是鼓励和支持广

大群众参与体育活动中。它为群众体育活动提供更加规范的组织、更加专业的指导和更加广泛的协调，自然会通过丰富群众业余生活达到提高体育健康治理水平的目的。

③推动体育文化交流。作为一个正式组织，体育组织也有相当的资源和能力实现一般的基层体育健康治理无法达到的跨区域互动与交流，通过比赛、讲座、培训等方式，实现体育健康治理的资源和经验共享。

④满足群众归属感。非政府组织有利于社会资本的积累。体育组织的体育健康治理首先十分贴近群众，其服务会使群众直接受益，其次体育组织具有一定的志愿性，其中的志愿者和志愿精神也是增加群众归属感的重要部分。

2. 体育组织在体育健康治理中的活动方式

体育组织参与体育健康的治理活动，存在以下两种主要方式。

①体育组织的自治活动。

②体育组织与其他组织的合作治理活动。

（三）市场组织治理活动

尽管市场组织是以营利为目的的组织，但是市场客观承担着一定的社会责任判断，这为市场进入公共体育健康治理领域提供了依据。

1. 市场组织在公共体育健康治理活动中扮演着重要的角色

我国实行社会主义市场经济体制，市场在资源配置中起决定性作用。体育健康治理自然离不开市场这一重要的主体。近些年来，我国在体育与健康方面出台了多项政策，以推动市场在体育健康治理中的作用。2014年，国务院发布的《关于加快发展体育产业促进体育消费的若干意见》充分体现了体育产业对经济发展和体育健康治理的重要作用；2016年发布的《"健康中国2030"规划纲要》也提出了要积极发展健身休闲运动产业。

2. 市场组织通过PPP模式参与体育健康治理活动

公私伙伴关系是市场进入公共体育健康领域，参与体育健康治理的主要形式和路径。市场围绕健康治理主题通过与政府组织建立合作关系的方式成为体育健康治理的重要力量。

市场组织是所有体育健康治理主体中效率最高的主体。当代社会，社会分工和专业化趋势十分明显，面对数量众多、种类多样的需求，市场可以快速、规模化地提供各种产品与服务；同时由于市场以利润为目的，相比其他主体市场更有能力和意愿去深入了解公众的体育健康需求，以提供更好的体育健康产品（服务）。

3. 市场组织通过建立合理的经济价值与公共价值模型参与治理活动

市场组织是以营利为目的的经济组织，参与公共治理需要建立公共价值目标。为了协同二者之间的关系，形成能够同时满足组织自身发展需要和体育健康价值增值需要的行为模式和机制，即通过稳定的、长期的、排他性的、较低回报率的治理活动来实现经济和公共价值双重目标。

4. 市场组织参与治理活动需要在规范下进行

市场参与公共体育治理，向社会公众提供公共体育健康服务，是新形势下的一种常态。由于体育健康产品（服务）具有鲜明的公共性特征，因此市场在供给体育健康产品过程中可能会产生过多关注经济成本和收益均衡的问题，这需要政府部门或第三部门通过评估、诊断和反馈等方式，对市场组织的管理活动进行必要的监管和引导，以确保管理活动不会偏离治理目标。

（四）社区治理活动

社区在当代社会治理中的地位越来越重要，在体育健康治理中的地位也是如此。社区作为个体之间通过各种途径形成的非正式的但又十分紧密的关系的领域，有诸多优势。社区作为由社会成员直接构成的非正式组织形式，首先对成员自身的体育健康需求最为明确，因此具有信息优势和最佳的回应性；由于其自我服务的特征，社区成员也有充足的动力；社区可以充分调动其拥有的资源来解决体育健康问题。

然而，社区由于范围小、成员少、可用的资源少，希望其发挥巨大作用是很不现实的；同时由于其缺乏正式性和组织性，社区提供体育健康服务的效率会受到影响。因此，社区体育健康治理作用的良好发挥除了需要其他主体提供专业化的指导，还需要获得更多的资源支持。

（五）家庭与公民自治活动

家庭是社会的最基本单位，是人类最基本的社会设置群体形式。作为通过血缘关系确立的社会单位，家庭在体育健康治理中起到了最基础、最直接的作用。

在宏观层面，应该为家庭提供良好的经济环境和社会环境，保证家庭以最好的状态进行自身体育健康治理。在微观层面，国家应该通过建立社会保障制度，以及各种专业化的信息服务使家庭更好地发挥体育健康治理作用。

公民是体育健康治理主体的重要组成部分，尽管没有明确的组织依托，力量也比较分散，但是却是最广泛的体育健康治理主体。

1. 公民参与治理的方式

公民主体通过扮演公民角色和履行公民责任参与到体育健康治理过程中。一方面，体育健康治理活动直接与公民自身的利益的密切相关，因此公民参与治理可以更好地提出服务诉求，从而为有效的体育健康治理提供现实需要和活动依据；另一方面，公民参与治理的作用还体现在参与决策、监督治理过程、反馈治理效果和满意度、提出更加符合实际的治理方案等方面。

2. 公民在体育健康治理中的作用

公民在体育健康治理中的作用主要有以下三个方面。①作为体育健康治理活动的最终主体，公民可以直接参与其中；②公民可以对其他治理主体的体育健康治理行为的合理性和合法性进行监督；③对于一些体育健康治理中的问题，公民可通过民主决策决定问题走向。

3. 公民参与治理需要完成角色的转变

公民主体参与体育健康治理，同时扮演着两种主体角色：一是自我责任主体角色，即通过自治的方式成为积极公民；二是公共责任主体角色，即参与治理过程，不仅要体现自我价值、自我需求、自我特性等方面的差异性，更重要的是要体现出作为公民的基本公共责任，即反映公民普遍的价值诉求，使治理活动成为能够反映绝大多数公民意愿、意志和价值诉求的活动体系。

当然，由于个体的独立性，公民的个人素质参差不齐，也会存在复杂的、不同的价值取向。因此，在体育健康治理中要注重公民意识的培养，使公民从被动地接受体育健康产品（服务）变为主动提出观点，从而参与到体育健康治理的全过程中。

第三节 体育生活方式治理

一、体育生活方式概述

（一）健康促进与生活方式

1. 健康促进的含义

健康促进（Health Promotion）是世界卫生组织于 1986 年在加拿大渥太华召开的第一届国际健康促进大会上提出的，指运用行政的或组织的手段，广泛协调社会各相关部门及社区、家庭和个人，使其履行各自对健康的责任，共同维护和促进健康的一种社会行为和社会战略。

2. 生活方式

生活方式是社会成员在一定社会条件相互作用和价值观的引导下形成的全部生活形式和行为特征的复杂体系。健康生活方式则是指有益于健康的习惯化的生活形式和行为特征，其核心是养成良好的生活习惯。

（二）体育生活方式的概念、含义与特征

1. 体育生活方式的概念

体育生活方式，是指社会成员在一定社会客观条件制约和体育价值观的引导下，为了满足体育健康、体育娱乐、体育交往等需要而建立的全部体育活动的基本形式和行为特征的体系。

体育活动是主体人生活方式的动力机制，具有改善生活方式、重构生活方式和助力主体人获得幸福生活的驱动力。体育在帮助主体人获得全健康——生理健康、心理健康、社会健康及道德健康——的社会实践中，发挥着不可替代的作用。

2. 体育生活方式的含义

①体育活动是调节生活方式的主要手段。体育生活方式是以体育活动为重要日常生活活动的一种习惯化的行为方式，体育在日常生活中占据重要的基础性地

位。由于体育活动往往对人的行为习惯具有重构与优化的特殊作用，因此，体育成为生活重要内容之后，生活的结构、内容、行为习惯、交往方式等都会因为体育活动而被重新调整。

②健康是体育活动的重要目的。体育具有的在人健康方面特殊的、全方位的干预作用，使得人们往往获得令人愉悦的结果，因此人们参与体育活动的目标是促进健康，即体育生活方式是人们为了实现健康生活目标，以体育活动为基本生活内容和方式的一系列行动方式。

③体育健康是幸福生活最重要的基石。幸福生活是人们的终极目标之一。健康是幸福的基石，如果没有良好的健康基础，那么即使有再多的物质财富也很难有幸福的感受。

3. 体育生活方式的特征

①人是体育生活方式的主体，是体育生活方式的建立者、改变者和持有者。人在一定价值观的引导下，针对不同的生活环境和体育活动需要，必然会选择与之相适应的体育活动方式。

②体育活动条件是体育生活方式的基本保障，是主体人生活的重要构成部分。从这个意义上来看，体育活动条件的丰富与否决定着主体人的体育活动范围和方向，即不同的活动条件往往意味着不同的生活方式。

③健康是体育生活方式的终极目标，决定着体育生活方式条件的获得与使用、体育生活方式的改善与重构、主体人的幸福与快乐等。体育以特有的方式对主体人的行为展开调节，其中一项重要的职能是在对人们的生活活动、行为方式进行重构的基础上，引导人们养成体育生活方式。

（三）体育生活方式的构成

体育生活方式由体育活动条件、体育活动主体和体育活动形式三个部分构成。

1. 体育活动条件

人们的日常活动受地理环境、文化传统、政治法律、思想意识、社会心理等多种因素的影响，可以将之划分为宏观社会环境和微观社会环境。一方面，经济收入、消费水平、家庭结构、人际关系、教育程度、闲暇时间、住宅和社会服务等是体育活动的基本条件；另一方面，体育场馆、体育设施、体育装备、体育组织、体育服务等是体育活动的专业条件。

2. 体育活动主体

体育活动主体在体育生活方式构成要素中具有核心地位。在宏观层面，体育生活方式的主体分个人、群体、组织和社会四个层面。任何个人、群体和全体社会成员的体育生活方式，都是主体人有目的、有意识地针对健康生活、借助体育手段而构建起来的体育世界。由于人的活动具有能动性、创造性等特点，因此即使在相同或相似的社会条件下，不同的主体也会形成全然不同的体育生活方式。

3. 体育活动形式

体育活动形式是主体人与体育活动条件互动过程的一种外显方式，表现为体育活动状态、体育活动模式及体育活动样式。

（四）体育生活方式的要素

①人的要素，是体育生活方式的发起者、管理者、改变者和结束者。

②活动要素，是指主体人根据自身需要，在一定条件支持下开展的体育活动。

③物的要素，支持体育健康生活的各种各样的物质因素，如体育场地、营养物品等。

④环境要素，主体人存在的场域和依据、体育生活方式存在的客观基础，主要由自然环境、政治环境、经济环境和社会环境构成。

（五）体育生活方式的指标

1. 运动状态指标

运动指标用于描述主体人参与运动的基本情况。运动状态指标主要包括运动项目选择、运动量与运动强度、运动周期与运动频率、运动过程、运动环境、运动评估与反馈等。

2. 生活行为指标

生活方式是主体人的基本活动方式，是人的日常生活状态的一种具体体现。生活行为指标主要包括习惯行为、生活节奏、活动内容等。

3. 人际互动指标

人是社会的人，因此描述人的体育生活方式时，必须将人的社会性加以描述，以反映社会人活动的基本特征。人际互动指标主要包括人际交往频率与范围、人际关系状态、社会支持、社会生态、个体行为与群体行为等。

4. 健康管理指标

健康是体育生活方式建立的终极目标，因此健康管理应成为人的基本活动内容之一。健康管理指标主要包括生理健康、心理健康、社会适应、健康水平、健康促进方法、健康评估等。

5. 压力管理指标

生活节奏不断加快、生活压力不断加大的事实要求人们在日常生活中进行压力管理，提高压力管理能力，有效应对压力。压力管理指标主要包括压力状况与识别、压力来源与种类、压力调整与疏导、压力转移等。

6. 营养管理指标

营养不仅是生命活动的基本条件，是维持生命存在与发展的基础，也是运动的重要支持条件，还是促进运动人体生命质量提升的重要保障，运动人体对营养具有特殊的需求。营养管理指标主要包括营养状态、营养需求、营养补充、营养种类等。

7. 环境管理指标

环境是生命的重要支撑，有效管理环境、建立环境与生命和运动之间的友好关系，是环境管理的核心任务。环境管理指标主要包括生活环境、运动环境、环境状态、环境质量、环境密度等。

二、体育健康评估

体育健康是一个基于体育活动达到健康状况改善和维持目的的过程。

（一）健康评估

健康评估主要由生理健康评估、心理健康评估和社会适应能力评估三个方面内容构成。

①生理健康评估，是指人体生理功能状态的总和。常用体脂率、血管硬度、最大摄氧量、踝臂指数、身体成分等基本数据和心肺功能、肌肉力量与耐力、平

衡与柔韧性等身体机能数据来进行评价。

②心理健康评估，是指人们对于环境及相互间具有最高效率及快乐的适应情况。心理健康包括以下七个方面：智力正常、情绪健康、意志健全、行为协调、人际关系适应、反应适度、心理特点符合生理年龄。

③社会适应能力评估，是指人为了在社会更好生存而进行的心理上、生理上及行为上的各种适应性的改变，与社会达到和谐状态的一种执行适应能力。社会适应能力包括个人生活自理能力、基本劳动能力、选择并从事某种职业的能力、社会交往能力、用道德规范约束自己的能力。社会适应能力可以反映出人的社交能力、处事能力、人际关系能力。

（二）运动机能评估

运动机能是指人体运动过程中表现出来的基本能力，如跑的能力、跳的能力等。一般说来，运动机能评估主要包括：①动作能力评估，即对个体完成动作能力的评价；②平衡能力评估，即对个体表现出来的平衡能力的评价；③力量能力评估，即对个体承受负荷能力的评价；④心肺能力评估，即对心肺在一定负荷状态下所表现出来的基本能力的评价。

（三）运动健康风险评估

运动风险评估由健康风险评估和运动风险评估构成。

1. 健康风险评估

健康风险评估主要是通过辨识可能引发健康恶化或疾病的风险因素，分析其与健康变化之间的关系，预测个体在未来一定时间可能发生损害健康、罹患疾病乃至死亡的可能性，以此为主动应对不可预知风险提供决策参考。

健康风险评估的一个重要的内容，是在确保安全的前提下，对个体运动负荷后健康状态变化和可能产生健康风险的识别。由于运动负荷会造成个体身心短时间内的机体受压状态，可能会引发更具有突发性的风险问题，因此健康风险评估是体育健康管理的关键技术环节。

2. 运动风险评估

运动风险，也常被称为运动损伤风险，是评估人体在一定负荷的情况下发生机体受损，甚至运动性猝死的可能性。

三、体育健康风险管理

体育健康风险，是指个体为了获得健康、从事体育运动时而存在的对生命安全、健康状态等方面产生危害的不确定性。

运动是以人的身体为主要载体的社会活动，需要克服身体的阻力、地球引力等相关力的阻碍完成相应的活动，因此总是不能避免地产生不可控的风险因素，因此需要加强对体育健康风险的管理，走科学化的道路。

（一）体育健康风险的来源

一般说来，体育健康风险与主体人的自我改造有关，与主体人的健康状况有关，也与主体人运动过程中的环境有关。

①体质构成要素中有关因素的改变或者体质水平的整体异变，即通过运动，改造机体自身出现的异常变化。例如，超大负荷下的肌肉疲劳造成的运动损伤，大运动量下形成的运动性血尿等。

②健康状况的异常或有关疾病的形成，使机体不能承受相应运动负荷带来的刺激，产生了危及健康乃至生命的现象。例如，运动性心肌炎导致的陈旧性心肌病、运动性猝死等。

③自我改造过程中的环境因素及社会因素改变或诱导形成的运动风险，如气温骤降导致运动损伤现象增多等。

（二）体育健康风险的种类

1. 致损性风险

致损性风险主要是指运动过程中出现的运动器官的损伤现象，如网球肘、肌肉断裂、骨折、脑震荡等。造成致损性风险的原因有以下几种：①训练时缺乏科学性方案和指导；②身体素质差，勉强完成动作时出现异常反应；③运动技术与技能水平不高，动作不正确，技能无法支撑运动需要；④缺乏自我保护意识和能力，盲目运动；⑤运动行为不规范，如运动前不做准备活动或准备活动不充分，运动后不做整理与拉伸等；⑥其他不可预见的因素。

2. 致病性风险

运动不当往往会造成身体、心理等方面的疾病，如运动性哮喘、运动性血尿等，一般是由运动过量、病中运动和运动营养不足造成的。

3. 致命性风险

致命性风险又称运动性猝死，是运动过程中出现的生命终结的现象。

运动性猝死，是指在运动中即刻出现或运动后 6 小时内发生的非创伤性死亡。运动性猝死不是由单一运动因素引起的，而是运动和潜在的心脏病产生共同作用引起致死性心律失常所致的。

运动引起猝死的心脏病主要包括肥厚型心肌病、先天性冠状动脉畸形、特发性左心室肥厚、主动脉破裂、致心律失常性右室心肌病、主动脉瓣狭窄、二尖瓣脱垂、心脏震荡、预激综合征和冠心病等。

35 岁以上的运动者因为运动诱发冠心病导致猝死的现象较为普遍。

（三）体育健康风险管理流程

1. 体育健康风险评估

对体育健康风险进行评估的目的是找出可能存在的健康风险，将此作为控制健康风险的依据。

2. 体育健康风险控制

①树立运动风险意识，将"运动有风险，从事需谨慎"作为运动的前提理念，建立时刻防控风险的心理预期和行动策略方案，用以科学指导运动过程，有效防控运动风险的发生。

②运动前先进行风险评估，基本掌握可能发生的风险及处理办法。根据运动风险类别及其产生的原因，学习和掌握运动风险防控的技术和技巧，养成运动前进行运动风险评估的习惯，将风险意识贯穿运动的全过程。

③加强运动学习，掌握科学运动知识、正确的运动技术，提高运动技能水平，建立良好的运动习惯，杜绝在患病状态下、身体状态较差情况下的过度运动行为。事实证明，科学运动可以有效防控运动风险。

④加强运动过程的风险防控，加强学习和训练，学会捕捉和识别运动过程中出现的运动风险征兆，将运动风险控制在安全范围内。长时间运动后出现的注意力不集中、极度疲乏现象，可能会增加运动损伤风险；运动中出现晕厥、心绞痛、胸闷、胸部压迫感、眩晕、头痛等征兆，需要马上降低运动负荷、停止运动

或到专业门诊就诊，以避免运动性猝死的悲剧发生。

⑤加强运动营养的供给。由于运动时消耗的大量能量、微量元素等都是通过膳食补充的，因此合理补充营养膳食十分必要，要避免因营养补充不当、不足造成的疾病。

⑥加强环境管理，避免可能引起风险的环境因素。人体运动过程总是在某一环境下进行的，因此在人与环境的互动过程中，一些环境因素的变化往往导致运动风险的发生，如雪地运动造成的扭伤。要加强运动环境管理，学习环境变化对运动人体产生的深刻影响，识别变化的环境对运动人体可能产生的伤害，建立有效应对环境的行为方式。

⑦在有资质、有经验的专业人士的指导下运动。运动需要指导，借助专业人士的指导，可以有效避免因运动学习不足、风险识别不力等方面造成的风险，从而不断提高防控运动风险的能力。

3. 完善风险防控流程

加强运动过程风险的评估和反馈，对可能产生的风险因素尽早识别和排除，从而降低风险。

四、体育健康过程管理

运动过程具有较为规范的流程和结构，而围绕这个流程和结构展开的运动形成了不同的体育健康行为，即五种主要行为——体育学习行为、体育防护行为、体育运动行为、体育恢复行为、体育生活行为。对体育健康过程的管理，主要是围绕这五种行为管理展开的。

（一）体育学习行为管理

体育学习行为，主要分为学习对象、学习内容和学习评估，是指运动者学习运动知识、技术，并进行运动技能训练的基本情况。

体育学习行为是体育健康流程的首个环节，引导大众建立体育学习行为可以使大众有效掌握科学运动的知识、技术和技能，学会风险辨识、防控技术，提高风险管理和绩效管理水平，从而助力运动者不断提升健康水平。

（二）体育防护行为管理

体育防护行为，主要是指采取一定的医疗手段对损伤、功能受限和失能等紧急情况进行预防诊断和干预。首先，要对运动过程可能存在的风险进行评估，降低致病性、致命性和致损性风险；其次，要通过体育学习行为学习和掌握运动风险防控知识和技术；再次，构建适合自身实际情况的防护流程和规范；最后，通过运动前风险辨识、运动中风险评估、运动后风险状态反馈和风险防控技术以构建运动风险防控体系。

（三）体育运动行为管理

体育运动行为包括运动项目选择、运动频率、运动强度、运动量和运动时间等方面的行为，也包括运动方式、运动过程等方面的行为，是运动科学化管理的核心环节。

（四）体育恢复行为管理

体育恢复行为，主要是围绕运动后进行一个专门性活动而采取的手段——运动型手段、睡眠、物理手段和营养手段等来恢复身体结构状态、身体机能状态，促进身体状态迅速恢复。

（五）体育生活行为管理

体育生活行为是指运动者在日常生活参与体育运动的过程中形成的围绕运动的体育生活方式及其行动的总体。

REFERENCES

参考文献

[1] 公共体育教研组.山东师范学院公共体育教学改革的概况［J］.山东师范学院学报（体育），1958（1）：37-38.

[2] 凌平.联邦德国的公共体育管理［J］.天津体育学院学报，1994（1）：16-21.

[3] 王亚飞.公共体育：社会伦理向度的哲学思考［J］.北京体育大学学报，2005（4）：449-451.

[4] 宋继新.寻觅体育的"类"文明——论公共体育精神［J］.体育文化导刊，2005（8）：20-21.

[5] 闵健，李万来，卿平，等.社会公共体育产品的界定与转变政府职能的研究［J］.体育科学，2005（11）：5-12+16.

[6] 肖林鹏，李宗浩，杨晓晨.我国公共体育服务体系概念开发及其结构探讨［J］.天津体育学院学报，2007（6）：472-475.

[7] 冯国有.公共体育政策的利益分析与选择［J］.体育学刊，2007（7）：15-19.

[8] 冯国有.利益博弈与公共体育政策［J］.体育文化导刊，2007（7）：62-64.

[9] 郭惠平，唐宏贵，李喜杰，等.对我国公共体育服务社会化改革的再思考［J］.武汉体育学院学报，2007（11）：1-6.

[10] 马敬华.国家治理现代化视域下公共体育服务治理的现实困境与突破路径［J］.沈阳体育学院学报，2022，41（5）：1-6

[11] 马德浩.我国城市社区公共体育服务治理结构的三重面向及转型路径［J］.体育学刊，2022，29（4）：61-67.

[12] 董传升.论我国公共体育发展道路选择的基本问题［J］.沈阳体育学院学报，2009（4）：6-9.

[13] 史云贵.从政府理性到公共理性——构建社会主义和谐社会的理性路径分析［J］.社会科学研究，2007（6）：65-70.

[14] 董传升.公共需求与体育演进［J］.沈阳体育学院学报，2010，（2）：1-4.

［15］ 常乃军，陈远军. 公民体育权利本原探析 ［J］. 体育学刊，2008，15 （12）：10−13.

［16］ 梁莹. 公共管理研究中的"价值"与"价值中立"——公共管理价值回归的历史叙事与继往开来 ［J］. 中国行政管理，2012 （5）：105−109.

［17］ 罗尔斯. 正义论 ［M］. 何怀宏，等，译. 北京：中国社会科学出版社，2001：78.

［18］ 伯特兰·罗素. 西方的智慧：从社会政治背景对西方哲学所做的历史考察 ［M］. 温锡增，译. 北京：商务印书馆，1999：66.

［19］ KYLE D G. Greek athletic competition ［M］. New York：John Wiley&Sons，Inc，2013.

［20］ 柏拉图. 柏拉图对话集 ［M］. 王太庆，译. 北京：商务印书馆，2019.

［21］ POLIAKOFF M B. Overlooked realities：Sport myth and sport history ［J］. Stadion，1990 (16)：91−102.

［22］ GOLDEN M，MARK G. Sport and society in ancient Greece ［M］. London：Cambridge University Press，1998.

［23］ ELIZABETH A R. Brown. The Tyranny of a construct：Feudalism and Historians of medieval Europe ［J］. The American historical review，1974 (79)：1063−1088.

［24］ VAN ENGEN，JOHN. The christian middle ages as an historiographical problem ［J］. The American historical review，1986 (91)：519−552.

［25］ CLARK，ELIZABETH A. Theory and practice in late ancient asceticism：Jerome，chrysostom，and augustine ［J］. Journal of feminist studies in religion，1989 (5)：25−46.

［26］ KELLY P. Catholic perspectives on sports：From medieval to modern times ［M］. New York：Paulist Press，2012：24−25.

［27］ HARDY，STEPHEN H. The medieval tournament：A functional sport of the upper Class ［J］. Journal of sport history，1974，1 (2)：91−105.

［28］ BROEKHOFFJ. Chivalric education in the middle ages ［J］. Ques，11 (1)：24−31.

［29］ CORY，Therese Scarpelli. Review of thomas aquinas on bodily identity，by Antonia fitzpatrick ［J］. The thomist：A speculative quarterly review，2020 (84)：653−657.

［30］ CRONIN M. Sport：A very short introduction ［M］. Oxford：Oxford University Press，2014.

［31］ TRANTER N. Sport，economy and society in Britain 1750−1914 ［M］. London：Cambridge University Press，1998.

［32］ EYLER M H. Origins of contemporary sports ［J］. Research Quarterly. American Association for Health，Physical Education and Recreation，1961 (4)：480−489.

［33］ SALER M. The Fin−de−Siècle World ［M］. London：Taylor & Francis，2015：37.

［34］ SCHMIDT S L. How technologies impact sports in the digital age ［M］. Cham：Springer，2020：3−14.

［35］ MILHAM S. Historical evidence that electrification caused the 20th century epidemic of "diseases of civilization" [J]. Medical hypotheses, 2010 (2): 337-345.

[36] 张国华, 葛辉. 现代文明病的新发展及成因分析 [J]. 长江大学学报 (自然科学版), 2008 (3): 110-112.

[37] World Health Organization. Primary health care: Report of the International Conference on Primary Health Care [R]. Alma-Ata, USSR: 1978.

[38] World Health Organization. Ottawa charter for health promotion [R]. Copenhagen, 1986.

[39] 陈琦, 鲁长芬. 新时期体育价值观转变与体育本质、功能和目的 [J]. 体育学刊, 2006 (2): 1-4.

[40] World Health Organization. Jakarta declaration on leading health promotion into the 21st century [R]. Geneva, 1997.

[41] 哈贝马斯. 公共领域的结构转型 [M]. 曹卫东, 王晓珏, 刘兆城, 等, 译. 上海: 学林出版社, 1999: 55.

[42] DAVID MARTZ. Greek and roman sport [M]. Jefferson: McFarland Company, 1991: 7-9.

[43] 高秉江. 胡塞尔与西方主体主义哲学 [M]. 武汉: 武汉大学出版社, 2005: 20.

[44] 斯塔夫里阿诺斯. 全球通史 [M]. 吴象婴, 梁赤民, 董书慧, 等, 译. 北京: 北京大学出版社, 2006: 369-382.

[45] 王健, 侯斌. 体育原理导论 [M], 武汉: 华中师范大学出版社, 2004: 30.

[46] 董传升. 现代体育全球性扩展的技术动因 [J]. 体育科学, 2005 (11): 78-80+89.

[47] MILHAM S. Historical evidence that electrification caused the 20th century epidemic of "diseases of civilization" [J]. Medical hypotheses, 2010 (2): 337-345.

[48] World Health Organization. Adelaide recommendations on healthy public policy [R]. Geneva, 1988.

[49] 世卫组织饮食、身体活动与健康全球战略: 国家监测和评价实施情况的框架 [S]. 2009: 5.

[50] STIGLITZ J E, SEN A, FITOUSSI J P. Report by the commission on the measurement of economic performance and social progress [R]. Paris, 2009.

[51] 李昶达, 韩跃红. 国外健康治理研究综述 [J]. 昆明理工大学学报 (社会科学版), 2017 (6): 54-60.

[52] SIDDIDI S, MASUD T I, NISHTAR S, et al. Framework for assessing governance of the health system in developing countries: Gateway to good governance [J]. Health policy, 2008 (1): 13-25.

[53] MIKKELSEN-IOPEZ I, WYSS K, SAVIGNY D. An approach to addressing governance from a health system framework perspective [J]. BMC international health and human rights, 2011 (1): 20-23.

［54］ 杨小明. 韩启德. 中国应建立科学的健康治理模式 ［J］. 医院领导决策参考，2009
（15）：1-4.

［55］ World Health Organization，Government of South Australia. Adelaide statement on health in all
policies ［R］. Geneva，2010.

［56］ MARCDANZON. The health for all policy framework for the WHO European Region，WHO Re-
gional Office for Europe ［R］. Copenhagen，Denmark，2005.

［57］ LEATD，STOKERG. Towards holistic governance：The new reform agenda ［M］. New York：
Palgrave，2002：46.

［58］ PORTER M，KRAMER M. Creating shared value ［J］. Harvard business review，2011，89
（1）：1-17.

［59］ 闫肖锋. 医疗、教育、养老如何成为"新三驾马车" ［J］. 中国新闻周刊，2018
（28）：1.

［60］ MCCLELLAN M，BROWN N，CALIFF R M，et al. Call to action：Urgent challenges in cardio-
vascular disease：a presidential advisory from the American Heart Association ［J］. Circulation，
2019（9）：44-54.

［61］ 胡盛寿，高润霖，刘力生，等.《中国心血管病报告 2018》概要 ［J］. 中国循环杂志，
2019（3）：209-220.

［62］ MAIGENG Z，HAIDONG W，XINYING Z，et al. Mortality，morbidity，and risk factors in
China and its provinces，1990-2017：A systematic analysis for the Global Burden of Disease
Study 2017 ［J］. Lancet，2019（10204）：1145-1158.

［63］ 程文广，张崇龙，张生开. 我国学校体育资源配置失衡问题研究：基于扎根理论的分析
［J］. 沈阳体育学院学报，2019，38（4）：24-32.

［64］ 人民网. 我国 83% 成年人不参加锻炼，死亡风险高 3 倍. ［EB/OL］.（2014-08-30）
［2023-01-23］. http：//newssciencenet. cn/htmlnews/2014/8/301015. shtm.

［65］ 卢梭. 爱弥儿：上卷 ［M］. 李平沤，译. 北京：商务印书馆，2016：42.

［66］ 卢梭. 论人与人之间不平等的起因和基础 ［M］. 李平沤，译. 北京：商务印书馆，
2016：52.

［67］ 任海. 身体素养：一个统领当代体育改革与发展的理念 ［J］. 体育科学，2018，38（3）：
3-11.

［68］ HARRIS S S，CASPERSON C J，DEFRIEZE G H，et al. Physical activity counseling for
healthy adults as a primary preventive intervention in the clinical setting ［J］. JAMA，1989
（1）：35.

［69］ DUBOS R. Mirage of health：Utopias，progress，and biological change（new edition）［M］. New
Brunswick：Rutgers University Press，1988.

［70］ JANSSEN I, LEBLANC A G. Systematic review of the health benefits of physical activity and fit-ness in school-aged children and youth ［J］. Int J Behav Nutrit Physic Act, 2010 (40): 1-22.

［71］ TIMMONS B W, LEBLANC A G, CARSOV V, et al. Systematic review of physical activity and health in the early years (aged 0-4 years) ［J］. Appl Physiol Nutr Metab, 2012, 37 (4): 773-792.

［72］ 世界银行报告. 创造健康和谐生活: 遏制中国慢性病流行 ［R］, 2010: 19.

［73］ 刘国永. 实施全民健身战略, 推进健康中国建设 ［J］. 体育科学, 2016, 36 (12): 3-10.

［74］ 世界卫生组织发布《2013 年世界卫生报告》［J］. 中国卫生政策研究, 2013, 6 (8): 42.

［75］ RODIN J, DE FERRANTI D. Universal health coverage: The third global health transition? ［J］. Lancet, 2012 (380): 861-862.

［76］ 人民网. 七成以上人处于亚健康, 你还好吗 ［EB/OL］ (2015-03-17) ［2023-01-23］. http: //health. people. com. cn/n/2015 /0317/c14739-26707012. html.

［77］ 张杏波. 体育运动对亚健康群体干预的途径和方法 ［J］. 北京体育大学学报, 2010, 33 (8): 53-55+98.

［78］ 贾天奇, 李娟, 樊凤杰, 等. 体育疗法与亚健康干预 ［J］. 体育与科学, 2008, 29 (3): 51-54.

［79］ 王智慧. 规训与惩戒: 新冠肺炎疫情背景下的身体规训与认知转向 ［J］. 北京体育大学学报, 2020 (3): 1-13.

［80］ LEEUW D, EVELYNE. Engagement of sectors other than health in integrated health governance, policy, and action ［J］. Annual review of public health, 2017, 38 (1): 329-349.

［81］ STAHL, WISMAR M, OLLILA E, et al. Health in all policies: prospects and Potentials ［M］. Helsinki: Finnish Ministry of Social Affairs and Health, 2006.

［82］ RUDOLPH L, CAPLAN J, BEN-MOSHE K, et al. Health in all policies: A guide for state and local governments ［M］. Oakland: American Public Health Association, 2013.

［83］ ISRAEL B A. Commentary: Model of community health governance: Applicability to community-based participatory research partnerships ［J］. Journal of urban health, 2003, 80 (1): 50-53.

［84］ 世界银行. 创建健康和谐生活遏制中国慢性病流行 ［R］. 新罕布什尔州: 2012.

［85］ 中国政府网. 国家卫生计生委:《中国居民营养与慢性病状况报告 (2015)》［EB/OL］. (2015-06-30) ［2021-09-30］. http: //www. gov. cn/xinwen/2015-06/30/content_ 2887030. htm.

［86］ 人民网. 全民健康覆盖成就举世瞩目 ［EB/OL］. (2016-07-23) ［2021-09-30］. http: //politics. people. com. cn/n1/2016/0723/c1001-28578773. html.

［87］ 傅小兰, 张侃, 陈雪峰, 等. 中国国民心理健康发展报告 (2017-2018) ［D］. 北京: 社会科学文献出版社, 2019.

［88］ 于永慧."全民健身"与"健康中国"的理论阐释和政策思考 ［J］. 北京体育大学学报,

2019，42（2）：25-35.

[89] 沈圳，胡孝乾. 全民健身与全民健康深度融合的现实困境与多维路径 [J]. 体育文化导刊，2019（5）：55- 59+65.

[90] 刘红建，张航，沈晓莲. 全民健身与全民健康深度融合的政策体系：价值、理念与框架 [J]. 武汉体育学院学报，2019（3）：25-33.

[91] 卢文云，陈佩杰. 全民健身与全民健康深度融合的内涵、路径与体制机制研究 [J]. 体育科学，2018（5）：25-39+55.

[92] 李韬，王秀峰. 健康中国的内涵和实践路径 [J]. 卫生经济研究，2016（1）：4-6.

[93] 李可基，张宝慧. 国际组织和各国政府关于运动促进健康政策及措施的分析与比较 [J]. 体育科学，2003（1）：91-95.

[94] 曹振波，陈佩杰，庄洁，等. 发达国家体育健康政策发展及对健康中国的启示 [J]. 体育科学 2017，37（5）：11-23+31.

[95] 创建健康和谐生活：遏制中国慢性病流行 [J]. 中国卫生政策研究，2012，5（2）：29.

[96] 董传升，汪毅，郑松波. 体育融入大健康：健康中国治理的 "双轨并行" 战略模式 [J]. 北京体育大学学报，2019（41）：7-16.

[97] 胡杨. 从体医分离到体医融合——对全民健身与全民健康深度融合的思考 [J]. 体育科学，2018，38（7）：10-11.

[98] 张剑威，汤卫东. "体医结合" 协同发展的时代意蕴、地方实践与推进思路 [J]. 首都体育学院学报，2018，30（1）：73-77.

[99] 冯振伟，韩磊磊. 融合·互惠·共生：体育与医疗卫生共生机制及路径探寻 [J]. 体育科学，2019，39（1）：35-46.

[100] 刘海平，汪洪波. 体医融合" 促进全民健康的分析与思考 [J]. 首都体育学院学报，2019，31（5）：454-458.

[101] 常凤，李国平. 健康中国战略下体育与医疗共生关系的实然与应然 [J]. 体育科学，2019，39（6）：13-21.

[102] 蒋小杰，张卓林. 体育健康权的分配正义研究——疫情后体育健康事业发展的哲学反思 [J]. 北京体育大学学报，2020，43（3）：39-45.

[103] 刘丽杭. 国际社会健康治理的理念与实践 [J]. 中国卫生政策研究，2015，8（8）：69-75.

[104] 约翰·沃利. 发展中国家改善公共卫生指南 [M]. 解亚红，等，译. 北京：北京大学出版社，2009：140.

[105] 蒋小杰，张卓林. 体育健康权的分配正义研究——疫情后体育健康事业发展的哲学反思 [J]. 北京体育大学学报，2020，43（3）：39-45.

[106] 谭华. 体育史 [M]. 北京：高等教育出版社，2005：3.

[107] 董宏. 体育融合视阈下体育助力疫情防控的价值意蕴与实然路径. [J]. 沈阳体育学院

学报，2021，40（2）：12-19.

[108] 王智慧. 共识危机与自我启蒙：后疫情时代大众体育参与的价值向度 [J]. 沈阳体育学院学报，2020，39（5）：1-8.

[109] 胡鞍钢，方旭东. 全民健身国家战略：内涵与发展思路 [J]. 体育科学，2016，36（3）：3-9.

[110] 康建敏，郑颖. 全民健身是健康中国的重要支撑 [J]. 人民论坛，2018（5）：66-67.

[111] 杨桦. 中国体育治理体系和治理能力现代化的概念体系 [J]. 北京体育大学学报，2015，38（8）：1-6.

[112] 范叶飞，马卫平. 体育治理与体育管理的概念辨析与边界确定 [J]. 武汉体育学院学报，2015，49（7）：19-23.

[113] 李长春. 从体育管理走向体育治理：内涵、动力及路径分析 [J]. 体育文化导刊，2017（4）：6-10.

[114] 李金锁，张艳芳. 体育治理的概念内涵与实现路径 [J]. 广州体育学院学报，2019，39（6）：11-14.

[115] 王凯，韩磊. 新中国70年来体育治理的历史演进、主要经验和趋势前瞻 [J]. 天津体育学院学报，2021，36（4）：385-392.

[116] 董红刚. 我国体育治理演进研究 [J]. 武汉体育学院学报，2018，52（9）：18-24.

[117] 白银龙，舒盛芳. 我国竞技体育治理演进历程、时代特征与展望 [J]. 天津体育学院学报，2021，36（3）：314-322.

[118] 鲍明晓. 贯彻《体育强国建设纲要》，办好人民满意的体育事业 [J]. 体育科学，2019，39（9）：3-13，23.

[119] 王景丽. 张伯苓的学校体育思想及当代启示 [J]. 运动，2010（4）：106-108+156.

[120] 毛振明，罗帅呈，盖清华. 论建党百年体育发展中的"民族振兴梦想" [J]. 武汉体育学院学报，2021，55（7）：5-12.

[121] 杨国庆. "十四五"我国竞技体育发展的时代背景与创新路径 [J]. 武汉体育学院学报，2021，55（1）：5-12.

[122] 陈振明. 公共部门战略管理 [M]. 北京：中国人民大学出版社，2004：14.

[123] 高静韬，刘宇红. 2021年世界卫生组织全球结核病报告要点解读 [J]. 河北医科大学学报，2022，43（7）：745-749.

[124] RODIN J, DE FERRANTI D. Universal health coverage: The third global health transition? [J]. Lancet, 2012（380）：861-862.

[125] 马德浩. 我国人口结构的转变及其对体育发展战略的影响 [J]. 体育科学，2015，35（12）：3-11.

[126] 栾开. 转变体育发展方式，树立新的体育发展观 [J]. 体育学刊，2012（7）：1-6.

［127］岳建军．美国《国民体力活动计划》中体育与卫生医疗业融合发展研究［J］．体育科学，2017，19（4）：29-38.

［128］胡鞍钢，方旭东．全民健身国家战略：内涵与发展思路［J］．体育科学，2016，36（3）：3-9.

［129］曹振波，陈佩杰，庄洁，等．发达国家体育健康政策发展及对健康中国的启示［J］．体育科学，2017，37（5）：11-23.

［130］戴健，张盛，唐炎，等．治理语境下公共体育服务制度创新的价值导向与路径选择［J］．体育科学，2015，35（1）：3-12.

［131］仇军，刘侣岑．殊途同行：现代体育发展阶段、基本特征与影响因素［J］．北京体育大学学报，2013，36（10）：1-9.

［132］杨韵，邹玉玲．游戏冲动：席勒美学思想观照下体育的审美本质［J］．体育科学，2013，33（1）：89-93.

［133］柳鸣毅．健康中国背景下全民健身公共政策分析［J］．中国体育科技，2017，53（1）：38-44.

［134］李力研．论“全民健身计划”的基础理论建设［J］．武汉体育学院学报，1995（3）：9-13.

［135］熊斗寅．从国际大众体育发展趋势展望我国全民健身计划的发展前景［J］．体育科学，1998（2）：3-8.

［136］谭华．世界体育发展与我国全民健身计划［J］．成都体育学院学报，1996（2）：1-5.

［137］李瑞年．论全民健身［J］．体育科学，1998（5）：21-23.

［138］张瑞林，王晓芳，王先亮．我国全民健身公共服务体系动力机制建设［J］．上海体育学院学报，2013，37（1）：19-22.

［139］卢元镇．全民健身文化刍议［J］．体育文化导刊，2015（3）：35-40.

［140］李相如．论全民健身战略的国家发展地位［J］．南京体育学院学报，2016，30（5）：7-12.

［141］陈琦，鲁长芬．新时期体育价值观转变与体育本质、功能和目的［J］．体育学刊，2006（2）：1-4.

［142］李文川．身体活动建议演变：范式转换与量的积累［J］．体育科学，2014，34（5）：56-65.

［143］卢文云，王志华，陈佩杰．健康中国与体育强国建设背景下深化体医融合研究的思考［J］．上海体育学院学报，2021，45（1）：40-50.

［144］龙佳怀，刘玉．健康中国建设背景下全民科学健身的实然与应然［J］．体育科学，2017，37（6）：91-97.

［145］谭嘉．体医融合大有可为．［EB/OL］．（2017-04-14）［2022-01-23］．http：//health.people.com.cn/n1/2017/0414/c14739-29210923.html.

［146］袁海强，江亮．中西方体育发展的逻辑辨析［J］．体育与科学，2014，35（2）：109-112.

［147］任海．分享运动——体育事业可持续发展的路径［J］．体育科学，2010，30（11）：3-8.

［148］谢宜泽，胡鞍钢．新型举国体制：时代背景、基本特征与适用领域［J］．深圳大学学报
（人文社会科学版），2021，38（4）：18-26.

［149］钟秉枢．新型举国体制：体育强国建设之保障［J］．上海体育学院学报，2021，45
（3）：1-7.

［150］杨桦．论体育治理体系的价值目标［J］．北京体育大学学报，2016，39（1）：1-5.

［151］杨桦，任海．我国体育发展新视野：整体思维下的跨界整合［J］．北京体育大学学报，
2014，37（1）：1-9.

［152］唐刚，彭英．多元主体参与公共体育服务治理的协同机制研究［J］．体育科学，2016，
36（3）：10-24.

［153］鲍明晓．构建举国体制与市场机制相结合新机制［J］．体育科学，2018，38（10）：1-11.

［154］王富百慧，王梅，张彦峰，等．中国家庭体育锻炼行为特点及代际互动关系研究［J］.
体育科学，2016，36（11）：30-38.

［155］顾建光．论当代公共管理三大范式及其转换［J］．华中科技大学学报（社会科学版），
2012，26（5）：8-14.

［156］戴健，郑家鲲．我国公共体育服务体系研究述评［J］．上海体育学院学报，2013，37
（1）：1-7.

［157］葛剑雄．改革开放与中国人观念的现代化［J］．上海大学学报（社会科学版），2009，
16（2）：5-20.

［158］中国大百科全书（社会学）［M］．北京：中国大百科全书出版社，2004：88.

［159］唐志君．公众参与政策过程：价值、困境及走向［J］．理论探索，2007（2）：124-127.

［160］曹可强，兰自力．论公众参与政府公共体育服务的决策［J］．体育学刊，2012（11）：
31-34.

［161］刘培峰．非政府组织参与的几个问题［J］．学海，2005（5）：49-57.

［162］杨朝聚．我国非营利性组织的行政化及其影响［J］．华北水利水电学院学报（社会科学
版），2007（6）：22-24.

［163］杨柯．草根NPO政策参与的现实困境及破解路径［J］．兰州大学学报（社会科学版），
2014，42（4）：85-90.

［164］冯建军．国民性改造的社会支持与教育使命［J］．南京社会科学，2014（1）：123-131.

［165］丁亚兰．体育发展方式转变中的政府行为分析［J］．西安体育学院学报，2012，29
（3）：272-276.

［166］史云贵，欧晴．社会管理创新中政府与非政府组织合作治理的路径创新论析［J］．社会
科学，2013（4）：25-32.

［167］亚当·斯密．国富论［M］．陈星，译．西安：陕西师范大学出版社，2010：56.

［168］哈贝马斯．交往行动理论——行动的合理性与社会合理化［M］．洪佩郁，蔺青，译.

重庆：重庆出版社，1994：89.

[169] 国家体育总局．改革开放 30 年的中国体育 [M]．北京：人民体育出版社，2008：2.

[170] 田雨普．新中国 60 年体育发展战略重点的转移的回眸与思索 [J]．体育科学，2010，
30（1）：3-9.

[171] 樊炳有，潘辰鸥，高静．新时代我国公共体育服务供给治理转型研究 [J]．体育科学，
2021，41（2）：23-38.

[172] 史小强，戴健．"十四五"时期我国全民健身发展的形势要求、现实基础与目标举措
[J]．体育科学，2021，41（4）：3-13+59.

[173] 陈振明．战略管理的实施与公共价值的创造——评穆尔的《创造公共价值：政府中的战
略管理》[J]．东南学术，2006（2）：27-34.

[174] 杨桦，任海．转变体育发展方式由"赶超型"走向"可持续发展型" [J]．北京体育大
学学报，2013，36（1）：1-9.

[175] 易剑东，任慧涛，朱亚坤．中国体育发展方式历史沿革研究 [J]．北京体育大学学报，
2014，37（11）：1-8.

[176] 闫华．中国、日本、韩国奥运会后体育政策发展变化的比较研究 [J]．体育与科学，
2009，30（6）：11-16；20.

[177] 任海．身体素养：一个统领当代体育改革和发展的理念 [J]．体育科学，2018，38
（3）：3-11.

[178] 周建新．中国体育管理体制的封闭性及其超越 [J]．西安体育学院学报，2014，31
（1）：50-54.

[179] 石亚军，施正文．我国行政管理体制改革中的"部门利益"问题 [J]．中国行政管理，
2011（5）：7-11.

[180] 陈振明，陈志清．后危机时代政府的角色 [J]．中国行政管理，2011（4）：125-129

[181] 罗伯特·T. 戈伦比威斯基，杰里·G. 史蒂文森．非营利组织管理案例与应用 [M]．邓
国胜，译．北京：中国人民大学出版社，2004：130-311.

[182] 陈晓春，张娟．非营利组织的社会公共责任探析 [J]．中国行政管理，2007（12）：78-80.

[183] 严荣．反公地悲剧与公共服务供给体系创新 [J]．经济体制改革，2007（5）：29-33

[184] 郇昌店，张琮．我国公共体育服务概念的辨析——兼与范冬云先生商榷 [J]．西安体育
学院学报，2011，28（3）：305-308.

[185] 郇昌甸，肖林，杨晓晨．我国公共体育服务研究框架探讨 [J]．山东体育学院学报，
2009，25（2）：4-10.

[186] 卢元镇，张新萍，周传志．2008 年后中国体育改革业发展的理论准备 [J]．体育学刊，
2008（2）：1-6.

[187] WEISER M. The Computer for 21st Century [J]. Scientific American, 1991（3）: 94-104.

［188］黄明涛．我国宪法"体育权利"的文本表述与制度实现［J］.体育文化导刊，2017（4）：11-14+20.

［189］胡潇．"泛在"和"脱域"——当代生产关系空间构型新探［J］.哲学研究，2016（10）：9-16.

［190］孙其博，刘杰，黎羴．物联网：概念、架构与关键技术研究综述［J］.北京邮电大学学报，2010，33（3）：1-9.

［191］张立，李祥晨，龚健．数字体育新解［J］.体育文化导刊，2012（7）：141-145.

［192］梅宏．建设数字中国：把握信息化发展新阶段的机遇［J］.记者观察，2018（33）：6-8.

［193］罗贤春，庞进京．泛在信息诉求情境中政务信息资源价值维度及实现［J］.情报科学，2017，35（9）：18-23.

［194］刘永谋，兰立山．泛在信息化社会技术治理的若干问题［J］.哲学分析，2017，8（5）：4-17.

［195］单美贤．泛在信息社会的概念溯源及基本特征［J］.贵州社会科学，2012（2）：33-38.

［196］谢黎蓉．技术接受模型演变综述［J］.华中师范大学研究生学报，2014（1）：155-161.

［197］黄国青，陈雪．基于情景感知与 UTAUT 的共享单车使用意愿研究［J］.消费经济，2017（3）：62-68.

［198］刘永谋，吴林海，叶美兰．物联网、泛在网与泛在社会［J］.中国特色社会主义研究，2012（6）：100-104.

［199］仇恢．对我国体育信息资源共建共享平台构建的思考［J］.广州体育学院学报，2012，32（6）：125-128.

［200］田宝山，郭修金．我国公共体育服务体系的要素构成及角色定位［J］.上海体育学院学报，40（4）：9-13+20.

［201］刘东锋．中国体育管理体制改革的路径选择［J］.成都体育学院学报，2005（2）：20-23.

［202］肖华，杜梅，段娟娟，等．体育公共产品供给主体变迁的新制度经济学分析［J］.吉首大学学报（社会科学版），2015，36（5）：67-75.

［203］赵元吉．国家治理体系框架下中国公共体育服务制度建设的困境与突破［J］.成都体育学院学报，41（6）：49-54.

［204］舒盛芳，朱从庆．中国特色社会主义体育进入新时代的基本含义解读［J］.沈阳体育学院学报，2020，39（1）：45-53.

［205］李祥臣，俞梦孙．主动健康：从理念到模式［J］.体育科学，2020，40（2）：83-89.

［206］申曙光，曾望峰．健康中国建设的理念、框架与路径［J］.中山大学学报，2020，60（1）：168-178.

［207］中国政府网．中国共产党第十九届中央委员会第五次全体会议公报（2020）［EB/OL］.（2020-10-29）［2023-01-23］. http：//www. gov. cn/xinwen/2020-10/29/content_

5555877. htm.

［208］刘路，史曙生．近代中国健康教育的演进历程、实践特色与经验启示［J］．沈阳体育学院学报，2020，39（2）：68-74.

［209］董传升．论中国体育发展方式的公共转向：从国家体育到公共体育［J］．北京体育大学学报，2013，36（1）：14-19+63.

［210］董传升，张立．新时代泛在体育治理的逻辑与策略［J］．北京体育大学学报，2019，42（6）：1-11.

［211］杨越，骆秉全，金媛媛．"体育+"在阻断贫困地区贫困代际传递中的作用［J］．沈阳体育学院学报，2020，39（2）：16-21.

［212］赵玉琛，陈德旭，王赞，等．返贫阻断：体育精准扶贫治理的战略转向及行动模式［J］．沈阳体育学院学报，2020，39（3）：29-34，42.